# انقلاب روسیه و رهبری لنین
## انگیزه‌ها و مشکلات

دکتر مهدی اشرفی

**پیشگفتار**

انقلاب کلامی شگرف است که با ترس و امید همراه است. ترس به خاطرخونریزی، کشتار، آتش سوزی، غارت، انفجار و زیرورو کردن ساختار موجود و امید به خاطر آینده‌ای بهتر و ساختن نظامی که بتواند پاسخگوی نیازهای اولیه و ضروری انسانی ودر رأس آنها آزادی‌های اولیه برای جامعه‌ای بهتر باشد.

متأسفانه اکثر انقلاب‌های جهان که همه آنها اندیشه‌های خیرخواهانه و امیدهای نویدبخش برای زندگی بهتر می‌دادند، پس از پیروزی به انحراف کشیده شدند و از آرمان‌هایی که برای آنها جنگیدند و انقلاب کردند، دور شدند.

انقلاب اکتبر ۱۹۱۷ روسیه هم تا حدودی در زمان لنین و به میزان بسیار وحشتناکی در زمان استالین به انحراف کشیده شد و سرانجام ناکارآمدی اقتصادی و دیکتاتوری مطلق سیاسی حزب کمونیست، این کشور را از هدف‌های انقلاب به بیراهه کشانید و به عمر ۷۴ ساله آن خاتمه داد.

فروپاشی اتحاد جماهیر شوروی که در اواخر سال ۱۹۹۱ اتفاق افتاد هرگز عظمت انقلاب روسیه و تأثیر انکارناپذیر آن را در روابط بین‌الملل نفی نمی‌کند. این امر نه تنها در مورد انقلاب روسیه، بلکه درمورد تمامی انقلاب‌های جهان که با خیزش توده‌های مردم برای زندگی بهتر به وقوع پیوستند، صادق است.

البته این نکته را نباید فراموش کرد که در همین دوره‌ی دیکتاتوری بود که اتحاد جماهیرشوروی در اثر موفقیت‌هایی که با کمک کشورهای غربی در جنگ جهانی دوم بدست آورد، توانست از نظر پیشرفت‌های چشمگیر نظامی، به یک ابرقدرت جهانی تبدیل شود و بلوک شرقی اروپا را با خود همراه سازد.

کتاب حاضر، درحقیقت مفسّر یک واقعیت تاریخی‌ست و چگونگی تلاش پیگیر مردم روسیه تحت رهبری لنین را که منجر به انقلاب شد، بررسی می‌کند. در این بررسی ماهیت انقلاب و اهداف اولیه‌ی آن به نحوی که رخ داد، مورد نظر بوده است. این که اهداف انقلاب در عمل به انحراف کشیده شد ومردم از یوغ استبداد تزاریسم رهایی یافتند اما در چنگال استبداد کمونیسم گرفتار شدند، مورد مطالعه این کتاب نیست. اگرچه این موضوع بحثی بسیار اساسی است، ولی نیاز به بررسی جداگانه ای دارد.

کتاب حاضر نتیجه‌ای تحقیقی از درس «انقلاب روسیه» است که در اوایل انقلاب تدریس آن در دانشکده حقوق و علوم سیاسی دانشگاه تهران برای دانشجویان علوم سیاسی، به عهده اینجانب بود.

برخی از منابع روسی - فارسی که در نگارش این کتاب استفاده شده است در اوایل انقلاب موجود بود و متأسفانه دسترسی به برخی

از آنان برای مراجعه‌ی مجدد میسر نشد. امید است که جهت رفع این نقایص در چاپهای آتی، از انتقادهای سازنده‌ی پژوهندگان و صاحب‌نظران بهره برده شود.

با علم به اینکه برداشت از انقلاب روسیه در منابع روسی به همان اندازه ـ یا کمابیش ـ «خوش‌بینی» وجود دارد، که در منابع انگلیسی «بدبینی» به چشم می‌خورد، تلاش من بر این بوده که در این کتاب تا سرحدّ امکان از منابع اصلی روسی و انگلیسی استفاده کنم. به عبارت دیگر، از یک طرف منابع روسی اغلب مبیّن نظریات رسمی دولت شوروی سابق است و کلاً در جهت تایید نظام سوسیالیستی است و از طرف دیگر منابع غربی اغلب در جهت انتقاد از این نظام می‌باشد.

نظر به مشکل فوق، در این کتاب سعی شده بیشتر از منابعی استفاده شود که جنبه علمی دارند. بنابراین کتاب حاضر می‌تواند هم برای دانشجویان علوم سیاسی و اقتصادی، تاریخ و علوم اجتماعی و جامعه‌شناسی و ... مفید باشد و هم خوانندگان اهل مطالعه را به اندازه‌ی کافی در مورد انقلاب روسیه آگاه کند.

در این کتاب بنا به ضرورت اجتماعی دو نکته‌ی مهم مورد توجه قرار گرفته است. یکی اینکه چه عوامل و انگیزه‌هایی باعث انقلاب روسیه شد و دیگر اینکه چه مسائل و مشکلاتی بلافاصله بعد از انقلاب گریبانگیر این کشور شد و چگونه لنین با این مشکلات دست‌وپنجه نرم کرد. این مطالعه همچنین می‌تواند به کسانی که در پی مقایسه‌ی تطبیقی انقلاب‌های جهان هستند، کمک مؤثری نماید.

اتحاد جماهیر شوروی قبل از فروپاشی به عنوان اولین کشور سوسیالیستی جهان، از نظر موافقین کعبه‌ی آمال و مدل ایده‌آل برای تقلید بود و از نظر مخالفین زندان ملیّت‌های مختلف و سرزمین اردوگاه‌های کار اجباری کارگری محسوب می‌شد. نظام اقتصادی این کشور از نظر پیشرفت‌های سریع صنعتی در برخی زمینه‌ها مثل صنایع نظامی، فضایی و دریایی مورد تأیید محققین قرار گرفته است و عدم کارآیی بخش کشاورزی آن مورد انتقاد واقع شده است. هدف من این نبوده است که از دید موافق یا مخالف انقلاب روسیه را مورد بررسی قرار دهم، بلکه این موضوع به عنوان یک واقعیت و رویداد تاریخی مورد مطالعه قرار گرفته است و در مواردی که منجر به اظهار نظر قطعی شده، بیشتر شواهد تاریخی مورد توجه بوده تا قضاوت‌های شخصی. در هر حال، امید است که کتاب حاضر زمینه‌ی مقدماتی برای تحقیقات وسیع‌تر و علمی‌تر در مورد انقلاب روسیه را فراهم نماید.

مهدی اشرفی

کالیفرنیا – ژانویه ۲۰۲۰

**توضیح در باره اسامی روسی و تاریخ**

اسامی روسی که اغلب به (و) یا (ف) ختم می‌شوند، در انگلیسی هر دو با (v) نوشته می‌شوند که در این کتاب اسامی افراد با (ف) و اسامی محل‌ها (ov) و (ev) یا مراکزبا ( و ) آمده است.

مثل :

«کامنف» (Kamenev) و «مالنکف» ( Malenkov) و در مُورد محل مثل «برست لیتووسک» (Brest-Litovsk) که در هر صورت، توجه به آنها ضروری‌ست.

درباره‌ی تقویم روسیه توجه به این نکات مهم است که از اول ژانویه ۱۷۰۰ تا ۱۴ فوریه ۱۹۱۸ تقویم رسمی روسیه بر اساس تقویم «ژولین» بوده است. از آن پس تقویم «گریگوری» جایگزین آن شده است که با تقویم قبلی بین ۱۱ تا ۱۳ روز اختلاف دارد؛ یعنی جلوتر است. در این کتاب سعی شده وقایع مهم به تاریخ روز ذکر شود. بنا براین کلیه وقایعی که قبل از تغییر تقویم روسیه در یکم فوریه ۱۹۱۴ اتفاق افتاده، به تاریخ «ژولین» و پس از آن بر اساس تقویم جدید و فعلی روسیه ذکر شده است. برای رفع اختلاف می‌توان بین ۱۱ تا ۱۳ روز به تاریخ‌های موجود اضافه یا کم نمود.

نکته‌ی مهم دیگر اینکه، مطالب این کتاب قبل از فروپاشی اتحاد جماهیرشوروی نگاشته شده وطبیعتاً ارقام و آمارذکرشده مربوط به روسیه‌ی فعلی نیست.

# انگیزه‌ها و عوامل مؤثر در انقلاب



انگیزه‌ها و عوامل مؤثر در انقلاب

# 1. ماهیت امپراتوری تزار

کشور روسیه که از قرن پنجم میلادی به تدریج با مهاجرت اسلاوها موجودیت یافت، در اواخر قرن نهم مورد توجه رؤسای قبایل اسکاندیناوی که برای خرید و فروش برده به آن سرزمین می‌رفتند قرار گرفت و همین قبایل بودند که با اسکان در نواحی نووگورود[1] و کیف[2] و اتحاد با یکدیگر دولت جدید روسیه را تشکیل دادند. در قرن سیزدهم این کشور مورد تهاجم

---

[1] Novgorod
[2] Kief

مغول‌ها واقع شد و پس از بازسازی به وسیله سلاطین مسکووی[1] یا مسکو در سال 1480 از تسلط مغول‌ها خارج شد.

جالب توجه است که وسعت کشور روسیه در قرن پانزدهم فقط بیست و چهار هزار کیلومتر مربع بود که به تدریج در اثر عقاید فرمانروایان قدرت‌طلب و سلطه‌جو و با تکیه‌ی آنها بر ایده‌ی توسعه‌طلبی، وسعت آن در چهار قرن بعد به پانصد و هفتاد برابر رسید. این امر به کمک امپراتوران توسعه‌طلب روسیه و با تسلط بر زمینهای دیگران و ضمیمه نمودن آن به کشور خود عملی شد.

در روسیه و طی فرمانروایی روریک‌ها[2]، رومانف‌ها[3]، مسکووی‌ها و قدرت نمائی ایوان چهارم (مخوف) (1605-1547) و پتر کبیر (1682-1725) و کاترین‌ها نوعی امپراتوری انحصاری تکامل یافت که بعداً به تزاریسم[4] معروف شد. این عنوان از زمان ایوان مخوف تا انقلاب کبیر

---

<sup>1</sup> Muskovy
<sup>2</sup> Ruriks
<sup>3</sup> Romanovs

[4] «تزار» یا «سزار» به معنی امپراتور و قیصر است که ریشه کهن اسلاو دارد. ابتدا در لهستان و بلغارستان مورد استفاده قرار گرفت و از اواسط قرن شانزدهم میلادی به بعد در روسیه، تزار به معنی امپراتور به کار گرفته شد و عناوینی مانند تزار کل و تزار بزرگ متداول گردید. همچنین عناوین «تزارین»، «تزارینا»، «تزاریتسا» و «تزاروویچ» در خانواده سلطنتی معمول گردید. ادامه در صفحه بعد ...

روسیه روی خاندان سلطنتی باقی ماند و با افتخار مورد استفاده قرار می‌گرفت. در 1894 میلادی میراث امپراتوری روسیه به نیکلا الکساندروویچ، معروف به نیکلای دوم که بیست و شش ساله بود رسید.

نیکلای دوم قبل از رسیدن به تاج و تخت هنگامی که در ژاپن مشغول سیر و سیاحت بود مورد سوءقصد یک افسر ژاپنی قرار گرفت و گرچه جان سالم به در برد، در اثر ضربه شمشیری که به سر وی وارد آمد در تمام طول عمر از از ناراحتی‌های مغزی در امان نبود[1] و شاید بتوان گفت این عیب فیزیکی قدرت تفکر صحیح را از وی سلب نموده بود. نیکلای دوم چون به تخت نیاکان خود نشست نه تنها از دادن وعده‌هایی که جنبه‌ی آزادی‌خواهی داشت خودداری کرد بلکه به عکس اعلام نمود که سیاست پدر را کماکان ادامه خواهد داد.

وی در ژانویه سال 1895 به نمایندگان اصناف که برای عرض تبریک به نزد او رفته بودند گفت: «هر یک از شما بدانید که با همان قدرت اراده

---

تزاریسم به معنی سلطنت مطلقه استبدادی بود که بر پایه‌ی زور و فشار بر توده مردم بنا شده بود.

[1] میشل دو سن پیر، <u>سرگذشت خاندان رومانف</u>، ترجمه عیسی بهنام، (تهران - انتشارات دانشگاه تهران، 1356)، جلد دوم، صفحه 78.

که پدرم به خرج داد، اساس حکومت مطلقه را نگاهبان خواهم بود و به کسانی که فکر می‌کنند زمستووها[1] می‌توانند در امور مملکتی دخالت نمایند، اعلام می‌کنم که فکر آنها باطل و جز توهم چیزی نیست.[2]

ذکر خصوصیات نیکلای دوم که بی‌کفایتی وی در اداره‌ی امور کشور به سقوط تزاریسم کمک کرد از آن جهت جالب است که وی نه تنها نماینده و ثمره‌ی طرز تفکر حکومت اشرافی تزاریسم در روسیه بود، بلکه ویژگی‌های وی در نحوه‌ی کشورداری و نظام اریستوکراسی روسیه مؤثر واقع شد. معهذا قصد اصلی از ذکر خصوصیات فردی تزار این نیست که واقعیت‌های اصلی تاریخی و اجتماعی واقتصادی جامعه‌ی روسیه که از عوامل اصلی سقوط تزاریسم بودند نادیده انگاشته شوند بلکه تزار نیکلای دوم به عنوان عصاره امپراتوری کهن روسیه و آخرین بازمانده تزاریسم در مدت بیست و سه سال

---



[1] زمستوو Zemstvo از کلمه‌ی روسی زملیا zemlya به معنی زمین گرفته شده که بطور سنتی به گروه‌های اجتماعی غیر شهری که با زمین و مالک سر و کار داشتند گفته می‌شد.
در اصطلاح سیاسی زمستوو به «مجلس شورای دهقانی» گفته می‌شد که در زمان تزار به فعالیتهای محدود اجتماعی ــ سیاسی اشتغال داشت و در سطح دهات برخی از وظایف اداری را انجام می‌داد. زمستووها گرچه زیر سلطه بزرگ مالکان قرار داشتند ولی تقاضای آزادی بیشتر برای اداره امور دهات را می‌کردند که مخالفت علنی نیکلای دوم با آنها تا حدودی احمقانه به نظر می‌رسد.
[2] بریان شانی‌نوف، تاریخ روسیه ــ از آغاز تا انقلاب اکتبر، چاپ دوم، ترجمه و اقتباس دکتر خانبابا بیانی، (تهران- انتشارات دانشگاه تهران ــ ۱۳۵۷، ص ۲۳۸.

سلطنت خود که در سقوط امپراتوری و در نتیجه سرعت در روند انقلاب کبیر روسیه مؤثر واقع شد، موجودی قابل بررسی است.

در مورد بی کفایتی تزار[1] شواهد بسیار وجود دارند که بسادگی می‌توان پی برد وی نه تنها از اداره امپراتوری وسیع روسیه عاجز بود بلکه در مواجه شدن با مشکلات عادی نیز قادر به درست فکر کردن نبود. به طوریکه خودش قبول داشت: «فکر کردن برایم مشکل است، آن قدر مشکل که اگر فشار آن بر اسبی که بر آن سوار می‌شوم وارد شود، او را به شدت تکان می‌دهد[2]». تزار مرد راحت طلبی بود و با خونسردی و خلق و خوی ملایمی که داشت می‌توانست پدر خوبی برای یک خانواده باشد. چنان که این امر را تا آخر عمر عملاً ثابت کرد. وی به شدت تحت‌تأثیر همسر خود الکساندرا فیودوروونا (پرنسس آلیس از هسن)[3] که بسیار مغرور، خرافاتی و احساساتی بود، قرار داشت. زندگی خانوادگی تزار بیشتر مثل یک انگلیسی یا فرانسوی

---

[1] تزار نیکلای الکسالنروویچ، آخرین بازمانده رومانف‌ها است که مدت سه قرن بر روسیه حکومت کردند. نیکلای دوم در اواخر سال ۱۸۹۴ به سلطنت رسید و در فوریه ۱۹۱۷ به دست بلشویک‌ها اسیر و در ساعت ۳ صبح روز ۱۶ ژوئیه ۱۹۱۸ وی و خانواده و چند تن از همراهانش به وضع فجیعی تیرباران شدند.

[2] A. Smirnov, M. Vyatkin, S. Levin, N. Nosov, A. Samsonov, A. Karasyov, D. Kovalenko, I. Kremer, A short history of the USSR, Translated from Russian by: George H. Hanna, (Moscow, Progress publishers, Academy of the USSR, Institue of history, 1965), Vol. I, P. 264.

[3] Alexandra Fyodorovna (Princess Alice of Hessen)

بود تا یک روسی و گرایش‌های غرب‌زدگی تزار و همسرش سبب شده بود که کاملاً از جامعه سنتی و به ویژه از توده مردم روسیه جدا شوند. شاید بی‌مورد نباشد اگر گفته شود که «نیکلا در میان 130 میلیون جمعیت آن روز کشورش بدون شک کمتر از هر کس لیاقت این را داشت که تاج امپراتوری بر سر گذارد و بر تخت بنشیند. این واقعاً یکی از عجایب سرنوشت بود که این پدر آرام و راحت طلب را به یک تزار مطلق‌العنان در یکی از مغشوش‌ترین ادوار تاریخ انسانی مبدل نماید. واقعاً این یکی از شوخی‌های شوم سرنوشت بشر بود[1]». البته این بازی تاریخ زیاد هم شوخی نبود و نمی‌توان ادعا کرد که اگر تزار باکفایت بود در روسیه انقلاب نمی‌شد! تزار محصول یک سیستم فاسدی بود که ریشه‌های عمیق تاریخی داشت. او وارث سیستمی بود که گرچه در اثر قیام‌های پراکنده‌ی دهقانی و ضروریات اجتماعی قانون «سرواژ[2]» لغو شده بود ولی رابطه ظالمانه سرمایه‌داران با دهقانان به بدترین نحو ممکنه وجود داشت.

---

[1] میشل دو سن‌پیر، همان کتاب، صفحه 81.

[2] سرف Servus و سرواژ اصطلاحاتی هستند که در نظام پوسیده سرف داری که بی شباهت به برده داری نبود، استفاده می‌شد. نظام اجتماعی سرف داری مبتنی بر مالکیت مطلق فئودال بر زمین و وسایل تولید و استثمار دهقانان وابسته به زمین بود، دهقانانی که همراه با زمین مانند حیوانات خرید و فروش می‌شدند. در اثر شورش‌های مردم بالاخره تزار مجبور شد که در 19 فوریه 1861 قانون الغای سرف‌داری را امضاء نماید که به موجب آن خرید و فروش سرف‌ها ممنوع و ظاهراً دهقانان آزاد شدند.

این حقیقت را باید قبول کرد که بی‌کفایتی تزار به سقوط امپراتوری روسیه سرعت بخشید. نیکلای دوم از پیشینیان خود تنها یک امپراتوری عظیم را به ارث برد و آنها حتی یک شیوه کشورداری را به او ارزانی نداشتند که به مددش بتواند یک امپراتوری یا حتی یک ایالت یا استان را اداره کند. آخرین بازمانده رومانف ها در برابر آن سیل تاریخی که خیز آبهایش را یکی نزدیکتر از دیگری به پشت دروازه‌های کاخش می‌فرستاد، فقط با بی‌اعتنایی گنگش مقابله کرد. تو گویی میان شعور او و دورانش حائلی شفاف اما مطلقاً نفوذناپذیر ایستاده بود[1]. تزار عملاً در آغاز حکومت، بی‌اعتنائی و حتی عدم استفاده از شعور خود را در حد معمولی در مقابل حوادث نشان داد و این خصوصیات تا دم مرگ نیز او را همراهی می‌کردند.

در بهار سال 1895 کارگران ناحیه‌ی یاروسلاول[2] که از زورگوئی‌های عوامل تزار به ستوه آمده بودند، دست به شورش مسلحانه زدند که به دستور تزار به گلوله بسته شدند. در ماه مه همان سال در مراسم تاجگذاری امپراتور در مسکو به علت سهل‌انگاری مسئولین و غفلت پلیس در اجرای نظم، یک

_______________________________

[1] لئون تروتسکی، تاریخ انقلاب روسیه، ترجمه سعید باستانی، چاپ اول (تهران – شرکت نشر فانوسا، آبانماه 1360)، جلد اول، صفحه 59.
[2] Yaroslavl

چوب بست که حضار روی آن قرار گرفته بودند، شکست و به زمین ریخته شد و در اثر آن هزاران نفر تماشاچی کشته و خفه و زخمی شدند. این واقعه غم‌انگیز که در سراسر جهان منعکس شد از نظر تزار آنقدر بی‌اهمیت بود که در غروب همان روز در ضیافت رقصی که به وسیله سفیر فرانسه ترتیب داده شده بود شرکت کرد، گویی هیچ اتفاق مهمی روی نداده[1].

البته در پنهان، تزار و تزارینا این واقعه را که در آغاز سلطنت آنها روی داد به فال شوم گرفتند و احمقانه‌تر از آنچه ظاهر نمودند، در خفا عمل کردند. بدین ترتیب که برای جلوگیری از حوادث این چنینی با توسل به عقاید خرافی خود دست به دامان رمالان و ساحران می‌شدند و دقیقاً تعصب در چنین عقایدی بود که بعدها زمینه را برای ورود اعجوبه‌ای به نام گریگوری راسپوتین به دربار هموار نمود[2].

---

[1] اسمیرونف و دیگران، همان کتاب صفحه 264.

[2] گرگوری یه‌فیموویچ راسپوتین در سال 1871 در دهکده کوچکی نزدیک توبولسک واقع در نقاط دوردست سیبری به دنیا آمد و دوران جوانی را در نهایت هرزگی و می‌خوارگی گذراندو سپس در کسوت کشیشان درآمد و از این راه بود که با اسقفهای اعظم آشنا و از طریق آنها در سال 1905 به دربار تزار راه یافت. فرزند تزار که دچار بیماری هموفیلی بود و از درمان او عاجز شده بودند بطور تصادفی به وسیله راسپوتین تا حدی بهبود یافت. تزار و همسرش آن را معجزه‌ای تلقی کردند و ار این پس راسپوتین با شارلاتان بازی و پیشگویی و احیاناً هیپنوتیزم آن چنان فکر و ذکر خاندان سلطنتی را به خود مشغول داشت که کمتر کار مهمی بدون مشورت او صورت می‌گرفت. او به نام مسیح به هر نوع کثافتکاری دست می‌زد و روحانیت را وسیله عیش و نوش خود قرار داده بود. همسر تزار به وضع وحشتناکی گرفتار راسپوتین بود و از همین طریق بود که راسپوتین به راحتی در

مردم به ویژگیهای نفرت‌انگیزتر تزاریسم پی برده بودند. آنها به خوبی دریافته بودند که ماهیت فرمانروایی امپراتور بر اصل اطاعت بی چون و چرا و اعمال قدرت و زور و استبداد مطلق استوار است.توجیه این حکومت استبدادی خفقان‌آور تا بدان جا رسیده بود که تزارها قدرت نهایی خود را نوعی موهبت الهی قلمداد می‌کردند.نیکلای دوم یقین حاصل کرده بود که از طرف خداوند مأمور شده است تا نه تنها سرزمین اجدادی خود یعنی روسیه را حفظ کند، بلکه اوکراینی‌ها فنلاندی‌ها، گرجی‌ها و سرزمین‌های مشرف به جنوب و شرق روسیه را در حیطه‌ی فرماندهی خود درآورد و فرمانروایی بر آنها را نوعی وظیفه الهی می‌دانست.

پایه‌های نظام تزاریسم بر خودکامگی، دیوانسالاری، به بازی گرفتن مذهب و توسعه‌طلبی استوار بود که هیچیک از آنها پایه‌ی محکمی برای تداوم حکومت نبود. حتی مذهب نیز نه تنها نتوانست در خدمت مردم باشد بلکه در جهت مخالف منافع عمومی عمل می‌کرد و مقامات روحانی مجری فرامین تزار بودند.

---

سیاست و اداره امور کشور دخالت مستقیم می‌کرد. سرانجام شاهزاده یوسوپف ظاهراً به خاطر نجات کشورش از این جرثومه فساد در 17 دسامبر 1916 راسپوتین را به وضع فجیعی به قتل رساند و جسد نیمه‌جان وی را در رودخانه‌ی یخ زده‌ای انداخت.

با چنین وضعی طبیعی بود که تزار برای کسانی که اعتصابات کارگران را در هم می‌کوبیدند تلگرافهای تهنیت‌آمیز بفرستد و به دستور راسپوتین که ادعا می‌کرد رابط بین خداوند و تزار است، یک وزیر یا مقام عالیرتبه دولتی از کار برکنار شود یا شخص حقیر و نادانی به مقام و منصبی گمارده شود. قدرت راسپوتین به خصوص در اواخر حکومت تزار تا به آنجا کشیده شده بود که علاوه بر دخالت در امور داخلی، علناً سفرای خارجی را می‌پذیرفت و قدرتهای خارجی نیز متوجه این امر شده بودند و در صدد رابطه با وی برآمدند. «نفوذ راسپوتین تنها به این خاطر نبود که با جاسوسهای مرموز و قدرتمند آلمانی در تماس بود، بلکه به طور ساده او این شانس را به دست آورده بود که در قلب مستعد ملکه تزاریتسا رخنه کند و از شرایط قرون وسطایی حاکم بر دربار روسیه استفاده نماید[1]».

عقاید خرافی تزار نیز به قدرت راسپوتین می‌افزود. تزار شخصاً عقیده داشت که باید به عنوان حاکم و حافظ مسیحیت با قدرت کافی - و به هر نحوی

---

[1] Michael T Florinsky, <u>The end of the Russian empire</u>, (New York: Collier Books, 1961) P. 64

که مایل بود - فرمان دهد و هر طور که بخواهد قضاوت کند و برای مشورت در این زمینه چه کسی بهتر از راسپوتین بود؟

بر اساس چنین طرز تفکری قدرت مطلقه تزار که از زمانهای بسیار دور در بطن نظام امپراتوری روسیه شکل گرفته بود با بوروکراسی شدیدی که به وجود آورده بود، نیروی پلیس و ارتش را در اختیار گرفته بود. سازمانهای اداری و نظامی تزار نهادهای قابل توجهی بودند که افراد آن به دقت انتخاب می‌شدند. به شایسته‌ترین افسران القاب افتخاری و مدال داده می‌شد و امکانات ترفیع آنان فراهم می‌گردید. دیوانسالاری مانند خود تزار به نقشی که در برانگیختن انتقاد و اهانت بازی می‌کرد، مغرور بود و مدیران اداری هرگز به حماقت و مدیریت غلط خود اعتراف نمی‌کردند. کارمندان اداری نیز مانند تزار خود را همواره بالاتر از دیگران تصور می‌کردند و قطعا' هر خطری که متوجه تزار می‌شد دیوانسالاری را نیز تهدید می‌کرد.

نهادهای قانونی بی‌اثر بودند و قوانین عمومی در اثر استبداد ارزش خود را از دست داده بودند. استبدادی که با تمرکز قدرت سیاسی و اقتصادی در شهرهای مسکو و نووگورود[1] با حکومت مغول‌ها و ایوان‌ها در روسیه‌ی

---

[1] Novgorod

قرن چهاردهم آغاز شده بود، در اواخر قرن نوزدهم و در زمان حکومت تزار نیکلای به بدترین شکل خود رسیده بود. بنا بر نوشته یکی از نویسندگان روس در اوایل قرن نوزدهم «روح زندگی در روسیه استبداد بود»[1].

استبداد تزاریسم یک عامل سنتی بود که از دیر زمان به عنوان یکی از ویژگیهای نظام امپراتوری از تزاری به تزار دیگر منتقل می‌شد و در حقیقت اساس قدرت مطلقه از استبداد سرچشمه می‌گرفت. استبدادی که هرگز به عموم فرصت بحث درباره‌ی راه و هدف زندگی نداده بود. در نتیجه توده‌ی مردم هیچ گونه مشارکت فعالانه در اداره امور کشور نداشتند و یکی از عوامل سقوط تزار همین جدایی بین دولت و ملت بود.

زمانی که در اروپا - به ویژه در فرانسه و انگلستان — به آزادیهای فردی برای مشارکت در امور حکومت ارزش می‌دادند، در روسیه مردم به هیچ گرفته می‌شدند. دولت بزرگترین فئودال بود و سرمایه‌داران، صاحبان صنایع، اشراف و روحانیون حامی حکومت تزار بودند و گروه‌های اجتماعی و غیردولتی حق فعالیت علنی را نداشتند. تزار فرمان صادر می‌کرد و مردم

---

[1] Theodor H. Von Laue, <u>Why Lenin? Why Stalin?</u> (New York: J. B. Lippincott, 1971), P. 25.

قانوناً مجبور به اطاعت بودند. حتی قدرتمندترین وزراء در حضور تزار بباد انتقاد گزفته می‌شدند و وزیر نه حتی به عنوان مشاور، بلکه به عنوان خدمتگزار تزار انجام وظیفه می‌کرد.

«سیاست دولت تزاری در جهت حفظ منافع زمینداران و اشراف بود که آن خود نیز تحت تأثیر رشد مالکیت انحصاری کشور قرار داشت. با وجود اینکه سرمایه‌داری راه را برای تاخت و تاز مالکین زمین هموار می‌کرد و قدرت اقتصادی بورژوازی سال به سال افزایش می‌یافت، معهذا طبقه اشراف موقعیت سیاسی خود را حفظ می‌کردند و قدرت حقیقی در دست عده‌ی معدودی از خانواده‌های اشرافی و بستگان تزار بود.

بورژوازی روسیه تحت حمایت دولت تزاری رشد کرده بود ولی از نظر سیاسی بدون کمک و غیر متشکل بود و بیش از هر چیز دیگری از روبرو شده با مردم هراس داشت. بورژوازی به حکومت مطلقه نیاز داشت زیرا فقط تزاریسم بود که با تشکیلات عظیمی که در اختیار داشت طبقه زحمتکش را تحت فشار قرار می‌داد و سهم آنها را از بودجه‌ی دولتی به سرمایه‌داران

پرداخت می‌کرد تا منافع استثمارگران سرمایه‌داری را که در روسیه وجود داشتند در حد اعلی خود حفظ کند.»[1]

لنین که خود ترجیح می‌داد تزار را به جای نیکلای دوم یا نیکلای رومانف، نیکلای اوبمانوف[2] به معنی «نیکلای متقلب» و یا «نیکلای خونخوار» و «نیکلای جلاد» و نظایر آن بنامد، در مقاله‌ای تحت عنوان «علائم ورشکستگی» وضعیت دوره نیکلا را چنین تشریح می‌کند: «ورشکستگی حکومت مطلقه از حد تصور گذشته است. افزایش ترورها هنوز موفق نشده است که کشور را آرام کند. دهقانان محکوم به قحطی هستند. گرسنگی از شرایط عادی روستاهای ما شده است. پس چه مدت این ورشکستگی از امروز به فردا دوام خواهد آورد و خلل و فرج‌های سیاسی و اقتصادی بودجه بر پیکره‌ی سازمانهای کشور تحمیل خواهد شد؟ روسیه به سرعت زنده می‌شود. این وضعیت به وسیله‌ی تجهیز سیاسی توده‌ها، به

---

[1] اسمیرونف و دیگران، همان کتاب، صفحات 264-65

[2] Obmanov (The deceiver)

خصوص انقلابیون سوسیال دموکرات که خود به تنهایی قادر خواهند بود ضربه‌ی کشنده‌ای بر پیکر حکومت مطلقه وارد آورند، پایان خواهد یافت.»[1]

از نظر سیاست داخلی، تزار سیاست توسعه‌طلبی خود را ادامه می‌دادو به جای توسعه‌ی کیفی به توسعه‌ی کمی توجه داشت. هر اندازه که سرزمین روسیه وسیعتر می‌شد، اداره‌ی آن مشکلتر می‌شد. به عبارت دیگر، زمانی که نظام سیاسی و اقتصادی کشورهای اروپای غربی به سرعت رو به توسعه و تکامل می‌رفت، روسیه‌ی پهناور برای پوشاندن ضعف‌های اقتصادی خود تن به استقراض وامهای سنگین داده بود و کشورهایی چون فرانسه، انگلستان و آلمان از طریق اعطای اعتبار به تزار و سرمایه‌گذاری در روسیه سودهای کلانی می‌بردند و برای استحکام حکومت تزاریسم پیمانهای نظامی با وی منعقد می‌کردند.علاوه بر قراردادهای نظامی و اقتصادی، تزار برای مشکلات مناطق مرزی و مورد اختلاف که از حل آنها عاجز بود غالباً تن به جنگ می‌داد تا غرور امپراتوری را حفظ کند و شکستهای پیاپی در این جنگها نه تنها نیروی نظامی تزار را تحلیل می‌برد بلکه وی را وادار به عقد قراردادهایی با کشورهای فرانسه، انگلستان، آلمان و ایالات متحده آمریکا

---

[1] Iskra, February 15, 1902. cited by: Louis Fischer, The life of Lenin, (New York: Harper publishers, 1964)

نمود که سرانجام همین قراردادها زمینه‌ی جنگهای دامنه‌داری را فراهم کرد که از آن جمله می‌توان جنگ 1904-1905 روسیه و ژاپن[1] را نام برد.

به این ترتیب تزار، هم از نظر سیاست داخلی که مرتب زمینه را برای شورشها و اعتصابات فراهم می‌کرد و هم از نظر سیاست خارجی که به خاطر توسعه‌طلبی‌اش دشمنان خارجی فراوانی برای روسیه به وجود آورده بود، بسیار ناموفق بود. نهایتاً ماهیت تزاریسم و به خصوص بی‌کفایتی تزار نیکلای دوم آنقدر مشکلات درون‌مرزی و برون‌مرزی برای روسیه فراهم آورد که انگیزه‌های درونی مردم رنجدیده روسیه را برانگیخت و آنان را آماده نبردی سهمگین و انقلابی بزرگ برای برانداختن رژیم استبدادی کرد.

---

[1] جنگ روس و ژاپن که دقیقاً از رویاهای گسترش‌طلبانه‌ی تزار سرچشمه گرفت، ماهیتی امپریالیستی داشت. بدین ترتیب که روسیه قبل از جنگ برای دستیابی به شرق دور و با همکاری کشورهای انگلستان، فرانسه و آلمان دژ «پورت آرتور» را در خاک چین به تصرف خود درآورده بود. از طرف دیگر انگلستان زیرکانه برای جلوگیری از توسعه‌طلبی بیشتر روسیه، ژاپن را ـ که خود ادعای حکمفرما یی بر چین را می‌کرد ـ تشویق نمود تا به روسیه حمله نماید. در فوریه 1904 ژاپن غفلتاً به پورت آرتور حمله کرد و شکست سنگینی به قوای روس وارد آورد. در این جنگ ده‌ها هزار روس کشته و چندین کشتی جنگی روسی غرق شدند. در ژانویه 1905 بار دیگر قوای تزار دست به یک حمله‌ی عمومی زدند تا شاید پورت آرتور را نجات دهند. این بار نیز ارتش روسیه به خاطر حماقتهای تزار شکست سنگینی خورد. نتیجه‌ی این دو شکست سبب تضعیف تزاریسم و تقویت نیروهای انقلابی شد.

# 2. عوامل اجتماعی - اقتصادی

یکی ازمهمترین انگیزه‌های انقلاب اکتبر روسیه را باید در عوامل اجتماعی – اقتصادی جامعه‌ی روسیه جستجو کرد. نظری به وضع طبقات اجتماعی روسیه در زمان تزار عوامل اقتصادی را نیز مشخص می‌نماید. «سرشماری سال 1897 تصویری از طبقات روسیه‌ی آنروز به دست می‌دهد. در آن موقع روسیه 125.6 میلیون نفر جمعیت داشت. توده‌اصلی جمعیت کشور را دهقانان تشکیل می‌دادند که دو سوم آنها دهقانان بی‌چیز بودند. قریب یک پنجم اهالی را کارگران و خانواده‌های آنها تشکیل می‌دادند.

قشرهای مرفه، کولاک‌ها[1]، صاحبان مؤسسات کوچک، روشنفکران بورژوا و کارمندان دولت نیز تقریباً به همین اندازه بودند. بورژوازی بزرگ، زمینداران و کارمندان عالی‌رتبه قریب دو درصد جمعیت کشور بودند.[2]»

به عبارت دیگر در آغاز حکومت تزار قشر بورژوازی روسیه شامل فئودال‌های سرمایه‌دار و کارمندان عالیرتبه که مستقیماً از حکومت مطلقه حمایت می‌کردند فقط ۱.۵ میلیون نفر بودند که طبیعتاً سهم بسیار قابل توجهی از ثروت و قدرت را در دست داشتند. به طوری که «خانواده‌ی تزار به تنهایی در قسمت اروپایی روسیه هفت میلیون دسیاتین[3] زمین داشت که از اراضی پانصد هزار خانواده دهقانی بیشتر بود.[4]»

چنین نسبت وحشتناکی در رابطه با تملک بزرگ‌زمینداران و دهقانان نیز به چشم می‌خورد. به طوری که «۳۰ هزار بزرگ‌مالک صاحب ۷۰ میلیون دسیاتین بودند، در حالی که ۱۰ میلیون و نیم دهقان جمعاً ۷۵ میلیون دسیاتین

---

[1] کولاک Kulak به معنی کشاورز سرمایه‌داری بود که قادر به استخدام کارگر و در نتیجه استثمار آنان بود.

[2] تاریخ حزب کمونیست اتحاد شوروی، ترجمه‌ی شمس‌الدین بدیع‌تبریزی، هدایت حاتمی و علی گلاویژ، (تهران: انتشارات حزب توده ایران، چاپ اول)، صفحه ۲۴.

[3] دسیاتین dessiatine واحد قدیمی اندازه‌گیری روسی برای زمین‌های مزروعی است که معادل ۱.۰۹۲۵ هکتار است.

[4] تاریخ حزب کمونیست اتحاد شوروی، همان کتاب، صفحه ۲۱.

زمین داشتند.[1]» در چنین مقیاس ظالمانه‌ای دهقانان که قسمت اعظم جمعیت را تشکیل می‌دادند در چنگال سرمایه‌داران صاحب زمین که شدیداً به خاطر منافع خود از تزار حمایت می‌کردند، اسیر بودند.

وضع کارگران هم بهتر از دهقانان نبود: «در آغاز قرن بیستم طبقه کارگر ـ با احتساب خانواده‌هایشان ـ نزدیک به 22 میلیون نفر بودند که 18 درصد جمعیت را تشکیل می‌دادند. این حقیقتی است که فقط در حدود سه میلیون کارگر در تأسیسات بزرگ صنعتی و راه‌آهن به کار اشتغال داشتند. البته قدرت پرولتاریای صنعتی روسی در تعداد نبود بلکه در سطح آگاهی و بیداری کارگران نهفته بود ...[2]» شرایط زندگی برای طبقه کارگر نیز بسیار طاقت فرسا بود. علاوه بر کار کشنده‌ی روزانه که گاهی به یازده ساعت در روز می‌کشید نیز در خانه‌ای که بی‌شباهت به آشیانه نبود در یک اتاق کوچک بیش از پنج تا شش نفر می‌لولیدند. آنقدر مزد کارگران پایین بود که هرگز قادر به تأمین خوراک و پرداخت اجاره بهای معمولی نبودند.

[1] اسمیرنوف و دیگران، همان کتاب، صفحه 262.
[2] اسمیرنوف و دیگران، همان کتاب، صفحه 263.

کارگران در فقر و بدبختی اسفناکی دست و پا می‌زدند. نه تنها هیچ نوع تأمین شغلی برای آنان وجود نداشت بلکه امکاناتی که حتی جان این کارگران و خانواده‌هایشان را در مقابل امراض جاری و مسری ناشی از کثیف بودن محیط کار نجات دهد، وجود نداشت. به این ترتیب کارگران نیز بدتر از دهقانان استثمار می‌شدند. تفاوت کاگران با دهقانان این بود که کارگران با وسایل تولید و ماشین سر و کار داشتند و در شهرها کار می‌کردند و دهقانان اغلب از شیوه‌ی تولید سنتی استفاده می‌کردند و در روستاها اقامت داشتند. این تمایز باعث شده بود که کارگران از بینش و آگاهی بیشتری در مبارزه با استثمار برخوردار گردند. از خصوصیات مشترک هر دو طبقه فقر، گرسنگی و بی‌سوادی بود.

طبقه دیگری که در زمان تزار از امتیازات اجتماعی قابل توجهی برخوردار بودو در اجتماع نفوذ کرده و از تزار حمایت می‌کردند روحانیون بودند.تعداد این طبقه اگرچه کم بود ولی از نظر معنوی در اجتماع به حساب می‌آمدند. به خصوص آنکه خرافات از ارزشهای مسلط بر جامعه زمان تزار بود: «کلیساها با جان و دل به خدمت نظام استثمارگرانه کمر بسته بودند. در

اوایل قرن بیستم در روسیه تقریباً 69 هزار کلیسای پراووسلاوی[1]، 110 هزار کشیش و 58 هزار راهب وجود داشت. علاوه بر این، ده‌ها هزار نفر دیگر از خادمان نظام استثمارگر در کشور پراکنده بودند. مجموعه این سپاه عظیم مجدانه می‌کوشید تا کهنه‌پرستی را به مردم بقبولاند و اطاعت و فرمانبرداری از حکومت تزاری را به زحمتکشان تلقین نماید.[2]»

در طبقه روحانیون، اسقف‌های اعظم با دربار تزار در رابطه بودند و آنچنان که گفته شد از طریق راسپوتین دستگاه امپراتوری را به بازیچه گرفته بودند و تئوکراسی را قدرت می‌بخشیدند.

یکی دیگر از طبقات اجتماع روسیه نظامیان بودندکه در اواخر حکومت تزار تعداد آنان به بیش از 15 میلیون نفر می‌رسید. نظامیان به خصوص در رده‌های بالا از حامیان سرسخت امپراتوری بودند. اگرچه قسمت اعظم فعالیت ارتش صرف مبارزه با نیروهای خارجی می‌شد ولی تزار برای سرکوبی

---


[1] پراووسلاوی Pravoslavi یکی از شاخه‌های مسیحیت است که مذهب رسمی روسیه‌ی تزاری بود.
[2] تاریخ حزب کمونیست اتحاد شوروی، همان کتاب، صفحه 23.

شورشهای داخلی نیز از قرار دادن ارتش در مقابل مردم دریغ نمی‌کرد و همواره فرماندهان عالی ارتش را مورد تشویق قرار می‌داد.

بوروکراسی نیز در خدمت تزار بود. بوروکراتها که در سازمانهای اداری پراکنده بودند خود را عامل اجرای سیاستهای داخلی تزار می‌دانستند و برای حفظ منافع و امتیازات اجتماعی خود در تقویت حکومت مطلقه می‌کوشیدند. به کارمندان اداری تحت سازماندهی متمرکز تعلیم داده شده بود که چگونه از اوامر مافوق اطاعت کنند و در خدمت تزار باشند.

در طبقه روشنفکر روسیه نیز انشعاباتی به وجود آمده بود. روشنفکران بورژوا و لیبرال از سلطنت حمایت می‌کردند ولی روشنفکران خرده بورژوا که منافع خاص طبقاتی نداشتند و به ناپایداری سیاسی می‌اندیشیدند اگرچه مستقیماً وارد مبارزه نشدند ولی روی هم رفته با ادامه حکومت مطلقه تزاریسم موافق نبودند. روشنفکران دموکرات ـ که لنین خود نیز از این گروه بود ـ شدیداً خود را برای برانداختن رژیم آماده می‌کردند و همین اینها بودند که متعاقباً ابتکار عمل انقلاب را در دست گرفتند.

تضاد اصلی زندگی اجتماعی روسیه، تضاد بین سرمایه‌دار استثمارگر ـ که از طریق حکومت مطلقه تزار و سرمایه‌های خارجی حمایت می‌شد و

تلاش می‌کرد صنایع نسبتاً پیشرفته را در روسیه مستقر سازد – از یک طرف و طبقه دهقانان نیمه‌فئودال و کارگران تحت فشار از طرف دیگر بود که سایر اقشار اجتماعی دیگر نیز تحت تأثیر این دو طبقه قرار داشتند و در نهایت برای مبارزه نهائی این دو طبقه در مقابل یکدیگر قرار گرفتند.

بر خلاف آنچه که تصور می‌شود، روسیه در زمان تزار به سرعت رو به صنعتی شدن و پیشرفت بود و حتی برخی از شوروی‌شناسان غربی خوش‌بینی را تا آنجا رسانده‌اند که معتقدند اگر در روسیه انقلاب نمی‌شد پیشرفت‌های سریع علمی و اقتصادی سبب می‌شد که این کشور در زمره‌ی کشورهای قدرتمند قرار گیرد. باید متذکر شد که بافت اجتماعی و شکافهای عمیق جامعه روسیه آنقدر وحشتناک بود که هرگز پیشرفتهای اصلاحی تزار قادر به حل مشکلات نبود. یکی از مشکلات اساسی جامعه روسیه در زمان تزار میزان بی‌سوادی عمومی بود که اصولا تزاریسم چنین وضعی را خواستار بود و هرگز به خود زحمت رفع چنین مشکلی را نمی‌داد. با توجه به ارقام موجود در این زمینه می‌توان به عمق این فاجعه پی برد: «سرشماری سال 1897 نشان داد که از 126 میلیون سکنه کشور فقط 21 درصد باسواد بودند. صد میلیون نفر نه قادر به خواندن بودند و نه قادر به نوشتن. خلقهای غیر روس وضعشان از این هم بدتر بود. میزان بی‌سوادی در میان تاجیک‌ها

۹۹.۵ درصد، میان قرقیزها ۹۹.۴ درصد و میان ازبک‌ها ۹۸.۴ درصد بود.
حتی در قرن بیستم هم بهبودی به آن صورت مشاهده نمی‌شد. در سال ۱۹۱۳
نزدیک ۷۳ درصد مردم روسیه بدون در نظر گرفتن کودکان زیر ۹ سال
بی‌سواد بودند. این اصلاً شگفت‌انگیز نیست زیرا تزاریسم به آموزش عمومی
کمتر از ساختمان و نگهداری زندانها می‌پرداخت. نیکلای دوم پس از خواندن
گزارشی در این مورد که در میان سربازان وظیفه عملاً هیچ فرد باسوادی
وجود ندارد، گفت: خدا را شکر!»[1] این واقعیت دردناکی است که حتی اگر
امکانات هم وجود داشت اصولاً ماهیت رژیم تزاریسم طوری بود که نه تنها
اهمیتی به بیسوادی نمی‌داد بلکه تعمداً نیز می‌خواست توده‌ی مردم در جهل
و بی‌سوادی باقی بمانند تا خللی بر اساس حکومت مطلقه وارد نشود.

اما همین توده‌ی بی‌سواد که بعدها بهترین سربازان انقلاب شدند با اینکه
در جهل و بی‌خبری باقی مانده بودند، از تحولات غرب بی‌خبر نبودند و
حداقل انتظار آنان از حکومت برآوردن احتیاجات اولیه آنان از قبیل تأمین
غذا و مسکن و آب و برق و مواد اولیه‌ی کشاورزی بود که از قدرت تزار
خارج بود. بیان این خواسته‌های ساده حتی در نوشته‌های نویسندگان میانه‌روی

---

1 ایساک مینتس، <u>انقلاب چگونه پیروز شد</u>، ترجمه رضا رضائی‌ساردی (تهران: نشر
آذرنوش) صفحه ۱۲-۱۳.

روسی مثل ووورنتسف[1] آمده است: «ما می‌خواهیم مانند اروپائیان مدرن غذا بخوریم، لباس بپوشیم، تفریح کنیم و خانه، خیابان و ساختمانهای شهری خود را مثل آنان بسازیم، نه مثل اروپائیان قرون وسطی.[2]»

خواسته‌های اقتصادی مردم اگرچه در حد عادی بود ولی شرایط اقتصادی روسیه در نتیجه قحطی بزرگ سال 1891 و بی‌کفایتی نظام سیاسی تزار بسیار نامناسب بود. در بسیاری از قسمتهای روسیه روستاییان از گرسنگی می‌مردند. در پایتخت خزانه خالی بود و حکومت در آستانه‌ی ورشکستگی قرار داشت.

تزار برای رفع مشکلات اقتصادی تصمیم به اصلاحاتی گرفت و چون خود فاقد اطلاعات کافی برای نظارت بر برنامه‌های اقتصادی بود لذا دو تن از وزیران کاردان خود را به اسامی کنت سرگئی ویتی[3] پیوتر آرکادیه‌ویچ استولیپین[4] ـ که هر دو از مقام وزارت دارایی و کشور به نخست وزیری رسیدند ـ مأمور اجرای رفورم‌های اقتصادی و سیاسی نمود.

---

[1] کنت سمیون رومانوویچ ووورنتسف Semyon Romanovich Vorontsov آریستوکرات، دیپلمات و نویسنده روس.
[2] وان لیو، همان کتاب، صفحه 33.

[3] Count Sergei Witte
[4] Pyotr Arkadyevich Stolypin

ویتی که از سال 1892 تا 1903 وزیر دارایی تزار بود و از آن پس تا آوریل 1906 در سمت نخست وزیری انجام وظیفه نمود، کاملاً به وضعیت نابسامان اقتصادی روسیه آگاهی داشت و این موضوع را طی نامه‌ای به تزار هشدار داد. او در قسمتی از نامه‌ی خود نوشت: «روسیه بیش از هر کشور دیگر برای سیاست ملی و فرهنگی خود نیاز به ایجاد بنیادها اقتصادی مناسب دارد. رقبای بین‌المللی توقف نمی‌کنند. اگر ما اقدامات مؤثر و قاطع در این مورد انجام ندهیم، نمی‌توانیم احتیاجات آینده روسیه و کشورهای آسیایی را ــ که باید زیر نفوذ ما باشند ــ برآورده کنیم. رشد سریع صنایع کشورهای خارجی با ایجاد موانع گمرکی آنها، ما را از پا در خواهد آورد و آنها [اروپایی‌ها] در سرزمین اجدادی ما و کشورهای آسیایی مستقر خواهند شد. عقب‌افتادگی اقتصادی ممکن است واماندگی سیاسی و فرهنگی را به دنبال داشته باشد.[1]»

پیشنهادات ویتی در حقیقت راهی برای تولید بیشتر و تقویت سازمانهای اقتصادی بود. سیستم ویتی تا حدودی به مرحله عمل درآمد. راه‌آهن بزرگ سیبری به خاوردور با طول بیش از هشت هزار کیلومتر در زمان وی مورد

---

[1] وان لیو، همان کتاب، صفحات 37-38.

بهره‌برداری قرار گرفت. در شرایطی که به علت بهره‌ی بسیار سنگین وامهای خارجی، قروض بیش از حد توانایی و همچنین عدم اجرای تعهدات از سوی روسیه هیچ کشوری حاضر به وام دادن به روسیه نبود، اینک در اثر اجرای برنامه‌های ویتی کشورهای خارجی حاضر به کمک به روسیه شدند. با کمک فرانسه و بلژیک، صنایع مدرن ذوب فلزات در اوکراین بنا شد و جنوب روسیه رفته‌رفته به یک ناحیه صنعتی تبدیل می‌شد. کارخانه‌های ماشین‌سازی، پارچه‌بافی و تهیه مواد شیمیایی به سرعت تأسیس می‌شد و آهنگ رشد صنعتی روسیه در دهه‌ی پیش از 1900 بسیار سریع بود. ارقام و آمار موجود در این زمینه مقایسه جالبی به دست می‌دهد:

«یکی از منابع معتبر تاریخ انقلاب روسیه می‌نویسد: در اواخر قرن نوزدهم روسیه 27229 ورست[1] خط راه‌آهن داشت که این میزان در آغاز سال 1900 به 47714 ورست رسید ... تولید آهن خام بین 1890 و 1899 در انگلستان 18%، در آمریکا 50%، در آلمان 72%، در فرانسه 31%، در بلژیک 32% و در روسیه 108% افزایش داشت. تولید فولاد در همین مقطع زمانی (1899-1890) در انگلستان 80%، در آمریکا 63%، در

---

آلمان 73%، در فرانسه 67%، در بلژیک 48% و در روسیه 116% افزایش داشت. تولید ذغال سنگ در همین مدت در انگلستان 22%، در آمریکا 61%، در آلمان 52%، در فرانسه 26% و در روسیه 131% افزایش داشت. در تولید نفت، روسیه فقط یک رقیب داشت و آن آمریکا بود.

صنعت کتان در روسیه در آغاز قرن بیستم بعد از انگلستان و آمریکا قرار می‌گرفت.[1]» با تمام این احوال که روسیه در آغاز قرن بیستم به علت منابع و نیروی کار و رشد صنایع و سرمایه‌گذاری‌های خارجی غولی محسوب می‌شد، به علت اختلاف طبقاتی شدید و عدم توزیع عادلانه ثروت، درآمد سرانه کمی داشت که با اروپا قابل مقایسه نبود. بنابراین برنامه‌های ویتی ـ با همه تلاشی که برای جذب سرمایه‌های خارجی نمود ـ تأثیر چندانی در رفاه عمومی ایجاد نکرد و نتوانست خواسته‌های توده عظیم جامعه یعنی دهقانان و کارگران را برآورده کند. برنامه توسعه اقتصادی ویتی برای صنعتی کردن روسیه به دلایل مختلف و از آن جمله اشتباهات در سیاست خارجی، عدم هماهنگی بین رشد صنایع و توسعه سیاسی، عدم حمایت تزار

---

[1] Bertram D. Wolf, <u>Three who made a revolution</u>, (New York: Dell publishing Co. 1964), P 265-269, Quoting: <u>History of Russian Revolution</u>, English edition, International publishers, P 4-6

از برنامه‌های ویتی و از همه مهمتر نامتناسب بودن بافت اجتماعی جامعه،

با شکست مواجه شد.

ویتی برای اجرای برنامه‌های خود از سرکوبی شورش‌ها و اعتصابات کارگری خودداری نکرد و به شدت با آنها مقابله می‌کرد. همین امر باعث شد که عدم اطمینان عمومی نسبت به برنامه‌های ویتی ایجاد شود و کارگران و دهقانان رفته‌رفته خواسته‌های اقتصادی خود را تحت‌الشعاع خواسته‌های سیاسی ـ که عبارت از حق رهبری سیاسی و فرهنگی بود ـ قرار دهند و نیروی خود را متوجه مبارزه با تزاریسم نمایند. به عبارت دیگر مردم متوجه شده بودند که خواسته‌های آنان ممکن نیست برآورده شود مگر اینکه تحول سیاسی قبل از تحول اقتصادی به مرحله اجراء درآید.تزار و ویتی نیز به این امر پی بردند و بعد از انقلاب نافرجام 1905 که شرح آن در فصول بعد خواهد آمد ــ دست به یک سری اصلاحات سیاسی نیز زدند که تشکیل دومای سلطنتی[1] از مهمترین آنها بود.

---

[1] دوما Duma واژه روسی به معنای مجلس قانون‌گذاری است. تزار تحت فشار توده‌های انقلابی و گروه‌های مخالف که به شدت برای کسب قدرت سیاسی مبارزه می‌کردند و همچنین در اثر انقلاب 1905 مجبور شد که اولین دوره‌ی دومای سلطنتی یا دولتی را در سال 1906 افتتاح نماید. اولین دوما در اثر مخالفت بلشویک‌ها و تحریم دوما به وسیله‌ی آنان متلاشی گردید و پس از آن نمایندگان بلشویک تاکتیک خود را تغییر دادند و در دوره‌های دوم (1907)، سوم (1912-1907) و چهارم (1917-1912) دوما شرکت

اصلاحات اقتصادی تزار محدود به دوره‌ی ویتی نمی‌شد. در حقیقت تزار وقتی متوجه شد که ویتی در اجرای برنامه های خود تا حدودی تندروی می‌کند و سیاست وی ممکن است قدرت تزار را به مخاطره افکند، وی را از کار برکنارنمود، مجلس دوما را منحل و در صدد بر می‌آید تا آزادی‌های اعطا شده به مردم را محدود نماید. برای این منظور تزار در آوریل 1906 یکی از مطمئن‌ترین و قابل‌اعتمادترین وزرای خود را به نام استولپین که بارها لیاقت خود را در سرکوبی جنبش‌های انقلابی مردم روسیه نشان داده بود به ریاست دولت منصوب نمود.

استولپین که تجربه‌ی ناخوش‌آیندی از انقلاب نافرجام 1905 داشت به محض به دست گرفتن قدرت، اعتصابات کارگری را در هم کوبید، روزنامه‌ها و چاپخانه‌های مشکوک را تعطیل کرد، اجتماعات را ممنوع و اعضای گروه‌های انقلابی را بازداشت نمود.

―――――――――――――――――――

کردند تا بتوانند بر علیه بورژوازی مبارزه کنند و از حقوق کارگران و دهقانان دفاع نمایند.
بلشویک‌ها از طریق دوما موفقیتی به دست نیاوردند زیرا همواره اکثریت دوما در دست نمایندگان ملاک و بورژوازی بود که از تزار حمایت می‌کردند.

اما آنچه دوره‌ی استولپین را در تاریخ شوروی مشخص نمود، طرح رفورمیستی «اصلاحات ارضی» وی بودکه بیشتر شباهت به کودتا داشت. استولپین برای تحقق رفورمهای کشاورزی خود، پیش‌بینی کرده بود که بیست سال صلح لازم است تا برنامه‌هایش تحقق یابد. استولپین فرد باهوشی بود که دنباله‌رو برنامه‌های ویتی بود و میانه‌ی خوشی با برنامه‌های سوسیالیستی نداشت. پس از انحلال اولین مجلس دوما، استولپین موفق شد در ۹ نوامبر ۱۹۰۶ از طریق اوکاز[1] یا فرمان تزار به برنامه‌های خود رسمیت دهد.

هدف نهایی رفورم استولپین در حقیقت از بین بردن زمینهای «کمون» یا اشتراکی بود. «استولپین می‌خواست در ابتدا و بیش از همه چیز نظام قدیم کشاورزی را از میان بردارد، نظامی که معایب و کمبودهایش هر روز بیش از پیش چشمگیر می‌شدند. او اعتقاد داشت که «میر[2]» - یعنی ملک اشتراکی — اولین سیاه‌بختی جسمانی، روحانی و اخلاقی است که موژیک[3] را در خود

---

<sup></sup>[1] اوکاز Ukaz در روسیه تزاری به فرمان امپراتور گفته می‌شد که قوت قانونی داشت. فرمان فوق در ۱۴ ژوئن ۱۹۱۰ در دوما به تصویب رسید و حکم قانون را یافت.

[2] میر Mirr در روسیه‌ی تزاری به کمون‌های روستایی گفته می‌شد که اساس آن بر مالکیت مشترک زمین و زراعت توسط دهقانان بود. سوسیالیست‌های خیال پرور روسیه تصور می‌کردند که از طریق کمون‌های روستایی می‌توان به سوسیالیسم انقلابی دست یافت.

[3] موژیک Muzhik به دهقان ساده‌ی روسی گفته می‌شود.

زندانی ساخته. زیرا شکل اداره و استفاده از زمین در روسیه مخالف عقل سالم و بدوی‌ترین قوانین کشاورزی است و یک مانع واقعی در راه گسترش طبیعی کار و ابتکار شخصی است.[1]»

به موجب طرح استولپین، دهقانان آزاد بودند که در صورت تمایل روستای خود را ترک کنند یا صاحب زمین شوند و بتوانند املاک خانوادگی خود را تقسیم کنند. «بین 1907 و 1914، تحت قانون اصلاحات ارضی استولپین دو میلیون نفر از خانواده‌های دهقانان از روستاهای «میـر» بریدند و صاحب ملک خصوصی شدند. در تمام طول جنگ جهانی اول نیز این حرکت ادامه داشت و در اول ژانویه 1916 تعداد شش میلیون و دویست هزار خانواده از تقریباً شانزده میلیون نفر خانواده دهقانان واجد شرایط برای جدا شدن از سیستم «میـر» پرسشنامه تکمیل کردند.[2]» برنامه‌ی اصلاحات ارضی استولپین اگرچه مالیاتهای دهقانان را کاهش داد و به آنها امکان داد که از اراضی کشاورزی و تولید سهمی ببرند، ولی اجازه فروش زمین به دهقانان این زمینه را به وجود آورد که کولاگ‌ها هرچه بیشتر زمینهای دهقانان را به قیمت ارزان بخرند و به تعداد خانواده‌های دهقانان فقیر میلیونها

_______________

[1] میشل دو سن پیر، همان کتاب، صفحه 113.
[2] ولف، همان کتاب، صفحه 360.

نفر دیگر اضافه شود. بعلاوه طرح استولپین در حقیقت گامی در جهت سرمایه‌داری و تقویت بورژوازی بود که به ماهیت سوسیالیسم شدیداً ضربه می‌زد.همچنین اجرای برنامه‌های استولپین به سادگی امکان‌پذیر نبود و به قیمت جان هزاران نفر و به خصوص از بین بردن انقلابیونی که با برنامه‌های وی مخالفت میکردند، تمام شد. معروف است که چوبه‌های داری که به دستور استولپین در سراسر روسیه برای اعدام مخالفین بر پا شده بود بین مردم «کراواتهای استولپین» نامیده می‌شدند.

دوره‌ی استولپین که تا سال 1911 ادامه داشت و آثار آن تا اواخر سلطنت تزار کشیده شد به تشدید تضاد طبقات اجتماعی روسیه دامن زد و نه تنها مشکلات اساسی اقتصادی جامعه روسیه را حل نکرد بلکه با تقویت بورژوازی زمینه را برای ادامه‌ی مبارزات طبقه محروم آماده‌تر نمود.

# 3. تاثیر شعرا و نویسندگان روسی در روند انقلاب

نقش شعرا و نویسندگان روسی دراواخر قرن هیجدهم و تمامی قرن نوزدهم آنقدر در شکل‌گیری افکار انقلابی روسیه مؤثر است که این تأثیر را حتی روی رهبران انقلابی روسیه به وضوح می‌توان بررسی کرد. شعرا و نویسندگان روسی که مایه‌های داستان‌ها و نمایشنامه‌های خود را از بطن جامعه‌ی روسیه می‌گرفتند، تلاش می‌کردند در قالب قهرمانهای تخیلی و گاه آوردن آنها به روی صحنه تصویر روشنی از جامعه‌ی آن روز به دست دهند و مردم را برای مبارزه با ظلم آماده کنند. شعرا و نویسندگان روسی در قرن نوزدهم مانند:

الکساندر پوشکین[1] (1799-1837)

نیکلای گوگول[2] (1809-1852)
میخاییل لرمانتوف[3] (1814-1841)

ایوان تورگینف[4] (1818-1883)
فیودور داستایوسکی[5] (1821-1881)

میخاییل شچدرین[6] (1862-1889)

لئو تولستوی[7] (1828-1941)

آنتوان چخوف[8] (1860-1904)
ماکسیم گورکی[9] (1868-1936)

که هرکدام به سهم خود در بیداری مردم روسیه نقش مؤثری داشتند و به موقع با نوشتن رمان، شعر و نمایشنامه رسالت خود را ایفا نمودند که در ادامه مختصراً به برخی از آنها اشاره می‌شود.

---

[1] Alexander Pushkin
[2] Nikolai Gogol
[3] Mikhail Lermontov
[4] Ivan Turgenev
[5] Fyodor Dostoyevsky
[6] Mikhail Saltykov-Shchedrin
[7] Leo Tolstoy
[8] Anton Chekhov
[9] Maxim Gorky

پوشکین داستان‌سرا و شاعر بزرگ روسی که او را پدر ادبیات نوین

روسیه نامیده‌اند در یکی از کاملترین رمان‌های خود به نام «دختر

سروان» با نثری دقیق شورش پوگاچوف[1] را تحلیل می‌کند و با زنده

نمودن قیام‌های دهقانی به وضع روسیه تزاری می‌پردازد[2]. مخالفت

پوشکین با دستگاه تزار تا بدانجا رسید که یک نفر فرانسوی که در دربار

تزار خدمت می‌کرد ظاهراً به عنوان دوئل ولی در اصل به عنوان عامل

توطئه به مبارزه با پوشکین می‌پردازد و با زخم مهلکی که به او وارد

---

[1] یملین ایوانوویچ پوگاچوف Yemelyan Ivanovich Pugachev (1742-1775) از معروفترین رهبران شورش روستاییان روسیه بود که با استفاده از تمایلات شدید ضدحکومتی قزاق‌ها سر به شورش برداشت و در ژوئن 1773 خود را امپراتور پتر سوم خواند و در سپتامبر همان سال با 80 قزاق به مبارزه با حکومت برخاست که تا پایان سال جنگجویان وی به سی هزار نفر که دارای 76 تفنگ بودند رسید. نقشه‌ی پوگاچوف ابتدا فتح اورنبرگ و سپس غازان و سن پترزبورگ بود که در اثر اشتباهات استراتژیکی در غرب اورنبرگ مغلوب سپاه دولتی به فرماندهی ژنرال بی‌بیکوف  Aleksandr Ilyich Bibikov شد.
پس از این شکست پوگاچوف موفق به فرار شد و مجدداً رهبری شورش‌های دهقانی در کرانه‌ی ولگا تا ساراتف را به عهده گرفت و به قدری وحشت در دستگاه امپراتوری کاترین ایجاد کرد که حکومت برای سرش جایزه تعیین کرد. سرانجام ارتش دولتی به فرماندهی میخلسون Michelsohn مأمور سرکوب شورش روستاییان گردید. پوگاچوف در جنوب ناحیه تزاریتسین Tsaritsyn از قوای دولتی شکست خورد و با گروهی از طرفدارانش به قسمتهای سفلی رود ولگا حرکت کرد و در سپتامبر 1773 با خیانت چند تن از قزاق‌ها دستگیر و به ژنرال سووورف Alexander Vasilyevich Suvorov تحویل داده شد.
پوگاچوف در یک قفس آهنی به مرکز منتقل و در 22 ژانویه 1775 به وسیله ایادی تزار اعدام شد.
[2] از پوشکین تا شولوخف: ترجمه م. سجودی. ع. امینی (تهران: انتشارات ستاره، 1356) ص 8.

43

می‌کند او را به قتل می‌رساند[1]. قتل ناجوانمرانه پوشکین در شاعر جوان روسی لرمانتف تأثیر گذاشت و غم و اندوهش را در مرگ بزرگترین افتخار ملت و خشمش را نسبت به قاتل پوشکین ابراز کرد و کینه و تحقیرش را نسبت به درباریان پست و ناشایسته‌ای که اجازه دادند بیگانه‌ای شاعر را از پا درآورد، بر زبان راند[2] که منجر به سرودن قطعه شعری در سوگ پوشکین و حمله به تزار شد. این شعر سبب گردید که او را دستگیر و به جبهه‌ی قفقاز تبعید کنند. روحیه سرکش و انقلابی لرمانتف لحظه‌ای او را آرام نمی‌گذاشت و با اینکه آثار زیادی از خود به جا نگذاشت ولی در اشعار کوتاه، نمایشنامه‌ها و رمان‌هایش مثل «ماسک راد»، «شاهزاده خانم لیگوفکایا»، «سرود کالاشینکوف بازرگان» کوشید تا تصویری گویا از محیط خود به دست دهد. سرانجام در اثر معروف خود به نام «قهرمان دوران ما» داستان‌های اواخر عمر خود را جمع‌آوری و تأثرات خود را از زندگی دوران تزار بازگو می‌کند. در یکی از این آثار در قطعه شعری لرمانتف می نویسد:


در وطنم نفس نمیتوان کشید ودراین هوای گرفته

---

[1] د. س. میرسکی: تاریخ ادبیات روسیه از آغاز تا تولستوی، ترجمه ابراهیم یونسی (تهران: انتشارات امیرکبیر 1354) جلد اول: ص 134.
[2] همان: ص 202.

دلم غمناک است روحم دلتنگ ....
نه عشقی میشناسم و نه دوستی شیرینی
و جوانی ما در توفان های واهی در عذاب است
و از زهرخشم و کینه ؛ تیره وتار
جام این زندگی سرد و بیروح
به کاممان تلخ است
ودیگر هیچ چیز روحمان را شادی نمی بخشد ....


سرانجام در سن 27 سالگی و متناسب با شعر خود به علت رفتار

اهانت‌آمیز به خانواده‌ی سلطنتی تزار مجدداً به قفقاز تبعید و عجیب آن

که مانند پوشکین در یک دوئل به قتل رسید و در بحبوحه‌ی جوانی حقیقتاً

با روسیه خداحافظی کرد.


"سرزمین اربابان، سرزمین بردگان
ای روسیــــه‌ی پژمــــرده خداحافظ.
و شمایی که در یونیفرم‌های آبی خود
فقط اطاعت کردن را می‌دانیـــید1 ."


اگرچه عمر کوتاه لرمانتف مهلت نداد تا وی جانشین پوشکین شود

ولی گوگول رمان‌نویس دیگر روسی تا حدودی این وظیفه را بر عهده

گرفت. وی نیز مانند نویسندگان پیشین روسیه در مهمترین آثار خود به

---

<sup>1</sup> Louis Fischer. The life of Lenin (New York: Harper Books 1964). P. 497.

نام «بازرس» و «نفوس مرده» تلاش نمود تا با انتقاد از بوروکراسی تزار، جامعه روسیه را از افسردگی و یکنواختی نجات دهد. گوگول در اثر دیگر خود به نام «تاراس بولبا» و همچنین «پالتو» تصویری از زندگی ساده و فقرآلود مردم روسیه می‌دهد و احساسات بشردوستانه‌ی خود را آشکار می‌سازد. گوگول مانند پوشکین و لرمانتف عمر زیادی نکرد و در سن 43 به مرگی نابهنگام دچار شد.

دنباله‌ی کار گوگول به وسیله داستایوسکی تعقیب شد. داستایوسکی که در آثار خود آشکارا از گوگول مایه می‌گیرد، تحسین از وی را تا به آنجا می‌رساند که پس از مطالعه اثر معروف گوگول «پالتو» - یا شنل - درباره‌ی وی می‌گوید: «ما همه از زیر شنل گوگول بیرون آمدیم[1].»

داستایوسکی که خود فرزند سرمایه‌داری بود، از همان محیط خانوادگی رابطه‌ی ظالمانه و ستمکارانه‌ی «ارباب و برده» را به عین دیده و شاهد قتل پدرش به دست سرف‌ها بود. وی جسورانه ابتدا در قالب یک سوسیالیست و بعداً که حکم «محکوم به مرگ» وی به حبس ابد تبدیل شد در قالب یک نویسنده‌ی توانا لحظه‌ای از مبارزه بر علیه تزار

---

[1] ترجمه‌ی م. سجودی، همان، ص 138.

باز نایستاد. داستایوسکی که کلام وی در افکار عمومی مردم روسیه برای مبارزه‌ی سرسختانه اثر می‌بخشید درباره‌ی خود می‌گوید: «من در همه چیز به حد اعلی به افراط می‌رسم. در تمام طول عمرم هرگز با اعتدال آشنا نبوده‌ام.[1]» در واقع چنین طرز فکری در اغلب آثار داستایوسکی و همچنین نحوه‌ی مبارزه‌ی وی با رژیم کاملاً آشکار است. داستایوسکی در آثار اولیه‌ی خود مثل «مردم فقیر» و «همزاد» تا آن حد تحت تأثیر گوگول بود که در محافل ادبی روسیه شایع شد که «گوگول جدیدی ظهور کرده است.[2]» ولی در آثار بعدی خود مانند «خاطراتی از زیرزمین»، «قمارباز»، «ابله»، «جنایت و مکافات» و «برادران کارامازف» استقلال فکری بیشتری وجود دارد و در تمام آثار این نویسنده با مهارت خاصی به تحلیل مسائل اجتماعی می‌پردازد و رحم و شفقت خود را نسبت به مردم ستمدیده و حقیر ابراز می‌دارد.

داستایوسکی به وجود مبدأ واحد و مذهب بی‌اعتنا نبود و از این رو مورد انتقاد سوسیالیست‌هایی که به مذهب اعتقاد نداشتند قرار می‌گرفت. داستایوسکی در ژوئن 1880 به مناسبت پرده‌برداری از بنای یادبود

---

[1] ولف، همان، ص 32.
[2] د. س. میرسکی، همان، ص 258.

پوشکین در مسکو خطابه شورانگیزی ایراد نمود که در آن ضمن تجلیل از انقلابیون، گرایش‌های مذهبی خود را نیز بیان داشت و این خطابه جای مخصوصی در ادبیات روس دارد و مهمترین نوشته غیرداستانی داستایوسکی محسوب می‌شود. چند ماه بعد از این خطابه داستایوسکی به بیماری سختی مبتلا و در ژانویه 1881 فوت نمود[1].

یکی دیگر از نویسندگان توانای روسیه تورگنیف است که بر خلاف داستایوسکی به تمام ارزش‌های مذهبی پشت پا زد و آن چنان در این زمینه افراطی عمل کرد که به عنوان یک نویسنده ضدمذهبی شدید مورد توجه ماتریالیست‌ها قرار گرفت و به خصوص لنین توجه خاصی نسبت به نوشته‌های وی نشان می‌داد. در سال 1898 وقتی که لنین در سیبری در تبعید بود، در نامه‌ای که به مادرش نوشت تقاضا کرد که یک سری دوازده جلدی از آثار تورگینف برای وی بفرستد که بنا به اظهار همسر لنین چه به زبان روسی و چه آلمانی بارها به وسیله لنین خوانده شد[2].

---

[1] د. س. میرسکی، همان، ص 384-89.
[2] لوئیس فیشر، همان، صفحه 499.

آثار معروف تورگینف مانند «رودین»، «آشیانه‌ی اشراف»، «در آستانه»، «شکارچی» و« پدران و پسران» همگی محتوای اجتماعی دارند و قهرمانان داستان‌های او در حقیقت نمایندگان طبقات خود در جامعه‌ی روسیه بودند.

در اواخر قرن نوزدهم و همزمان با حکومت نیکلای دوم آخرین بازمانده تزارها، نویسندگان برجسته‌ای چون چخوف، تولستوی و گورکی در عالم ادبیات روسیه ظهور کردندکه خود در ادامه مبارزات مردم و روند تکاملی انقلاب روسیه نقش مؤثری داشتتد. نویسندگان فوق که خود شاهد شرکت انقلابی توده‌ی مردم بر علیه تزار بودند علاوه بر اینکه با نوشته‌های خود مشوق خوبی برای برانگیختن مردم بودند، گاهی خود نیز در صحنه مبارزات مردم شرکت داشتند و با رهبران انقلابی روسیه به خصوص لنین در تماس بودند.

زمانی که لنین یکی از داستانهای کوتاه چخوف به نام «سلول شماره 6» را در سالهای 1890 مطالعه کرد به خواهر بزرگش گفت: «من حقیقتا احساس وحشت کردم و نتوانستم در اتاق خود باقی بمانم؛ بر خاستم

و از اتاق خود خارج شدم. من احساس می‌کردم که خودم زندانی شماره ۶ هستم.[1]»

یکی از آثار بسیار ارزنده چخوف خاطرات سفر وی به سیبری است که تحت عنوان «جزیره‌ی ساخالین» انتشار می‌یابد و در آن به شرح دقیق و تکان دهنده زندان‌های سیبری در زمان نیکلای دوم می‌پردازد و واقعیت‌های وحشتناک زمان تزار را فاش می‌سازد. چخوف را باید استاد داستان‌های کوتاه و نمایشنامه نامید و بازیهای او — که بیانگر واقعیت جامعه‌ی روس بود — سالها در تئاتر‌های روسیه روی صحنه بود و مشوق ارزنده‌ای برای ادامه‌ی مبارزات مردم بود.[2]

یکی از بزرگترین نویسندگان رئالیست روسیه تولستوی است و با اینکه خود از طبقه اشراف بود ولی نسبت به ستمدیدگان و محرومان بی‌اندازه دلسوز و متعهد بود و دین خود را نسبت به جامعه روسیه با شاهکارهای

---

[1] لوئیس فیشر، همان کتاب. ص ۴۹۹.
[2] چخوف با اینکه پزشک بود ولی در عالم ادبیات روسیه درخشید و آثار زیادی از خود به جا گذاشت که برخی از آنها عبارتند از: «ترانه‌ی قو»، «روشنایی‌ها»، «میهمانی تولد»، «زنگها»، «غش»، «خرس»، «اهریمن چوبی»، «دوئل»، «زنها»، «ملخ»، «همسر»، «مرغ دریایی»، «زندگی من»، «دهقانان»، «در سرزمین بومی»، «مردی در قفس»، «مستأجر»، «دایی وانیا»، «سه خواهر»، «اسقف»، «باغ آلبالو» و ...

بزرگی چون «جنگ و صلح[1]» و «آناکارنینا» ادا کرد. این دو اثر بارها به وسیله لنین خوانده شد. تولستوی نیز کسی است که لنین بسیار از او سخن گفته است زیرا! او بیش از یک نویسنده به مردم روسیه خدمت کرد و نقش قابل توجهی در سقوط امپراتوری روسیه ایفاء نمود. در 28 آگوست 1908 که در داخل و خارج روسیه بسیاری از هواخواهان و خوانندگان آثار تولستوی هشتادمین سال تولد وی را جشن می‌گرفتند، لنین از این فرصت استفاده کرد و در مقاله‌ای تحت عنوان «لئو تولستوی، آیینه‌ی انقلاب روسیه» به تحلیل مارکسیستی آثار تولستوی پرداخت. در سال 1910 که تولستوی فوت کرد، لنین مقاله‌ای مشابه در سوگ او تحت عنوان «لیبرال‌ها» نوشت. در این مقاله لنین مقام برجسته‌ای به تولستوی داد و او را یک نویسنده آگاه دانست.

یک ماه بعد یعنی در 31 دسامبر 1910 لنین شادمانه اعلام کرد که: «مرگ تولستوی برای اولین بار پس از یک دوره طولانی فترت، روح تازه‌ای به تظاهرات خیابانی و مشارکت مؤثر دانشجویان و تاحدودی

---



[1] این اثر جالب و خواندنی توصیف عمیق و استادانه‌ای است از قیام ملت روس در برابر حمله لشکریان ناپلئون در جنگ 1812. پیکار بین دو نیرو که یکی با ایمان . امید به پیروزی و آزادی می‌جنگد و دیگری کورکورانه و صرفاً برای اجرای فرمان.

کارگران بخشید. بسیاری از کارخانه‌ها در روز تشییع جنازه‌ی تولستوی دست از تولید کشیدند و در حقیقت این نمایانگر آغاز یک سری اعتصابات خیابانی در حد متوسط بود. با تمام تمجیدی که لنین از تولستوی نموده بود، معهذا از نامه‌هایی که لنین به گورکی پس از مرگ تولستوی نوشته است چنین برمی‌آید که حالت انفعالی و گرایش‌های مذهبی تولستوی مورد انتقاد او بوده است[1].

نویسنده‌ی دیگر روسی که به واقع عمر خود را وقف انقلاب روسیه نمود، ماکسیم گورکی بود که از یاران و همفکران بسیار نزدیک لنین بود. گورکی که کار خود را از روزنامه‌نگاری شروع کرد نه تنها شاهد کلیه جریانات انقلابی مردم روسیه بود و همپای آنان در مبارزه علیه ظلم شرکت داشت بلکه نزدیک به بیست سال پس از انقلاب هم شاهد دوره‌ی حکومت لنین و نیمی از حکومت استالین نیز بود.

مقام گورکی تنها به عنوان یک نویسنده‌ی روسی مورد نظر نیست بلکه کمکهای بی‌دریغ او به لنین و حزب کمونیست، چه از نظر مادی و چه معنوی کمک مؤثری برای انقلابیون داخل و خارج کشور بود.

---

[1] لوئیس فیشر، همان کتاب، ص 500-502.

بسیاری از نقشه‌های انقلابی و حملات مسلحانه به وسیله حزب کمونیست در خانه گورکی طرح‌ریزی شد. ملاقات‌های متعددی بین لنین و گورکی در داخل و خارج کشور به منظور پیشبرد انقلاب صورت گرفت. گورکی در سن‌پترزبورگ دست به انتشار روزنامه‌ای قانونی به نام «زندگی نو[1]» زد که در حقیقت در اختیار سوسیالیست‌ها بود و بسیاری از نامه‌ها و مقاله‌های لنین در این روزنامه به چاپ رسید. پیوند گورکی و لنین بسیار عمیق‌تر از رابطه‌ی یک رهبر سیاسی با یک نویسنده بود زیرا علاوه بر اینکه گورکی خود یک سوسیالیست بود و به کرات از طبقه کارگر دفاع می‌کرد، با عقاید لنین نیز موافق بود و شخصاً نیز در مبارزات خیابانی مردم شرکت داشت. تا جاییکه روزی از شدت تنفر به یک افسر تزاری خروشید و گفت: «اینجا روسیه نیست بلکه یک خوک‌دانی است.[2]» از این رو گورکی به عنوان یک انقلابی آگاه همواره مورد احترام لنین بود و متقابلاً گورکی هم همواره مشوق لنین برای پیشبرد مقاصد انقلاب بود و از هر جهت او را یاری می‌داد.

---

[1] New Life (Novaya Zhizn)

[2] وان لیو، همان کتاب، ص 33.

گورکی به عنوان یک شخصیت اجتماعی در نظر عموم شاید بیشتر از لنین مورد توجه بود. روشنفکران و بسیاری از کارگران و کشاورزان روسیه با نوشته‌های گورکی آشنا بودند و او را خوب می‌شناختند. بر خلاف لنین که به خاطر خدمت به مردم از اشرافیت خارج شد، ماکسیم گورکی خود از طبقه مردم عادی بود که خدمت به مردم در سرشت او بود. به همین علت لنین برای گورکی ارزش خاصی قائل می‌شد و معمولاً او را برای ملاقات در خانه‌ی خود می‌پذیرفت. حتی زمانی که انقلاب روسیه به پیروزی رسید و لنین قدرت رادر دست گرفت، لنین برای ملاقات‌های خود با گورکی شوق فراوان داشت. یک روز که گورکی با لنین در کاخ کرملین قرار ملاقات داشت لنین نیم ساعت جلوتر از وقت منتظر او بود و به منشی خود گفت که آیا مطمئن است که به نگهبانی کاخ سفارش کرده که تأخیری برای ورود گورکی ایجاد نکنند؟ نیم ساعت دیگر مجدداً به منشی خود تلفن کرد و گفت آیا برای آوردن گورکی اتومبیل فرستاده‌اند؟ یا نه؟ لنین هرگز گورکی را در انتظار نمی‌گذاشت و همیشه خارج از نوبت اورا می‌پذیرفت. ملاقات گورکی با لنین یک کار جدی برای کارکنان کاخ محسوب می‌شد. گورکی در ملاقاتهای خود با لنین همواره انبوهی از تقاضاهای مردم، به خصوص روشنفکران،

هنرمندان و نویسندگان که به جرم تبعیض طبقاتی یا آزادی بیان دستگیر شده بودندبه همراه داشت و آنها را با لنین مطرح می‌کرد. گورکی از اشعه‌ای که از پرتو انقلاب بر کارگران و کشاورزان تابیده بود و بر روشنفکران سایه افکنده بود نگران به نظر می‌رسید و تلاش می‌کرد تا به روشنفکران توجه بیشتری شود. با اینکه پس از به قدرت رسیدن لنین گورکی از او انتقاد می‌کرد که سیاست‌های متضادی را دنبال می‌کند معهذا هیچ چیز نتوانست رابطه بین لنین و گورکی را تیره نماید.

گورکی مرد آزاده‌ای بود که از لنین به عنوان قاضی نهایی برای قضاوت استفاده می‌کرد. گورکی جان نویسندگان، هنرمندان و روشنفکران زیادی را نجات داد و لنین به خاطر اینکه او در سراسر روسیه نویسنده‌ای از مردم و برای مردم بود به او احتیاج داشت. گورکی با این که لنین را می‌ستود ولی شخصیت خود را به عنوان یک مدافع آزادی همواره حفظ کرد و در موقعیت های مختلف از تاکتیک‌های خشونت‌آمیز در زندگی مردم روسیه نزد لنین انتقاد می‌کرد[1].

---

[1] برای اطلاعات بیشتر در این زمینه رجوع کنید به فصل بیست و سوم از کتاب «زندگی لنین» نوشته لوئیس فیشر تحت عنوان «لنین و ماکسیم گورکی» ص 320-330.

ماکسیم گورکی با نبوغ خود حقیقت زندگی مردم روسیه را که از پیوندش با توده‌ها حاصل شده بود، تشریح می‌کرد و مردم را بر علیه نظام سرمایه‌داری تزار به مبارزه تشویق می‌نمود. گورکی در ادبیات روسیه مقام شامخی دارد که فعالیت‌های خستگی‌ناپذیر و انقلابی او روح تازه‌ای به ادبیات روسیه دمیده است و نویسندگان بسیاری را شیفته خود نموده است. گورکی در کلیه‌ی آثار خود از جمله «مادر»، «خرده‌بورژواها»، «در اعماق»، «ییلاق‌نشین‌ها» و «انگل» احساس انسان‌دوستی و حقیقت مردم روسیه را نشان داده است.

باید در رأس نویسندگان قرن نوزدهم روسیه - که در واقع تأثیر ایدئولوژیک در مردم و رهبران سیاسی روسیه به طرف انقلاب سوسیالیستی داشتند — از ویساریون بلینسکی[1] و الکساندر هرزن[2] نام برد که در بخش مربوط به ایدئولوژی و رهبری سیاسی به تأثیر آنان اشاره خواهد شد.

---

[1] Vissarion Belinsky
[2] Alexander Herzen

# 4. نقش ایدئولوژی، رهبری و گروه‌های سیاسی

تأثیر شعرا و نویسندگان روسی در بیداری افکار عمومی با ظهور رهبران سیاسی که به دنبال ایدئولوژی مناسبی برای بسیج توده‌ها و تشکل مبارزات انقلابی بودند، همزمان بود. شعرا و نویسندگان نه تنها به وسیله قلم‌هایشان مردم را یاری می‌کردند بلکه در تشکیل گروه‌های سیاسی نیز فعالیت عملی داشتند. مثلاً «جنبش دکابریست‌ها یا دسامبریست‌ها[1]» که تحت تأثیر انقلاب کبیر فرانسه و عقاید دموکراتیک اروپا در قالب انجمن‌های شمالی و جنوبی در سال 1825 به وجود آمد در رأس آن شاعری به نام ریلیوف[2] و دو برادر نویسنده به اسامی الکساندر و میخائیل

---

[1] دسامبریست‌ها Decembrists اولین گروه پنهانی سیاسی مرکب از افسران وابسته به طبقه‌ی اشراف بودند که در جنگ علیه ناپلئون پیکار کردده بودند. اولین سازمان دسامبریست‌ها تحت عنوان «اتحادیه‌ی نجات» در سال 1816 تشکیل و هدف آن پایان بخشیدن به سرواژ و تشکیل یک حکومت مشروطه بود. در سال 1831 این انجمن بدون موفقیت منحل شد. قیام انقلابی این گروه در دسامبر 1825 تحت عنوان «جنبش دسامبریست‌ها» مجدداً شکل گرفت و موفقیت‌هایی به دست آورد.
[2] Kondrati Ryléyev

بستوژوف[1] فعالیت می‌کردند تا جایی که رهبری انجمن شمالی گروه را به دست آوردند. «دسامبریست‌ها در فکر برقراری نظام تازه‌ای در روسیه بودند و به همین منظور با برخورداری از پشتیبانی سربازان و سپاهیان همفکر خود، نقشه‌ی قیام مسلحانه، برانداختن حکومت، الغای سرف‌داری و تصویب قانون اساسی جدید را تهیه کردند. پیش‌نویس این قانون اساسی جدید در انجمن شمالی به رهبری کاپیتان نیکیتا موراویوف[2] و انجمن جنوبی به رهبری سرهنگ پاول پستل[3] تهیه شد.[4]» قیام دسامبریست‌ها بی‌رحمانه توسط تزار در هم کوبیده شد و رهبران آنها محکوم به اعدام و طرفداران آنها به سیبری تبعید شدند. قیام دسامبریست‌ها بااینکه به وسیله‌ی قشر بورژوازی بر پا شد ولی به علت خصلت «مسلحانه بودن» آن بعدها مورد تأیید گروه‌های انقلابی قرارگرفت. جنبش دسامبریست‌ها در حقیقت راه را برای مبارزه‌ی مسلحانه علیه رژیم تزار هموار نمود. پس از دسامبریست‌ها، جنبش‌های دهقانی پراکنده‌ای

---

[1] Alexander and Mikhail Alexandrovich Bestuzhev
[2] Nikita Mikhailovich Muraviev
[3] Pavel Ivanovich Pestel
[4] نچکیتا، اسکارگین، گوبر، الپیروویچ، کوتاکوف، مانفرد و دیوپیک: تاریخ مختصر جهان، ترجمه‌ی محمدتقی فرامرزی (تهران: انتشارات دنیا، شهریور 1357) جلد 2 ص 472.

در نقاط مختلف روسیه بر علیه استثمارگری صاحبان زمین و زورگویی‌ها و بی‌عدالتی‌های تزار به وقوع پیوست که از آن جمله به شورش 1830 تا 1831 «سواستوپول[1]» و مجتمع‌های نظامی نوووگرود می‌توان اشاره کرد که به وسیله‌ی عوامل تزار سرکوب شد.

در دهه‌ی 1830 «سیاست استعماری تزاریسم با مقاومت قهرمانانه‌ی مردم قفقاز و آسیای مرکزی روبرو شد. کوه‌نشینان قفقاز مقاومت خود را در برابر روسیه بیش از سی سال ادامه دادند. این جنبش ضداستعماری توسط یک رهبر مذهبی به نام «شیخ شامل[2]» که از طرفداران اشراف ترک و از رهبران مسلمانان بود، هدایت می‌شد و او بود که فرمان جهاد بر علیه کفار و از جمله روس‌ها را صادر نمود. امید کوه‌نشینان برای نیل به آزادی‌های اجتماعی با تأسیس حکومت مذهبی «شیخ شامل» به یأس مبدل شد. او یک رژیم دیکتاتوری برقرار کرد که بر اساس حاکمیت فئودال‌های محلی بود. توجه «شامل» به شاه ایران و سلطان ترکیه و تکیه‌ی او به کمک‌های انگلستان نتوانست برای قفقازی‌ها آزادی به ارمغان آورد. اگرچه در سال 1859 شیخ شامل در کوهستان‌های قفقاز محاصره

---

و دستگیر شد ولی تصرف قفقاز تا سال 1864 عملی نشد، تا اشغال آخرین روستاهای کوهستانی نزدیک سوچی[1] به پایان رسید.[2]»

همراه با شکل‌گیری جنبش‌های دهقانی و کارگری، رهبران سیاسی نیز اظهار وجود کردند و پایه‌های تئوریک مبارزه‌ی مردم روسیه را پی‌ریزی کردند.

از جمله ایدئولوگ‌ها و رهبران سیاسی روسیه در این دوره الکساندر هرزن (1870-1812)، ویساریون بلینسکی (1848-1811) و نیکلای اوگاروف[3] (1877-1813) بودند که از منافع مردم محروم و میلیونها دهقان ستمدیده دفاع می‌کردند و با نظام سرواژ و حکومت استبدادی به مبارزه برخاستند. افراد فوق ضمن مبارزه عملی به مطالعه تئوری فلسفه‌ی هگل، سوسیالیسم تخیلی سن‌سیمون (1825-1760)، شارل فوریه (1827-1772)، رابرت آون (1858-1771) و فردریش هگل (1770-1831) پرداختند و آنها را در روسیه اشاعه دادند. هرزن وبلینسکی

---

[1] Sochi

[2] اسمیرنوف، همان کتاب، ص 203-202.

[3] Nikolay Ogarev

همچنین آثار اولیه کارل مارکس (1883-1818) و فردریش انگلس (1895-1820) را مطالعه نمودند و فلسفه ماتریالیسم دیالکتیک را مورد بحث قرار دادند. اگرچه آنها موفق نشدند که به سوسیالیسم علمی دست یابند ولی به هر حال مطالعات آنها زیربنای فکری مبارزات انقلابی آتی مردم روسیه را فراهم نمود.

در مقابل این جریان فکری و همزمان با وقایع انقلابی 1848 اروپا که روی دموکراتیزه کردن گروه‌های اجتماعی روسیه اثر گذاشت، معتقدان به ایدئولوژی لیبرالیسم ــ که دموکراسی بورژوازی و رفورمهای تدریجی را توصیه می‌کردند ــ نیز در جوامع مختلف روسیه به فعالیت پرداختند و طرفداران دموکراسی غربی به دموکراتهای انقلابی و لیبرالها تقسیم شدند. نظیر همین انشعاب در محفل میخائیل پطروشفسکی[1] (1866-1821) روی داد. پطروشفسکی در سال 1845 در خانه خود گروهی را تشکیل داد که عده‌ای از نویسندگان و از جمله داستایوسکی به عضویت آن درآمدند. اعضای جوان این گروه تحت تأثیر هرزن و

---

بلینسکی و متفکرین سوسیالیست غربی به ویژه فوریه به فعالیت سیاسی اشتغال ورزیدند.

گروه پطروشفسکی پس از چهار سال مبارزه علیه استبداد و حمایت از حقوق دهقانان به وسیله‌ی جاسوسی لو رفت و کلیه اعضای آن دستگیر و تبعید شدند. با اینکه بین اعضای گروه پطروشفسکی در برداشتشان از سوسیالیم اختلاف نظر وجود داشت، روی هم رفته این گروه توانستند افکار دموکراتیک انقلابی و سوسیالیسم تخیلی را در روسیه گسترش دهند.

اگرچه شورش‌های پراکنده دهقانی به شدت سرکوب می‌شد و رهبران گروه‌های سیاسی دستگیر و از فعالیت آنها جلوگیری به عمل می‌آمد، با این وجود و در اثر شورش‌های پیاپی، نظام سرفداری در فوریه 1861 ملغی شد و این خود امتیازی برای مبارزات انقلابی محسوب می‌شد.

رهبری جنبش انقلابی دیگری که در سالهای 1870 به وجود آمد و به جنبش پوپولیست‌ها یا نارودنیک‌ها[1] معروف شد، به عهده افرادی چون

---

[1] واژه روسی نارود (Narod) به معنای «خلق» است و طرفداران خلق که به نارودنیک‌ها (Narodniki) یا پوپولیست‌ها معروف شدند. جنبش نارودنیک‌ها که در

نیکلای چرنیشفسکی[1] (1828-1889)، نیکلای دوبرولیوف[2] (1836-

1861) و میخائیل باکونین[3] (1814-1876) بود.

جنبش نارودنیک‌ها که مورد توجه روشنفکران قرار گرفت، وظیفه

اصلی خود را رفتن به میان خلق که بیشتر دهقانان مورد نظر بود،

می‌دانستند و هزاران نفر از آنان با پوشیدن لباسهای دهقانی به میان مردم

رفتند و امیدوار بودند که دهقانان را با عقاید سوسیالیستی آشنا کنند و یک

شورش سراسری دهقانی در روسیه به وجود آورند. دهقانان ـ به علت

آمادگی نداشتن ـ استقبال چندانی از نارودنیک‌ها نکردند و آنها مجبور

شدند که فعالیت خود را مخفیانه ادامه دهند. به همین منظور دست به

---

حقیقت دنباله‌ی شورش‌های دهقانی بود با سازمان‌های مختلفی که به وجود آورد، هدف
خود را سرنگون ساختن حکومت مطلقه تزار و آزادی‌های سیاسی و رهایی زندانیان قرار
داد.
نارودنیک‌ها که برای رسیدن به مقاصد خود از شیوه‌های تروریستی استفاده می‌کردند در
مارس 1881 موفق شدند که با پرتاب مواد منفجره به طرف کالسکه‌ی تزار الکساندر دوم،
وی را به قتل برسانند به شدت مورد تعقیب پلیس قرار گرفتند و رهبران اصلی آنها
دستگیر، برخی اعدام و عده‌ای هم به زندان‌های طولانی محکوم شدند تا سرانجام سازمان
نارودنیک‌ها به کلی متلاشی شد.

[1] Nikolay G. Chernyshevsky
[2] Nikolay Dobrolyubov
[3] Mikhail Bakunin

تشکیل یک سازمان مخفی به نام «زملیا ایی وولیا[1]» یا «زمین و آزادی» زدند و با چاپ روزنامه مخفی به مبارزه خود علیه تزار ادامه دادند.

پس از توسل به شیوه‌های تروریستی انشعاباتی در سازمان فوق به وجود آمد که مهمترین آنها سازمان مخفی تازه‌ای به نام «نارودنایا وولیا[2]» یا «اراده‌ی خلق» بود که شدیداً طرفدار ترور بود و بسیاری از مقامات عالی دولتی و از جمله خود تزار الکساندر دوم به وسیله اعضای همین سازمان به قتل رسیدند.

پس از آن سازمان نارودنیک‌ها در هم کوبیده شد و تلاش‌های بعدی برای احیای جنبش به نتیجه نرسید. از آن جمله گروهی که به رهبری لنین، الکساندر اولیانوف[3] و شویرف[4] در سال 1886 به وجود آمد و شیوه‌های تروریستی نارودنیک‌ها را دنبال می‌کرد. در سال 1887 قبل از اینکه نقشه‌ی این گروه برای قتل تزار جدید، الکساندر سوم به مرحله‌ی

---

[1] Zemlya i Volya
[2] Narodnaya Volya
[3] Alexander Ulyanov
[4] Petr Shevyrev

عمل درآید، اعضای آن دستگیر و اعدام شدند و اولیانوف برادر لنین نیز در شمار اعدام‌شدگان بود.

گرچه شیوه‌ی انتخابی نارودنیک‌ها منجر به شکست آنها شد، بدون شک جنبش نارودنیک‌ها در تاریخ روسیه از ارزش خاصی برخوردار است و آنها را می‌توان پیشگامان انقلاب سوسیالیستی یا حداقل مبتکر «سوسیالیسم دهقانی» در روسیه دانست.

همزمان با جنبش نارودنیک‌ها در خارج از روسیه اتفاق مهمی روی داد که در حقیقت باید آن را سنگ بنای جنبش کمونیسم در روسیه دانست و آن این بود که در سال 1870 گروهی از انقلابیون تبعیدی روسی در سوئیس به فعالیت سیاسی پرداختند و شخصی به نام گرمان لوپاتین[1] (1845-1918) به این گروه پیوست و با کمک رفقای روسی خود اولین جلد کتاب «سرمایه[2]»ی مارکس را به زبان روسی ترجمه کرد که اولین ترجمه‌ی کتاب مارک به زبان خارجی نیز بود. ترجمه‌ی روسی

---

«سرمایه» به سرعت در روسیه به طور مخفیانه پخش شد و سرآغاز نویی برای ادامه جنبش‌های سوسیالیستی گردید.

هم زمان با ادامه حرکتهای انقلابی در بین دهقانان، در سازمان‌های صنعتی نیز کارگزان تشویق به مبارزه می‌شدند. در سال 1875 دو سازمان مخفی کارگری، یکی به نام «اتحادیه کارگران جنوب روسیه» به رهبری یک روشنفکر نارودنیک به نام زاسلوفسکی[1] و دیگری به نام «اتحادیه کارگران شمال روسیه» به رهبری دو کارگر به اسامی اوبنورسکی[2] و خالتورین[3] که اولی مکانیک و دومی نجار بود به وجود آمدند و این سازمان‌ها به تشکل سیاسی طبقه کارگر برای احقاق خواسته‌های خود مبادرت ورزیدند. این دو سازمان که در حقیقت اولین نهادهای انقلابی کارگری روسیه محسوب می‌شدند، با تلاشهای فراوانی که کردند در بیداری و دانش کارگران مؤثر واقع شدند و چند اعتصاب کارگری را هدایت کردند. با اینکهِ اقدامات این دو سازمان به نتیجه نرسید

---

<sup>1</sup> Zasalofsky
<sup>2</sup> Victor Obnorsky
<sup>3</sup> Stepan Khalturin

و در مدت کوتاهی سازمان آنان به وسیله پلیس متلاشی شد ولی ضرورت مبارزه‌ی کارگران را در یاری دادن به دهقانان محرز نمود.

در بین نارودنیک‌ها جوان پرشوری بود به نام گئورگی پلخانوف[1] (1856-1918) که مخالف با شیوه‌ی تروریستی نارودنیک‌ها بود و با عقاید انحرافی آنان به مبارزه پرداخت. پلخانوف خواستار فوری تعلق زمین به دهقانان و آزادی بدون قید و شرط آنان گردید. وی همچنین بر این عقیده پافشاری می‌کرد که کارگران صنعتی نیز باید وارد میدان مبارزه شده و علیه رژیم استبداد با دهقانان متحد شوند. پلخانوف که تحت تعقیب پلیس بود ناچار به ژنو مهاجرت کرد و فعالیت‌های شدید مارکسیستی خود را با یاری طرفدارانش چون پاول اکسلرود[2]، ورا زاسولیچ[3]، لئو دویچ[4]، میخائیلوف[5] و آپتکمان[6] که همگی از روشنفکران نارودنیک بودند و به عقاید مارکس علاقه شدید داشتند، ادامه داد. گروه پلخانوف در ژنو به مطالعه آثار مارکس و انگلس پرداخت و سال 1882

---

[1] Georgi Valentinovich Plekhanov
[2] Pavel Borisovich Axelrod
[3] Vera Ivanovna Zasulich
[4] Lev (Leo) Grigorievich Deutsch
[5] Alexander Dmitriyevich Mikhaylov
[6] Osip Vasiliyevich Aptekman

کتاب «مانیفست کمونیست[1]» ـ اثر معروف مارکس و انگلس ـ توسط این گروه به روسی ترجمه شد[2]. همین ها بودند که اولین سازمان مارکسیستی روسیه را بنام «سازمان سوسیال دموکرات روسیه» در سال 1883 در خارج از کشور بنا نهادند. این سازمان که به نام «گروه آزادی کار» نیز معروف شد اولین گام اساسی را برای حرکت از نارودنیسم به مارکسیسم با افشا نمودن انحرافات نارودنیک ها برداشتند.

در اثر فعالیت این گروه بود که آثار مارکس و عقاید سوسیالیسم علمی به شدت در روسیه اشاعه یافت و جوانان انقلابی روسیه تحت تأثیر همین گروه اقدام به تشکیل اولین سازمان‌های سوسیال دموکرات در نقاط مختلف کشور خود نمودند. هدف گروه‌های سوسیال دموکرات روسیه با الهام از عقاید مارکس، به کارگیری کارگران و استفاده از نیروی خلاقه‌ی آنان در مبارزات انقلابی بود. پلخانوف که پدر مارکسیسم روسیه شناخته شده است، تنها راه نجات روسیه را اشاعه افکار مارکسیسم و ماتریالیسم

---

[1] Communist Manifesto

[2] لازم به تذکر است که در پیشگفتار چاپ روسی مانیفست، اولین ترجمه روسی آن به باکونین نسبت داده شده است. انگلس مترجم مانیفست را پلخانوف دانسته است. برای روشن شدن موضوع به ترجمه فارسی مانیفست (انتشارات همراه، تهران، 1357) صفخات 4 و 91 مراجعه فرمایید.

دیالکتیک در روسیه می‌دانست و به همین منظور با کمک طرفدارانش پس از ترجمه‌ی مانیفست برخی دیگر از آثار مارکس و انگلس را از قبیل «بیگاری و سرمایه» و «سوسیالیسم تخیلی و سوسیالیسم علمی» را به زبان روسی ترجمه کرد و خود به تنهایی در سال 1895 کتاب معروف خود را به نام «درباره‌ی تکامل مفهوم مونیستی تاریخ[1]» را منتشر کرد که به سرعت به فروش رفت. این کتاب اولین اثر علمی بود که ماده‌ی‌گری را در روسیه اشاعه داد و با استقبال بی‌نظیری مواجه شد.

از آنجا که افکار سوسیال دموکرات‌های روسیه یا «گروه آزادی کار» مستقیماً متأثر از عقاید مارکس و انگلس بود و اساس ایدئولوژی مبارزاتی مردم روسیه نیز بعدها توسط لنین بر همین عقاید استوار شد، لازم است که در اینجا مختصراً اشاره‌ای به عقاید مارکس و انگلس شود.

مارکس و انگلس بر خلاف سوسیالیستهای تخیلی نخستین بار توضیح دادند که سوسیالیسم زاییده فکر خیال‌بافان نیست؛ بلکه نتیجه ضروری

---

1 عنوان کتاب عبارت است از: « On the Development of the Monistic Conception of History » و تحت عنوان «تکامل نظر مونیستی تاریخ» توسط جلال علوی‌نیا و سعداله علیزاده به فارسی ترجمه و توسط سازمان نشر بین‌الملل به چاپ رسیده است. لنین درباره‌ی این کتاب که مهمترین اثر پلخانوف و زیر بنای عقاید ماتریالیستی در روسیه است، گفته است: «از روی این کتاب نسلی تمام از مارکسیست‌های روس پرورش یافت».

رشد جامعه‌ی سرمایه‌داری است. پس همان طور که نظام سرفداری برافتاد، نظام سرمایه‌داری نیز به موقع خود واژگون خواهد شد و سرمایه‌داری با رشد پرولتاریا (کارگر صنعتی مزدبگیر) عوامل نابودی خود را پدید می‌آورد.

به عبارت مانیفست: «سلاحی که بورژوازی با آن فئودالیسم را از واژگون ساخت، اکنون روی خود بورژوازی کشیده شده است. ولی بورژوازی نه تنها سلاحی را حدّادی کرده که هلاکش خواهد کرد، بلکه مردمی را که این سلاح را به سوی اومتوجه خواهند نمود – یعنی کارگران نوین یا پرولترها - را نیز به وجود آورده است.[1]»

مارکس و انگلس تلاش کردند تا ثابت کنند که تنها مبارزه‌ی طبقاتی پرولتاری و بورژوازی می تواند بشریت را از سرمایه‌داری و استثمار رهایی بخشد. آنها قوانین تکامل جوامع بشری را در پنج مرحله مشخص[2]

---

[1] مانیفست، همان، ص 44-45.
[2] مارکس و انگلس برای کلیه‌ی جوامع بشری از آغاز تا انتها با توجه به تکامل تاریخ به پنج مرحله‌ی مشخص دست یافتند که هر مرحله ضرورتاً مرحله‌ی دیگر را به دنبال خواهد داشت: (بقیه زیر نویس صفحه بعد)

الف – جامعه کمون‌های ابتدایی Primitive Communal Society

بیان کردند و سعی نمودند از راه علمی ثابت کنند رشد جامعه‌ی سرمایه‌داری ومبارزه طبقاتی در آن ناگزیر به برافتادن سرمایه‌داری و پیروزی پرولتاریا منجر می‌گردد.

ماركس و انگلس از بررسی جوامع مختلف نتیجه می‌گیرند که همواره دو نیروی متخاصم و آشتی‌ناپذیر در جامعه به مبارزه با هم برمی‌خیزند و وقتی برده تبدیل به دهقان و دهقان تبدیل به کارگر صنعتی شد و جامعه از برده‌داری به فئودالیته و پس از آن به سرمایه‌داری انتقال یافت، مقدمات انقلاب سوسیالیستی فراهم می‌شود و چون کارگر صنعتی قدرت تولید و خلاقیت را در دست دارد، نهایتاً پیروز خواهد شد و با استقرار دیکتاتوری

---

ب — جامعه برده‌داری Slave Society با دو طبقه‌ی بردگان Slaves و بردهداران Slave-owners

پ — جامعه فئودالی Feudal Society با طبقه‌ی رعایا Serfs و طبقه زمین‌داران Land-owners

ت — جامعه‌ی سرمایه‌داری Capital Society با طبقه‌ی کارگران صنعتی Proletariat و طبقه‌ی سوداگران صنعتی Bourgeoisie

ث — جامعه‌ی کمونیستی Communist Society بدون طبقه

برای اطلاعات بیشتر ر.ک. به:

- آگبرن و نیمکوف، زمینه‌ی جامعه‌شناسی، اقتباس و ترجمه ا.ح.آریان‌پور (تهران، انتشارات فرانکلین- دهخدا، 1347)، ص 27.

- Allen, Richard V., Bartlett, Hall, Colegrove, Kenneth: Democracy and Communism: Theory and Action (Van Nostrand Reinhold Inc., Canada, August 1967) pp. 6-9

پرولتاریا از طریق سوسیالیسم به جامعه‌ی کمونیستی بی‌طبقه دست خواهد

یافت[1].


 ماركس و انگلس توضیح دادند كه برای رسیدن به چنین هدفی نمی

توان با مسالمت از فرمانروایی سرمایه‌داری رهایی یافت و مالکیت

خصوصی سرمایه‌داری را به مالکیت اجتماعی تبدیل کرد. طبقه‌ی كارگر

تنها از طریق استفاده از قوه‌ی قهریه‌ی انقلابی علیه بورژوازی، با انقلاب

پرولتری و برقرار كردن حكومت سیاسی خاص خود یعنی دیكتاتوری

پرولتاریا می‌تواند به این هدف برسد. برداشت ماركس و انگلس از

دیكتاتوری پرولتاریا (یا در حقیقت دیكتاتوری اكثریت زحمتكشان بر

اقلیت ناچیز سرمایه‌داران) فقط برای دوره‌ی انتقال و در جهت سازندگی

جامعه‌ی بی طبقه بود. یعنی درنهایت پرولتاریا حق ندارد به عنوان طبقه‌ی

---

[1] ماركس معتقد است كه انقلاب سوسیالیستی خاص جوامع پیشرفته صنعتی است كه به
مرحله‌ی سرمایه‌داری رسیده و «پرولتاریا» را خلق كرده است. در چنین جوامعی پس از
وقوع انقلاب ابتدا دیكتاتوری پرولتاریا یا حاكمیت كارگران استقرار می‌یابد سپس با
برطرف كردن موانع، جامعه در آستانه‌ی بنای سوسیالیسم قرار می‌گیرد. دیكتاتوری
پرولتاریا وظیفه دارد تمام مظاهر جامعه سرمایه‌داری را از بین ببرد و زمینه‌ی پرورش
یك «انسان نو» یا «سوسیالیست» را فراهم كند. در جامعه سوسیالیست كه در خلال
دوره‌ی گذار به كمونیسم است: «هر كس به اندازه‌ی كارش از مزایای جامعه بهره‌مند
می‌شود». وقتی جامعه وارد مرحله‌ی كمونیسم — كه به اعتقاد ماركس كاملترین شكل
جوامع بشری است — می‌شود، دولت خاصیت خود را از دست می‌دهد و پژمرده می‌شود
(Withering away of the state) و با از بین رفتن طبقات، جامعه‌ی بی‌طبقه
Classless Society به وجود خواهد آمد كه در آن «هر كس به اندازه‌ی نیازش» از
جامعه بهره می‌گیرد.

مشخصی مانند دیکتاتوری طبقات دیگر، همواره قدرت را در دست داشته باشد، بلکه دیکتاتوری پرولتاریا باید وسیله‌ی مرگ طبقات دیگر را فراهم نموده و با از بین رفتن طبقات دیگر، دولت و حاکمیت نیز از بین برود. وقتی طبقه‌ی کارگر دولت و حاکمیت را ــ که وسیله‌ی اعمال قدرت و استثمار است ــ در دست نداشت، خود به خود در جامعه مستحیل می‌شود و امکان شرکت آزاد و مساوی همه‌ی افراد جامعه در اداره امور جامعه فراهم می‌شود.

مارکس و انگلس شکل عملی دیکتاتوری پرولتاریا را در قالب حزب کمونیست یا حزب طبقه کارگر می‌دانند که وظیفه آموزش توده‌ها را بر عهده خواهد داشت. «مارکس و انگلس می‌آموختند که پرولتاریای صنعتی انقلابی‌ترین ــ و به این جهت پیشروترین ــ طبقه‌ی جامعه‌ی سرمایه‌داری است و تنها چنین طبقه‌ای می‌تواند تمام نیروهایی را که از سرمایه‌داری ناراضی هستند پیرامون خود گرد آورده و آنها را به سوی هجوم علیه سرمایه‌داری سوق دهد. با این حال برای آن که جهان کهنه مغلوب و جامعه‌ی نوین بدون طبقه ایجاد شود، پرولتاریا باید حزب کارگری

مخصوص به خودی داشته باشد که مارکس و انگلس چنین حزبی را حزب کمونیست می‌نامیدند.[1]»

یکی دیگر ازمفاهیم اصلی تئوری مارکس «ماتریالیسم تاریخی»  است که اساس دکترین کمونیسم بر آن استوار است. مفهوم فوق بر این فرضیه استوار است که <u>فکر و مغزوشعور</u> انعکاساتی از واقعیت های جهان مادی است وماده بر هرچیز دیگری اصالت دارد. تا زمانی که که فقط جهان مادی واقعیت دارد «آتیسم»[2] عامل ضروری اعتقادات کمونیسم است. مارکس و انگلس ایده ماتریالیسم و آتیسم را از لودویگ فویرباخ (۱۸۰۴-۱۸۷۲) که معلم مارکس بود کسب کردند. از مطالعه تاریخ ؛ مارکس و انگلس به این نتیجه رسیدند که هر دوره ای از تاریخ شامل کشمکش هایی است که سبب بوجود آمدن قوانین و مناسبات جدید شده است.

مارکس با الهام و انتقاد از فلسفه ایده آلیستی فردریش هگل با عاریت گرفتن «دیالکتیک» هگل و ترکیب آن با ماتریالیسم تاریخی بیان نمود که تاریخ

---

[1] برای بحثی کوتاه و فشرده در این زمینه ر. ک. به: مسائل انقلاب دموکراتیک: بر اساس نوشته‌های مارکس و انگلس توسط ن. پارسی (تهران، انتشارات شباهنگ، آبان 1358) چاپ دوم، ص 12- 5

[2] - «آتیسم» واژه ایست که بمعنای عدم اعتقاد به وجود خدا بکار برده میشود.

همواره نتیجه منازعات بین «تز» و «آنتی تز» است که حاصل آن پدیده کاملا" نوی به نام «سنتز» است که این سنتز نیز ممکن است خود تز جدیدی محسوب گردد که باعث ایجاد آنتی تزوسنتز دیگری شود واین رابطه تا آخر ادامه مییابد تا سنتز مطلوب بدست آید ۱. مارکس این مدل را با توجه به « تئوری ارزش کار» که توسط جان لاک ؛ دیوید ریکاردو ؛ و آدام اسمیت پرورده شده بود در هم آمیخت و نظریه «ارزش مازاد» را ارایه داد که به موجب آن تضاد بخور و نمیر کارگر از یک طرف و منافع سرمایه دار از افزایش سود حاصل از تولیدات صنعتی از طرف دیگر بین تز(سرمایه دار) و آنتی تز(کارگر) مبارزه نهایی را بوجود خواهد آورد که نتیجه این منازعه منجر به ایجاد نظام اقتصادی و سیاسی و اجتماعی جدید سنتز(سوسیالیسم) خواهد شد. مارکس نتیجه گرفت که تئوری تاریخ بر اساس « دیالکتیک ماتریالیسم» استوار است که در آن نظام اقتصادی زاینده و تعیین کننده مناسبات اجتماعی و سیاسی جامعه است.

---

۱- « دیالکتیک» روش علمی و منطقی بحث و مناظره را گویند که معمولا" از طریق پیدا کردن تضادها در بررسی حقیقت به خصوص در مورد جهان مادی استفاده میشود. برای بحث این واژه رجوع شود به کتاب : ماتریالیسم دیالکتیک و ماتریالیسم تاریخی نوشته امیر نیک آیین ( تهران- انتشارات حزب توده ؛ ۱۳۵۸چاپ اول ؛ کتاب اول؛ صفحات ۳۶-۳۸ وفصول سوم و ششم) برای سیر تکاملی دیالکتیک از دیدگاه فلسفی مراجعه شود به کتاب : هنری ایکن : عصرایدیولوژی : فلاسفه قرن نوزدهم ؛ ترجمه ابو طالب صارمی ( تهران : انتشارات امیرکبیر؛ ۱۳۴۵ - فصل نهم ؛ مبحث «دیالکتیک و ماتریالیسم» صفحات ۱۸۶- ۲۰۶)

نظریات مارکس و انگلس از غرب و به خاطر جوامع صنعتی غرب که عامل به وجود آورنده کاگر صنعتی بود، عنوان شد ولی تا کنون انقلاب سوسیالیستی مورد نظر مارکس و انگلس در جوامع غربی به وقوع نپیوسته است زیرا عوامل اصلی مبارزه در جوامع غربی با تکنولوژی پیشرفته ـ یعنی کارگر ــ نه تنها بر علیه سرمایه‌داری قیام نکرده بلکه با امکانات بهتر و قیوداتی که برایش به وجود آورده‌اند تا حدودی حافظ منافع سرمایه‌داری نیز گردیده است[1]

اگرچه عقاید مارکس و انگلس در جوامع صنعتی غرب به وقوع نپیوست ولی منکر تحول عظیم این نظریات در جوامع دیگر به خصوص در روسیه نمی‌توان شد. البته ذکر یک نکته بسیار ضروری است و آن اینکه: «مارکسیسم دگم نیست.» و با شرایط عینی جوامع مختلف قابل تطبیق است. «از سالهای 1870 به بعد مارکس و انگلس لحظه به لحظه نگران ترمی‌شدند که بعضی پیروان آنها که با جنجال خود را «مارکسیست» خطاب می‌کردند، با قلب حقایق علمی سوسیالیسم و مفاهیم اصلی آن نوعی «دگماتیسم» ایجاد

---

[1] برای مطالعه انتقادات شدید به مارکسیسم ر.ک. به عقاید کارل کائوتسکی، ادوارد برنشتاین، روزا لوگزامبورگ، میلوان جیلاس، هربرت مارکوزه و سایر تحلیل‌گران سوسیالیست.

نمایند. به همین لحاظ در اواخر سالهای 1870 مارکس با جملهی معروف خود: «آنچه که می‌دانم این است که من مارکسیست نیستم.»، جدایی خود را از چنین مارکسیست‌هایی اعلام نمود.[1] با توجه به همین خصوصیت بود که لنین توانست عقاید مارکس را با شرایط عینی روسیه تطبیق دهد و موفق شود انقلاب سوسیالیستی را در یک کشور سنتی کشاورزی به مرحله‌ی عمل درآورد و بدین ترتیب عقاید مارکس و انگلس زیربنای تشکیل گروه‌های سوسیالیستی در روسیه گردید.

همانگونه که پیشتر ذکر شد ـ در اثر تلاش پلخانوف و رفقایش ـ گروه‌های مارکسیستی در گوشه و کنار روسیه شروع به فعالیت نمودند. یکی از این گروه‌ها که در شهر قازان و در سواحل رود ولگا تشکیل شد، به وسیله‌ی جوان پرشوری به نام «ولادیمیر ایلیچ اولیانوف[2]» (1870-1924) که بعدها به نام «لنین» ملقب شد، اداره می‌گردید. لنین در شهر سیمبیرسک[3] در

---

[1] جمله‌ی مارکس به نقل از انگلس چنین است: « Tout ce que je sais, moi, c'est que je ne suis pas marxiste. »
(All I know, I am no Marxist.)

ر. ک. به:

Wolfgang Leonhard, Three Faces of Marxism, (New York, Holt Rinehart and Winston, 1974) PP. 44-45

[2] Vladimir Ilyich Ulyanov (Lenin)

[3] Simbrisk

خانواده‌ی نسبتاً مرفه‌ای به دنیا آمد. پدرش معلم صاحب‌مقامی در دستگاه تزار و مادرش دختر یک پزشک بود.

لنین فعالیت سیاسی خود را زمانی که جوان دانشجوی هفده ساله‌ای بیش نبود و در دانشگاه قازان تحصیل می‌کرد، آغاز نمود و رهبری دانشجویان انقلابی دانشگاه را عهده‌دار بود.

اعدام برادر بزرگش به وسیله‌ی مأموران تزار در روحیه‌ی وی بسیار اثر گذارد و عکس‌العمل‌های وی سبب شد که از دانشگاه قازان اخراج گردد. لنین پس از خروج از دانشگاه به سرعت به تقویت محفل‌های مارکسیستی پرداخت و از همان ابتدا با نبوغ سرشار و دانش فراوان مارکسیستی خود سخنرانی‌هایی ایراد می‌کرد که روشنفکران را شدیداً تحت تأثیر قرار می‌داد.

لنین به علت فعالیت‌های افراطی خود تحت نظر پلیس بود و با اینکه رفت و آمد او در دهکده‌ی کوچکش تحت مراقبت بود، دست از فعالیت سیاسی خود برنداشت و و همزمان به مطالعه‌ی آثار مارکس و انگلس ادامه داد. وی همچنین به مطالعه‌ی آزاد دانشگاهی نزد خود پرداخت و موفق شد در امتحانات حقوق دانشگاه سن‌پترزبورگ به عنوان دانشجوی غیرحضوری شرکت و با رتبه‌ی اول فارغ‌التحصیل شود. این موفقیت به لنین امکان داد تا

در سن‌پترزبورگ به ایراد سخنرانی‌های متعدد بپردازد و با اشاعه‌ی افکار مارکسیستی، عقاید انحرافی نارودنیک‌ها را به شدت به باد انتقاد بگیرد.

یکی از اقدانات بسیار چشمگیر لنین این بود که در پاییز 1895 گروه‌های پراکنده سوسیال دموکرات‌های سن‌پترزبورگ را که تعدادشان به بیست گروه می‌رسید، گرد هم آورده و سازمان جدیدی به نام «اتحادیه مبارزه در راه آزادی طبقه‌ی کارگر[1]» را تشکیل دهد که در حقیقت باید آن را اولین هسته‌ی تشکیلات یک حزب مارکسیستی در روسیه دانست. این سازمان اگرچه دوام نیاورد و توسط پلیس در هم کوبیده شد ولی زمینه را برای اتحاد هرچه بیشتر کارگران در قالب یک حزب و تشکیلات نوین فراهم کرد.

لنین همچنان تلاش می‌کرد تا تئوری مارکس را با توجه به شرایط عینی روسیه برای کارگران توجیه نماید و تدریجاً سوسیالیسم علمی را به عنوان تئوری انقلابی طبقه‌ی کارگر در روسیه معرفی نماید. لذا نظریات انتقادی خود را در رساله‌ای تحت عنوان «اسنادی درباره‌ی مسائل توسعه‌ی اقتصادی روسیه» به امضای مستعار ک. تولین منتشر ساخت که پلیس تزاری در

---

تعقیب نویسنده‌ی آن دچار سردرگمی شد. به هر حال پلیس توانست رد پای لنین را تعقیب و او را در سال 1895 دستگیر و به سیبری تبعید نماید.

اقدامات سیاسی لنین بی‌نتیجه نماند و در سال 1898 نمایندگان گروه‌های سوسیال دموکرات روسیه در شهر مینسک[1] گرد هم آمدند و در اولین کنگره‌ی خود تأسیس «حزب سوسیال دموکرات کارگری روسیه[2]» را اعلام نمودند که بلافاصله اعضای اصلی آن در نخستین کنگره دستگیر و تشکیلات آن‌ها توسط پلیس در هم کوبیده شد. لنین با توجه به شکست این دو سازمان متوجه شد که با اختناق شدید تزاریسم ادامه‌ی فعالیت‌های سیاسی در قالب سازمانی متشکل در روسیه امکان‌پذیر نیست لذا با این که در تبعید بود و ظاهراً به استناد اینکه در اثر بیماری ذات‌الریه سلامت وی در خطر است – ولی در اصل به خاطر ادامه فعالیت‌های سیاسی خود – موفق شد از پلیس تزاری اجازه خروج از کشور را دریافت و در سال 1900 روسیه را ترک و به اروپا مهاجرت نماید. لنین بیش از شانزده سال در اروپا اقامت گزید و تا آغاز انقلاب اکتبر فقط یک بار به روسیه برگشت که پس از مدت کوتاهی مجبور به مهاجرت مجد د شد. در طول همین مدت بود که آثار لنین یکی پس

---

[1] Minsk
[2] Russian Social Democratic Labor Party (RSDLP)

از دیگری منتشر و به سرعت به دست انقلابیون روسیه می‌رسید و خطوط اصلی مبارزات آنان را روشن می‌کرد.

لنین به مجرّد ورود به اروپا به ژنو رفت و با گروه پلخانوف یا «آزادی کار» تماس گرفت و به ابراز عقاید خود پرداخت. اختلاف نظرهای لنین و پلخانوف از همان آغاز کار آشکار شد و وقتی لنین متوجه شد که پلخانوف روش محافظه‌کارانه‌ای در پیش گرفته که با عقاید انقلابی وی منافات دارد، راه خود را از پلخانوف جدا و با طرفداران خود در همان اولین سال ورود به اروپا دست به انتشار روزنامه‌ای بنام «ایسکرا[1]» زد که در آن ضمن بیان اعتقادات خود برای به ثمر رسیدن انقلاب مارکسیستی در روسیه، به مخالفین خود نیز پاسخ می‌داد.

لنین به وجود سازمان و تشکیلات منظم حزبی برای هدایت انقلاب و رهبری طبقه‌ی کارگر بسیار اهمیت می‌داد. او معتقد بود که حزب باید بر اساس تخصص و دیسیپلین شدید به وجود آید و از متدهای مختلف مبارزه از جمله شورش برای رسیدن به هدف استفاده کند و شرط لازم عضویت را کار

---

[1] ایسکرا Iskra به معنی «اخگر» و نام اولین روزنامه‌ای است که در اروپا به وسیله‌ی لنین و طرفدارانش منتشر می‌شد و به طور مخفیانه در روسیه توزیع می‌گردید. اولین شماره‌ی این روزنامه در دسامبر 1900 در شهر اشتوتگارت انتشار یافت و نخستین سرمقاله‌ی آن تحت عنوان «وظایف مبرم جنبش ما» به وسیله‌ی لنین نوشته شد.

کردن عضو در سازمان‌های حزبی می‌دانست. به همین علت بسیاری از صفحات ایسکرا به بحث درباره‌ی سازمان‌های حزبی اختصاص یافت. لنین همچنین در روزنامه‌ی خود، مسائل مختلف جامعه‌ی روسیه را از قبیل توسعه‌ی اقتصادی و فرهنگی، مسائل گروه‌ها و ملّیت‌های مختلف روس و مسئله‌ی خودمختاری، دلائل تشکیل حزب کمونیست، سیستم سانترالیسم دموکراتیک و ... را مورد تحلیل قرار می‌داد و مردم روسیه را برای برانداختن رژیم تزار به مبارزه سیاسی دعوت می‌کرد. این روزنامه همچنین برای تجهیز روس‌های مهاجر در اروپا و تشویق آنان به ادامه‌ی فعالیت‌های سیاسی و کمک به انقلابیون داخلی تلاش می‌کرد. در مارس 1901 لنین اثر بسیار معروف خود را به نام «چه باید کرد؟» منتشر کرد و در آن به تشریح جزئیات عقاید خود درباره‌ی حزب پرداخت. این کتاب اگرچه قبلاً به صورت مقالات متعدد در روزنامه‌ی ایسکرا به رشته‌ی تحریر درآمده بود ولی مجموعه‌ی آن به صورت کتاب جداگانه و به صورت منظم و منطقی امکان داد تا تشکیلات حزب کمونیست به عنوان یک مسئله‌ی جدی و پراهمیت مورد توجه قرار گیرد و مخالفین را به شدت برانگیزد. به طوری که وقتی دومین کنگره‌ی حزب سوسیال دموکرات کارگری که به همت لنین و طرفدارانش در اوت 1903 ابتدا در بروکسل و سپس به علت تعقیب پلیس در لندن تشکیل

شد، لبه‌ی تیز انتقادات خود را متوجه عقاید لنین درباره‌ی حزب کمونیست –

که در کتاب فوق مورد بحث قرار گرفته بود – نمودند. لنین در این کنگره

که چهل و سه نماینده از گروه‌های مختلف در آن شرکت کرده بودند، ضمن

دفاع از عقاید خود درباره‌ی تأسیس یک حزب نوین، به حملات نمایندگان

گروه‌های مخالف و اپورتونیست[1]ها (از جمله اکونومیست[2]ها و

بوندیست[3]ها) نیز قاطعانه پاسخ داد. لنین در مقابل اکونومیست‌ها اصرار

داشت که مبارزه‌ی سیاسی مقدم بر خواست‌های اقتصادی است و نباید

تقاضاهای اقتصادی هدف اصلی را که مبارزه‌ی سیاسی است، از بین ببرد.

در مقابل بوندیست‌های یهودی که طرح توسعه‌ی مارکسیسم را در روسیه بر

اساس تساوی سازمان‌های نمایندگان ملّیت‌های مختلف مطرح می‌کردند، لنین

---

[1] اپورتونیست Opportunist به معنای فرصت‌طلب یا سازشکار است که در اصطلاح سیاسی و اجتماعی به کسانی گفته می‌شود که تابع عقیده‌ی ثابتی نیستند و برای حفظ منافع خود به هر رنگی در می‌آیند. در زمان لنین گروه‌های اپورتونیست معتقد به مبارزه‌ی طبقاتی و دیکتاتوری پرولتاریا نبودند و بیشتر تلاش می‌کردند تا پیوندی بین بورژوازی و پرولتاریا به وجود آورند تا از این رهگذر منافع خود را حفظ کنند.

[2] اکونومیست‌ها Economists از گروه‌های اپورتونیستی بودند که سعی می‌کردند مارکسیسم را به یک تئوری اقتصادی ساده تنزل دهند که از طریق آن بتوانند مجموعه‌ی دگرگونی‌های اجتماعی را تفسیر کنند. اکونومیست‌ها معتقد به رفورم‌های اقتصادی بودند که مبارزه‌ی کارگران روسیه را فقط در جهت افزایش دستمزدها، ایجاد سندیکاها و بهبود قوانین کار و غیره توجیه می‌کردند.

[3] بوندیست‌ها Bundists گروهی از سوسیال دموکرات‌های یهودی روسیه بودند که از موضع اکونومیست‌ها دفاع می‌کردند و بیشتر روی مسائل ملّیت‌ها تأکید می‌کردند تا از این رهگذر بتوانند مسائل خاص مربوط به استقلال پرولتاریای یهود را به نفع خود مطرح کنند.

پی برده بود که آنها قصد تفرقه‌افکنی و تخطئه‌ی هدف‌های انقلابی وی را دارند. لذا در مخالفت با آنها به فلسفه‌ی انترناسیونالیسم پرولتری[1] که پایه‌ی تئوریک داشت اشاره نمود و تبلیغات بوندیست‌ها را که می‌خواستند با ایجاد تشکیلات سیاسی جداگانه برای ملّیت‌های مختلف به اصل انترناسیونال لطمه وارد آورند، خنثی نمود. نمایندگان گروه مخالف دیگری که مغلوب لنین شدند، سانتریست[2]ها بودند که موضع کاملاً اوپورتونیستی داشتند.

سرانجام لنین در دومین کنگره‌ی حزب سوسیال دموکرات کارگری روسیه موفق شد برنامه‌ی حزب را به تصویب برساند و روزنامه‌ی ایسکرا به عنوان ارگان مرکزی حزب شناخته شود. در برنامه‌ی حزب پیش‌بینی شده بود که وظیفه‌ی حزب در کوتاه‌مدت سرنگونی نظام استبدادی تزاری، استقرار حکومت جمهوری، تضمین برابری حقوق برای همه‌ی ملّیت‌ها و حقّ آنان در تعیین سرنوشت خود، اجرای هشت ساعت کار روزانه و الغای روابط فئودالی در روستاها باشد. در بلندمدت حزب وظیفه داشت که انقلاب

---



[1] Proletarian Internationalism

[2] سانتریست‌ها Centrists یکی از دشمنان خطرناک جنبش‌های کارگری بودند که هدف آنها تابع ساختن منافع طبقه‌ی کارگر به منافع بورژوازی بود. سانتریست‌ها که خود را «حد وسط» یا «میانه‌رو» می‌نامیدند، سعی می‌کردند خود را بین مارکسیست‌های انقلابی و اوپورتونیست‌های انحلال‌طلب جا بزنند. این گروه از سال ۱۹۰۸ به بعد تحت رهبری تروتسکی یکی از خطرناک‌ترین گروه‌های ضدبلشویکی شد.

سوسیالیستی را به ثمر برساند و مسئولیت ساختن جامعه‌ی سوسیالیستی را بر عهده گیرد[1].

لنین در کنگره‌ی دوم حزب سوسیال دموکرات کارگری علاوه بر مقابله با اکونومیست‌ها و بوندیست‌ها با یک رقیب خطرناک دیگر نیز دست وپنجه نرم کرد و آن گروه سوسیال دموکرات‌های طرفدار پلخانوف بود که مبارزه آنها منجر به انشعاب و تشکیل دو جناح در بین سوسیال دموکرات‌ها شد. جناحی که تحت رهبری لنین اکثریت را در کنگره به دست آورد «بلشویک[2]ها» نامیده شدند و گروه دیگر که پلخانوف را حمایت می‌کردند و در اقلیت بودند به «منشویک[3]ها» معروف شدند.

منشویک‌ها که در رأس آنها پلخانوف، اکسلرود و مارتوف[4] قرار داشتند، در حقیقت خود را هم مارکسیست و هم سوسیالیست می‌دانستند و مانند بلشویک‌ها تصور می‌کردند سیستم کاپیتالیستی تزار جای خود را به یک سیستم انقلابی خواهد داد. در حالی که بلشویک‌ها به سرنگون کردن رژیم از

---

[1] تاریخ مختصر جهان، جلد سوم، ص 617.
[2] بلشویک Bolshevik از واژه‌ی روسی Bolshinstvo به معنای اکثریّت است.
[3] منشویک Menshevik از واژه‌ی روسی Menshinstvo به معنای اقلیّت است.
[4] Yuliy Osipovich Tsederbaum (L. Martov)

طریق روش‌های قهرآمیز اعتقاد داشتند، منشویک‌ها انقلاب تدریجی را توصیه می‌کردند و معتقد بودند تکامل سیستم کاپیتالیستی تزار در نهایت به سوسیالیسم منجر خواهد شد. بلشویک‌ها معتقد به تشکیلات حزبی با دیسیپلین شدید و استفاده از افراد حرفه‌ای بودند در حالی که منشویک‌ها خواستار یک حزب وسیع کارگری قانونی و بدون تمرکز بودند و همچنین فعالیت سیاسی اعضاء را در نهادهای حزبی از شرایط ضروری عضویت نمی‌دانستند. بنابراین اختلاف نظرهای منشویک‌ها و بلشویک‌ها روی اصول و اهداف کلی سوسیالیسم نبود بلکه در انتخاب روش و تاکتیک با یکدیگر تفاوت داشتند. به عبارت دیگر منشویک‌ها طرفدار روش‌های ملایم و تدریجی (و به اصطلاح سیاسی محافظه‌کارانه) بودند و بلشویک‌ها به روش‌ها تند و قهرآمیز (و به اصطلاح انقلابی) اعتقاد داشتند.

به هرحال لنین با مغلوب کردن رقبای خود موفق شد اصول اساسی حزب بلشویک را با برنامه‌ی مشخصی به تصویب دومین کنگره‌ی حزب سوسیال دموکرات کارگری روسیه برساند. طولی نکشید که (به خاطر این موفقیت) دامنه‌ی اختلافات لنین و مخالفانش به اوج خود رسید تا آنجا که در ژوئیه‌ی 1904 لنین ناچار شد به خاطر نفوذ منشویک‌ها در ارگان‌های حزبی و از آن جمله روزنامه‌ی ایسکرا، از سردبیری روزنامه استعفا دهد و روزنامه‌ای را

86

که می‌رفت تا وسیله‌ای برای تبلیغ بر ضد بلشویک‌ها شود، به منشویک‌ها واگذار نماید و در ماه مه همان سال با انتشار کتاب «یک گام به پیش، دو گام به پس[1]»، نظریه‌ی خود را در مورد آموزش مارکسیسم در حزب تکمیل نموده و مبارزه‌ی خود را بر علیه منشویک‌ها قاطعانه‌تر ادامه دهد. لنین به منظور جلوگیری بیشتر از خرابکاری‌های منشویک‌ها که گروه‌های مخالف لنبن را به دور خود جمع کرده بودند، بلافاصله از بیست و دو تن از بلشویک‌های انقلابی دعوت به عمل آورد تا برای اتخاذ تصمیم گرد هم آیند.

«جلسه‌ی مشاوره‌ی بیست و دو بلشویک که در اوت 1904 به رهبری لنین در سوئیس برپا شد، نقش بزرگی را در تأمین به هم پیوستگی صفوف حزب ایفا نمود. این مشاوره در سندی به نام «خطاب به حزب» از سازمان‌های حزبی برای تشکیل کنگره‌ی سوم دعوت نمود تا بتوانند به خودسری منشویک‌ها پایان دهد و هیئت رهبری تازه‌ای موافق با اراده‌ی حزب به وجود آورد. در پاییز سال 1904 سه کنفرانس (شمال، جنوب و قفقاز) برپا گشت و در آنها دفتر کمیته‌های اکثریت به رهبری لنین تأسیس شد. در بیست و دوم دسامبر همان سال نخستین شماره‌ی روزنامه‌ی بلشویکی

---

[1] "One step forward, two steps back"

«وپرود[1]» به عنوان جانشین شایسته‌ی ایسکرای قدیم منتشر شد و لنین، ووروسکی[2]، لوناچارسکی[3] و اولمینسکی[4] جزء اعضای هیئت تحریریه‌ی این روزنامه بودند.[5]» و به این ترتیب یک جبهه‌ی متحد از بلشویک‌ها که در میان زحمتکشان روسیه پایگاه محکمی داشت، لنین را حمایت نمودند.

---

[1] وپرود Vpered واژه‌ی روسی به معنای «به پیش!» است و معادل آن به انگلیسی واژه‌های Forward یا Hasten هستند.

[2] Vatslav Vatslavovich Vorovsky

[3] Anatoly Vasilyevich Lunacharsky

[4] Mikhail Stepanovich Olminsky

[5] تاریخ حزب کمونیست اتحاد شوروی، همان، ص 91.

# 5. انقلاب نافرجام 1905

همزمان با گسترش فعالیت‌های شدید بلشویک‌ها در خارج از روسیه و اشاعه‌ی افکار لنین که در حقیقت پایه‌های ایدئولوژیکی مبارزه‌ی مردم روسیه را شکل می‌داد، در داخل روسیه نیز پی در پی کشمکش‌های طبقاتی به وقوع می‌پیوست و لنین از خارج از کشور در سازماندهی مبارزات داخل کشور، حزب را راهنمایی می‌کرد و از این طریق تزهای وی صورت عمل به خود می‌گرفت. بحران صنعتی و قحطی در اروپا طی سال‌های 1900 تا 1903 به روسیه نیز کشانده شد و هزاران کارگر را بیکار و بسیاری از کارگاه‌های صنعتی روسیه را در معرض تعطیل قرار داد و این خود به جنبش کارگری روسیه کمک فراوانی کرد.

اعتصابات پی در پی در نقاط مختلف روسیه به وقوع می‌پیوست. کارگران در ظاهر بحران را بهانه قرار می‌دادند ولی در اصل برای بر انداختن رژیم تزار به حرکت درآمده بودند. در سال 1903 موجی از اعتصابات عمومی کارگری-دهقانی و دانشجویی سراسر روسیه را از باکو[1] تا کیف[2] فرا گرفته بود. روستاییان نواحی مختلف خارکف[3]، پولتاوا[4] و کورسک[5] از زندگی مصیبت‌بار خود به تنگ آمدند و در مقابل پلیس تزاری و فئودال‌ها به مبارزه پرداختند. توأم بودن مبارزات دهقانی با مبارزات

---

[1] Baku (Baki)
[2] Kiev
[3] Kharkov
[4] Poltava
[5] Kursk

کارگران صنعتی زنگ خطر را برای حکومت استبدادی تزار به صدا
درآورده بود. دهقانان طالب آذوقه برای خود و دام‌هایشان بودند و رهایی
ازدست ظلم و ستم کولاک‌ها را آرزو می‌کردند. سالیانه ده‌ها هزار روستایی
از گرسنگی می‌مردند و نظام تزار به جای نجات این توده‌های محروم، به
تقویت پلیس و سرمایه‌دارها می‌پرداخت.

تبلیغات سیاسی به روستاها کشانده شد که البته جنبه‌ی آموزش سیاسی
نداشت و کتابی برای خواندن به آنها توصیه نمی‌شد. دهقانان به شورش دعوت
می‌شدند تا چیزی برای خوردن به دست آورند نه کتابی برای خواندن. در
چنین وضعیتی کارگران سعی می‌کردند به دهقانان آگاهی دهند و رهبران
بلشویک تلاش می‌کردند که هر دو طبقه یعنی کارگران و دهقانان را بر علیه
تزار وارد میدان مبارزه کنند. دامنه‌ی تظاهرات و اعتصابات رفته رفته اوج
گرفت و کارگران و دهقانان به طور اجتناب ناپذیری به طرف انقلاب کشانده
می‌شدند. کارگران در شهرها به خیابان ریختند و دهقانان در دهات به ضبط
و غارت منابع و زمین‌ها پرداختند. ظاهراً روسیه راه انقلاب را می‌پیمود و
گروه‌های سیاسی به خصوص بلشویک‌ها، حرکت توده‌ها را سازماندهی
می‌کردند.

در چنین جوّی بود که جنگ 1904 روسیه و ژاپن آغاز و بر شدت تضادهای اجتماعی در داخل کشور افزود و جریان حوادث انقلابی را تسریع کرد. جنگ روسیه و ژاپن که قبلا شرح آن رفت منجر به شکست روسیه و در نتیجه تضعیف نیروهای نظامی تزار واز بین رفتن منابع اقتصادی کشور شد که خود زمینه‌ی مناسبی را برای تشدید جنگ داخلی علیه تزاریسم فراهم آورد.

موضع‌گیری منشویک‌ها در جنگ فوق شعار «صلح به هر قیمتی» بود، در حالی که بلشویک‌ها از ادامه‌ی جنگ حمایت می‌کردند و معتقد بودند که شکست تزاریسم به معنای شکست خلق نیست بلکه برعکس، به سود مردم تمام می‌شود و به سرنگونی رژیم کمک می‌کند[1].

سرانجام همانطور که بلشویک‌ها پیش‌بینی کردند، نتایج جنگ بر فقر، بیکاری و گرسنگی کارگران و دهقانان افزود و آنها را بیش از پیش برای مبارزه آماده نمود. اعتصابات کارگری از نقاط مختلف کشور شروع شد و در اوایل ژانویه 1905 کارگران بزرگترین کارخانه سن‌پترزبورگ به نام «پولتیف» اخراج چهار نفر از کارگران را بهانه قرار دادند و دست به

---

[1] تاریخ حزب کمونیست اتحاد شوروی، همان، ص 99-100.

اعتصاب عمومی زدند. پلیس برای خواباندن شورش کارگران کشیش شیادی را به نام گئورگی گاپون[1] واسطه قرار داد.

گاپون با تأسیس تشکیلاتی به نام «اتحادیه‌ی کارگران کارخانه‌های روس» در سن‌پترزبورگ فعالیت خود را آغاز و سرانجام کارگران اعتصابی و خانواده‌های آنان را بسیج کرد تا خواسته‌های خود را مستقیماً با تزار در میان بگذارند.

روز یکشنبه نهم ژانویه 1905، بیش از یکصد و چهل هزار نفر از کارگران با زنان و کودکان‌شان به طرف کاخ زمستانی تزار دست یه یک راهپیمایی مسالمت‌آمیز زدند. کارگران، خانواده و فرزندان‌شان به همراه خود عکس‌های تزار و اعضای خاندان سلطنتی را حمل می‌کردند و امیدوار بودند تزار که به نظر آنها هنوز «پدر ملت» خطاب می‌شد به خواست‌های آنها توجه کند. غافل از این که در آن روز تزار و خانواده‌اش در کاخ ییلاقی خود به سر می‌بردند و کشیش گاپون به همراه پلیس توطئه‌ای را برای قتل عام کارگران مهیا کرده‌اند. با این که بلشویک‌ها کارگران را از این راهپیمایی منع کرده بودند و در سخنرانی‌های خود اعلام داشته بودند که آزادی را

---


[1] Georgy Gapon

نمی‌توان با خواهش و التماس از تزار گرفت بلکه باید با سلاح آن را به دست آورد، معهذا نه تنها نتوانستند مانع تظاهرات کارگران در مقابل کاخ تزار شوند بلکه خود آنها به عنوان همدردی در تظاهرات شرکت کردند. کارگران نامه‌ی بسیار ساده و صادقانه‌ای به تزار نوشتند که خواست‌های بسیار ابتدایی در آن مطرح شده بود. متن عریضه که قصد داشتند آن را به تزار تقدیم کنند، به شرح زیر بود:

«... اعلیحضرتا! ما کارگران سن‌پترزبورگ با زن، اطفال و پدر و مادر علیل و پیر خود به پیشگاه اعلیحضرت روی آورده و در جستجوی حق و حقوق خود می‌باشیم. ما فقیر شده‌ایم، نسبت به ما ظلم می‌کنند زحماتی را که فوق طاقت ماست به ما تحمیل می‌نمایند، ما را مورد تمسخر قرار داده و جزو بشر نمی‌دانند. ما صبر می‌کردیم ولی ما را بیش از پیش به سوی فقر و استیصال، بی‌حقوقی و جهالت سوق می‌دهند. خودسری و هرج و مرج ما را خفه می‌کند، صبر و شکیبایی ما به آخر رسیده است. برای ما آن دقایق وحشتناک فرا رسیده که مرگ را گواراتر از این عذاب طاقت‌فرسا گردانیده است.[1]»

---

[1] انقلاب 1905، ترجمه م. حامی (تهران انتشارات سامان، 1357) ص 9-10.

با چنین امیدی همه‌ی آنها بدون سلاح با کشیشان کلیسا ثناخوانی می‌کردند و پس از اینکه در کاخ جمع شدند، سربازان بی‌عاطفه‌ی تزار آنها را به گلوله بستند و نزدیک به هزار نفر زخمی و دو هزار نفر کشته شدند. آن روز سرد زمستانی یعنی نهم ژانویه 1905[1]، در تاریخ روسیه به عنوان «یکشنبه‌ی خونین» ثبت شد و در آن روز مردم با تجربه‌ی عینی که آموختند نه تنها از «پدر تزار» قطع امید کردند بلکه با «کشیش و کلیسا[2]» هم وداع گفتند.

واقعه‌ی یکشنبه‌ی خونین سراسر روسیه را تکان داد. قتل‌عام گروهی غیرمسلح وسیله‌ی مؤثری برای انقلابیون جهت تحریک افکار عمومی شد و اعتصابات کارگری در سراسر روسیه به راه افتاد.

اعتصابات در حقیقت فریادهای اعتراض‌آمیزی بر علیه رژیم تزار بود که بی‌رحمانه کارگران بی‌گناه و خانواده‌هایشان را در یکشنبه خونین به گلوله بسته بود. در شهرهای سن‌پترزبورگ، مسکو و باکو اعتصابات بسیار

---

[1] در منابع غربی تاریخ فوق 22 ژانویه 1905 ذکر شده است. باید توجه داشت که تقویم روسیه تا اول فوریه 1918 بر اساس تقویم سنتی غربی ژولیَن بود و بعد از آن حکومت شوروی تقویم را تعویض و به تقویم گریگوری امروزی تبدیل کرد که اختلاف تاریخ در کتب مختلف روسی ناشی از همین دوگانگی تقویم است.

[2] کشیش گاپون از سال 1903 به خدمت پلیس سن‌پترزبورگ درآمده بود و پس از به پا کردن واقعه‌ی خونین یکشنبه، کارگران وی را دستگیر و به عنوان عامل این کشتار فجیع، در یکی از نقاط سن‌پترزبورگ به دار آویختند.

خشونت‌آمیز و متشکل بود. این تظاهرات به درگیری مسلحانه با ارتش تزار انجامید تا جایی که در اغلب شهرها حکومت نظامی اعلام شد. با این همه کارگران به شدت با پلیس مقابله می‌کردند و از رفتن به سر کار خود داری می‌نمودند. به موازات ادامه‌ی شورش‌ها، کارگران سن‌پترزبورگ شروع به تشکیل شوراهای کارگری نمودند و این شوراها تحت عنوان «کمیته‌های اعتصاب» مسئولیت رهبری و تشکل کارگران را برای انقلاب به عهده گرفتند. همپای شورش‌ها و اعتصابات کارگری، به تدریج دهقانان روسیه نیز جسورتر شدند و با به آتش کشیدن املاک اربابان خود به صفوف کارگران اعتصابی پیوستند.

پس از واقعه‌ی یکشنبه‌ی خونین، لنین به منظور ارزیابی این واقعه و خط مشی جدید بلشویک‌ها از نمایندگان سازمان‌های کارگری سوسیال دموکرات روسیه برای تشکیل کنگره سوم دعوت به عمل آورد. در آوریل 1905 کنگره با شرکت 38 نفر در لندن تشکیل و مدت 15 روز به کار خود ادامه داد.

«کنگره مسائل اساسی انقلاب را بررسی کرد و وظایف طبقه‌ی کارگر را به منزله‌ی پیشوای انقلاب تعیین نمود. در کنگره مسائل مربوط به قیام مسلحانه، موضع حزب در برابر تاکتیک‌های حکومت در آستانه تحول،

حکومت موقت انقلابی، موضع حزب در مورد جنبش دهقانی، درباره‌ی بخش انشعابی حزب (منشویک‌ها)، سازمان‌های ملی سوسیال دموکرات، مبارزه‌ی علنی سیاسی حزب کارگری سوسیال دموکرات روسیه[1] و چند مسئله دیگر مورد مذاکره قرار گرفت.[2]»

بر اساس مصوبات همین کنگره بود که لنین در تابستان 1905 کتاب «دو تاکتیک سوسیال دموکراسی در انقلاب دموکراتیک» را منتشر و در آن پایه‌های تئوریک تاکتیک بلشویک‌ها را برای ادامه مبارزات انقلابی مشخص نمود. کارگران که بر اساس نوشته‌های لنین و تحت هدایت بلشویک‌ها به اعتصابات خود جنبه‌ی سیاسی می‌دادند، هر لحظه به بهانه‌ی واقعه‌ی یکشنبه خونین به شدت اعتصابات خود می‌افزودند تا جایی که اعتصابات اول ماه مه 1905 با شرکت بیش از دویست هزار نفر کارگر و با شعار «سرنگون باد سلطنت استبدادی» برگزار شد. کارگران و دهقانان که به تجربه دریافته بودند خواهش و تمنا از تزار دیگر فایده‌ای ندارد، به رهبری بلشویک‌ها خط مشی مبارزه‌ی مسلحانه را در پیش گرفتند و با سنگربندی در خیابان‌ها به مبارزه

---

[1] حزب کارگری سوسیال دموکرات روسیه که راه خود را از منشویک‌ها جدا نموده بود بر اساس برنامه‌ی لنین عمل می‌کرد و کلاً در اختیار بلشویک‌ها بود. به عبارت دیگر این حزب بعد از انشعاب از منشویک‌ها در حقیقت به مثابه حزب بلشویک‌ها عمل می‌کرد.
[2] تاریخ حزب کمونیست اتحاد شوروی، همان، ص 103.

با قوای دولتی برخاستند. تعداد اعتصاب‌کنندگان روز به روز فزونی می‌یافت.

لنین در تحلیلی که بعد از انقلاب 1905 نمود، نوشت:

«در ده سال قبل از انقلاب اکتبر، متوسط تعداد اعتصاب کنندگان در سال به 43,000 نفر می‌رسید که در طی ده سال به 430,000 نفر بالغ می‌گردد. در حالیکه فقط در ماه ژانویه 1905 - یعنی در اولین ماه انقلاب — تعداد اعتصاب کنندگان بالغ بر 440,000 نفر گردید. به عبارت دیگر تعداد اعتصاب‌کنندگان در یک ماه از تمام دوره‌ی ده ساله بیشتر بود.[1]»

پلیس تزار نیز در مقابل اعتصابات کارگری شدت عمل به خرج می‌داد و در بسیاری از شهرها این اعتصابات به خون کشیده می‌شد و این خود نیز بهانه‌ای به دست کارگران می‌داد تا به خونخواهی همکارانشان به اعتصابات خود ادامه دهند. این اعتصابات تنها منحصر به کارگران نبود بلکه دهقانان و کارگران کشاورزی نیز در اکثر نقاط کشور دست به اعتصاب می‌زدند و عملاً جنبش کارگری و دهقانی که خواسته‌ی بلشویک‌ها بود وحدت می‌یافت و پلیس تزاری را بیشتر به وحشت فرو می‌برد.در ژوئیه‌ی سال 1905 اتفاق

---

[1] V. L. Lenin, Experience of the CPSU: It's world significance (Moscow, Progress Publishers, 1977) PP. 155-156

مهمی روی داد که به جنبش کارگری و دهقانی روسیه عمق بیشتری بخشید

و آن شورش خد مه‌ی ناو پوتمکین[1] بود که ضمناً به عنوان اولین نشانه‌ی

نارضایی در رده‌ی نظامیان نیز تلقی می‌گردد. ملوانان رزمناو پوتمکین با

برافراشتن پرچم سرخ بر فراز کشتی خود در دریای سیاه عملاً به یاری

اعتصاب کنندگان در بندر اودسا[2] شتافتند اما به علت فقدان رهبری صحیح و

نامنظم بودن تشکیلات بلشویک‌ها، عملیات ناو پوتمکین با شکست روبرو

شد.

اگرچه قیام ملوانان رزمناو پوتمکین نافرجام ماند ولی نفس عمل — یعنی

پیوستن نظامیان به توده‌ی مردم — انعکاس بسیار وسیعی داشت و تزار را به

---

[1] پوتمکین Potemkin رزمنا وی بود که به نام شاهزاده پوتمکین تاوریتچسکی نامگذاری
شده بود. ملوانان و خدمه‌ی این کشتی با توجه به واقعه خونین و گسترش اعتصابات
کارگری - از 13 تا 24 ژوئنیه سال 1905 - دست به شورش می‌زنند که این اتفاق یکی از
مهم‌ترین پی‌آمدهای انقلاب 1905 محسوب می‌شود. جریان شورش ازاین قرار بود که
یکی از ملوانان — که سوسیال دموکرات بود — برای مذاکره و احقاق حقوق خود به
فرمانده کشتی مراجعه و کشته می‌شود. پنج نفر از کارکنان تخصصی کشتی در اعتراض
به این عمل تفنگ‌ها را به سوی افسران گرفته و عده‌ای از آنها را می‌کشند. بقیه‌ی اعضای
کشتی که در حدود 700 نفر بودند به انقلابیون کشتی ملحق می‌شوند و رزمناو به
فرماندهی یکی از ملوانان انقلابی راهی بندر اودسا برای کمک به کارگران اعتصابی
می‌شود. پوتمکین در بندر اودسا با کشتی‌های جنگی تزار مواجه و با اینکه حتی تیری
شلیک نمی‌شود، در اثر خیانت یک ناو زره‌دار دیگر، مجبور می‌شود به طرف رومانی
رفته و در اثر کمبود سوخت و خوار و بار و فقدان یک رهبری صحیح تسلیم مقامات
رومانی شود.

[2] Odessa

98

وحشت انداخت زیرا این اولین نشانه‌ی عدم اطاعت نیروهای دولتی بود که راه را برای پیوستن نظامیان به اعتصابیون باز کرد.

انقلاب نافرجام 1905 اگرچه به علت فقدان رهبری و سازماندهی صحیح و نابرابر نیروها و نبودن تجربه‌ی کافی با شکست مواجه شد ولی تجربه‌ی بسیار آموزنده‌ای برای ادامه‌ی مبارزه بود. به گفته لنین: «انقلاب 1905 یک تمرین نمایشی برای انقلاب کبیر بود.» لنین در تحلیل خود از انقلاب 1905 می‌نویسد:

«عامل اصلی در این تغییر، اعتصابات توده‌ای بود. ویژگی انقلاب روسیه این بود که در محتوای اجتماعی، انقلاب بورژوا-دموکراتیک و در متد مبارزه، انقلاب پرولتاریایی بود. از آن جهت انقلاب بورژوا-دموکراتیک بود که هدفهای فوری آن می‌باید مستقیماً از طریق قوه قهریه تأمین شود. خواستهای انقلابیون استقرار جمهوری دموکراتیک، تثبیت 8 ساعت کار در روز و مصادره‌ی املاک بیکران اشراف بود که همگی آنها تقریباً در انقلاب 1799-1789 بورژوازی فرانسه نیز برآورده شد. در عین حال انقلاب روسیه یک انقلاب پرولتاریایی بود زیرا نه تنها نیروی پیشتاز و هدایت کننده به واقع پرولتاریا بود بلکه به این علت که اسلحه مخصوص کارگر برای

مبارزه یعنی «اعتصاب» وسیله‌ی اصلی به حرکت درآوردن توده‌ها قرار گرفت. وسیله‌ای که مهمترین عامل مشخصه خیزش امواج نهایی انقلاب است.[1]»

انقلاب 1905 روسیه در مجموع از نظر داخلی زمینه‌ای را برای ادامه‌ی مبارزات انقلابی مردم روسیه و در نتیجه سقوط تزار فراهم کرد و از نظر خارجی بازتاب انقلاب 1905 روسیه در نهضت‌های انقلابی کشورهای اروپایی همچنین کشورهای چین، ترکیه و ایران بین سال‌های 1908-1905 مؤثر واقع شد.

---

[1] لنین، همان کتاب، ص 155.

# 6. پیامدهای انقلاب 1905 و اصلاحات تزار

قیام 1905 مردم روسیه اگرچه به وسیله‌ی ارتش سرکوب شد، زنگ خطری بود که پایه‌های امپراتوری تزار را به لرزه درآورد و اوضاع داخلی را به حدی آشفته کرد که تزار برای نجات خود وادار به انجام پاره‌ای اصلاحات صوری شد تا شاید بدین وسیله بتواند نارضایی عمومی و شدت موج انقلاب را کاهش دهد.

یکی از مهمترین اقدامات تزار اظهار تمایل شدید برای خاتمه دادن به جنگ روس و ژاپن بود که از فوریه 1904 آغاز و ضربه‌های سنگین و شکست‌های پیاپی به ارتش روسیه وارد نموده بود. مردم روسیه که از شکست در مقابل قوای خارجی خشمگین بودند، بعد از انقلاب 1905 بر نفرت آنها از ارتش افزوده شد زیرا می‌دیدند که ارتش به جای مقابله با نیروی خارجی به سرکوب نیروهای داخلی پرداخته بود. تزار نیز که متوجه این موضوع شده بود، به دنبال بهانه‌ای برای پایان دادن به جنگ بود. وسیله‌ی این کار را کشورهای سرمایه‌داری که به منافع روسیه چشم طمع داشتند، فراهم نمودند.

«بورژوازی کشورهای دیگر مانند بورژوازی خود روسیه از انعقاد قرارداد صلح بین روسیه و ژاپن حمایت می‌کردند. سرمایه‌داران انگلیسی و

آمریکایی، اعتباردهندگان فرانسوی تزار و ویلهلم[1] قیصر آلمان همگی در مورد انقلاب روسیه نگران بودند و آن را یک واقعه مهم جهانی تلقی می‌کردند. دولت ژاپن نیز در تشویق صلح به سر می‌برد زیرا کشور تا حد زیادی از جنگ خسته شده بود و ارتش تلفات سنگینی را متحمل شده بود. در اوت 1905 در یک شهر آمریکایی به نام پورتسموت[2] با میانجی‌گری تئودور روزولت رئیس‌جمهور آمریکا قرارداد صلح بین روسیه و ژاپن منعقد شد. به موجب این قرارداد، روسیه از حقوق خود در شبه جزیره «لیائوتونگ[3]»، راه‌آهن جنوب منچوری و هم چنین نیمه‌ی جنوبی ساخالین[4] به نفع ژاپن چشم پوشید.[5]»

از دست دادن امتیازات فوق اگرچه برای امپراتوری تزار دردناک بود ولی حداقل تزار انتظار داشت که با خاتمه دادن به جنگ نظرات زیر تأمین شود:

1.  فشار اقتصادی ناشی از جنگ کاهش یابد.

---

[1] Kaiser Wilhelm
[2] Portsmouth
[3] Liao Tung
[4] Sakhalin

[5] اسمیرنوف و دیگران، همان کتاب، ص 277.

2. از نیروهای ارتش برای سرکوبی شورش‌های داخلی استفاده شود.

3. از دامنه‌ی تبلیغات انتقادآمیز جنگ کاسته شود.

4. اعتبار ارتش که در معرض شکست‌های پیاپی قرار گرفته بود، حفظ
   شود.


از نظر داخلی نیز تزار اقداماتی را برای جلب رضایت عمومی به مرحله‌ی عمل درآورد. از جمله اینکه یکی از وزرای تزار به نام بولیگین[1] طرحی برای تشکیل مجلس قانون‌گذاری به نام دومای سلطنتی تهیه کرده بود که تزار طی بیانیه‌ی ششم اوت 1905 وعده‌ی تشکیل آن را به مردم داد. تزار ویتی را به سمت ریاست شورای وزیران که از کابینه‌های نوع غربی تقلید شده بود، منصوب و مأمور اصلاح امور کرد. ویتی به مجرد انتصاب، لایحه‌ای را در تاریخ 17 اکتبر 1905 به تصویب رساند که به «بیانیه‌ی اکتبر[2]» معروف گردید. به موجب این بیانیه آزادی‌های اساسی فردی مثل آزادی عقاید، آزادی مذهب، آزادی قلم، آزادی بیان و غیره بدون توجه به مذهب یا ملیت به مردم اعطا گردید و حتی تأسیس احزاب سیاسی قانونی اعلام شد و با ایجاد دومای سلطنتی مجدداً وعده داده شد تا نمایندگان مردم برای امر قانون‌گذاری در آنجا جمع شوند. البته اعلامیه اکتبر به سادگی توسط تزار امضاء نشد بلکه در اثر اعتصابات پیاپی کارگری و با اصرار ویتی و خطراتی که در اثر انقلاب 1905 تزار را تهدید کرد، ناگزیر به اعطای

---

امتیازات فوق شد. به عبارت دیگر تزار به خاطر حفظ تاج و تخت و نجات خود از بحران‌های داخلی با اصلاحاتی موافقت می‌کرد که خلاف میل باطنی او بود.

صدور بیانیه اکتبر سبب شد که عوامل میانه‌رو و سازشکار که اغلب بورژواها و مالکین بزرگ بودند دست به تشکیل حزبی بزنند که به خاطر بیانیه اکتبر به حزب «اکتبریست‌ها[1]» معروف گردید.

اکتبریست‌ها که دشمن اصلی خود را بلشویک‌ها می‌دانستند، در واقع با حزب دموکرات مشروطه‌طلب که به نام «کادت‌ها[2]» معروف بودند، تفاوت زیادی نداشتند. هر دو حزب طرفدار منافع بورژوازی و ادامه‌ی سلطنت تزار بودند منتها در تاکتیک‌هایی که در پیش می‌گرفتند، اکتبریست‌ها روش‌های مسالمت‌آمیز و کادت‌ها شیوه‌های خشونت‌آمیز را برای یک هدف تعقیب می‌کردند. هر دو حزب یعنی اکتبریست‌ها و کادت‌ها گروه‌هایی بودند که در

---

[1] اکتبریست‌ها Octobrists از گروه‌های اپورتونیست و ضد انقلابی بودند که در اکتبر 1905 اعلام موجودیت نمودند. اعضای این گروه مرکب از بورژواها، ملاکین، روحانیون و روشنفکرانی بودند که به ظاهر تمایلات لیبرالیستی داشتند ولی در اصل خواستار ادامه‌ی حکومت مطلقه‌ی تزار بودند. برنامه‌ی آنها همان بیانیه‌ی 17 اکتبر 1905 بود و به همین مناسبت این حزب را «اتحادیه‌ی 17 اکتبر» نیز می‌نامیدند. این گروه نه تنها هرگز از آزادی‌های وعده داده شده در بیانیه‌ی 17 اکتبر حمایت نکردند بلکه همواره مدافع منافع صاحبان صنایع بزرگ و ملاکانی بودند که شیوه‌ی استثمار و بهره‌کشی از کارگران و دهقانان را اساس کار خود می‌دانستند. رهبری اکتبریست‌ها با سرمایه‌داران معروفی چون گاچکوف A. Guchkof و رودزیانکو M. Rodzyanko بود.
[2] کادت‌ها Kadets از گروه‌های سلطنت‌طلبی بودند که در اکتبر 1905 به دنبال بیانیه‌ی اکتبر دولت مبنی بر آزادی احزاب به وجود آمدند. حزب کادت که خود را حزب دموکرات هوادار قانون اساسی می دانست، در حقیقت یک حزب بورژوای ضدانقلابی بود که توسط میلیوکوف P. Miliukov رهبری می‌شد. کادت‌ها به اصل سلطنت وفادار و در جهت حفظ سلطه سرمایه‌داری تلاش می‌کردند.

مقابل بلشویک‌ها و گروه‌های انقلابی مقاومت و مبارزه می‌کردند. هر دو حزب از تشکیل دومای سلطنتی برای کسب قدرت، به شدت حمایت می‌کردند.

همزمان با تشکیل گروه‌های فوق که ظاهراً مستقل ولی در اصل به طور غیرمستقیم از تزار حمایت می‌کردند، گروه‌هایی نیز مستقیماً از طرف خود تزار تشکیل شد که مهمترین آنها گروه‌های «اتحادیه خلق روس[1]»، «اتحادیه میخائیل آرخانگل[2]» و گروه‌های صد نفری «باند سیاه[3]» بودند که هدف همه‌ی آنها حمایت از تزاریسم و مبارزه با بلشویک‌های انقلابی بود.

اقدامات سرکوب‌گرایانه تزار که به منظور در هم کوبید ن صفوف انقلابیون و در واقع خنثی کردن آثار انقلاب 1905 به مرحله‌ی عمل درآمد، سبب شد که لنین در نوامبر 1905 مخفیانه به روسیه بازگردد و ابتکار عمل

---

[1] اتحادیه خلق روس Union of the Russian people که در اکتبر 1905 به وجود آمد، زیر نظر مستقیم تزار به فعالیت ضدانقلابی پرداخت. در این اتحادیه طبقات ذینفع به ویژه بورژواها و ملاکان گرد آمدند تا نظام سلطنتی تزار را حفظ کنند و بین مردم (خلق) و تزار وحدت ایجاد نمایند.

[2] اتحادیه میخائیل آرخانگل Union of Mikhail Arkhangel یکی از گروه‌های افراطی و ارتجاعی منشعب از اتحادیه خلق روس بود که با تمایلات مذهبی توأم با ناسیونالیستی از تزاریسم حمایت می‌کرد.

[3] گروه‌های صدنفری باند سیاه Black hundreds که بلافاصله بعد از بیانیه‌ی اکتبر 1905 به وجود آمد از خطرناک ترین گروه‌های سلطنت‌طلب بودند که هدف سیاسی آنها کشتار انقلابیون بود. اعضای این گروه در دسته‌های صد نفری که به همین نام نیز معروف شد ند، بایاری پلیس به انقلابیون حمله می‌کردند و تظاهرات و اعتصابات آنها را به گلوله می‌بستند، خانه‌ها و سازمان‌های انقلابیون را آتش می‌زدند و با لیست سیاهی که از افراد انقلابی تهیه کرده بودند، به برکناری آنها از کار یا ترور آنها می‌پرداختند.

مبارزه‌ی مسلحانه بلشویک‌ها را در مقابل گروه‌های مخالف شخصاً در دست گیرد[1]. لنین در روسیه سردبیری روزنامه‌ی بلشویکی نووایا ژیزن[2] به معنی «زندگی نو» را به عهده گرفت و از طریق آن شورش‌های انقلابی را هدایت می‌کرد.

علی‌رغم اقدامات تزار، کارگران و دهقانان شدیداً به اعتصابات خود ادامه می‌دادند. اعتصابات شدید کارگری در ماه‌های اکتبر و نوامبر 1905 با شورش ملوانان «کرونشتات[3]» و «ولادی ووستوک[4]» در نواحی دریای سیاه آغاز و با قیام مسلحانه‌ی کارگران کارخانه‌های مسکو و کارکنان راه‌آهن این شهر که نه روز طول کشید، به نقطه‌ی اوج خود رسید. قیام کارگران مسکو که نبرد مسلحانه را به سنگرها و خیابان‌های داخل شهر کشاند، زد و خوردهای خونینی را به دنبال داشت و به شدت به وسیله عوامل تزار سرکوب شد.

---

[1] لنین ظاهراً برای شرکت در کنفرانس سوسیال دموکرات‌ها که در دسامبر 1905 در فنلاند تشکیل شد، مخفیانه از اروپا به روسیه برگشت ولی عملاً هدف وی سازمان دادن انقلابیون برای ادامه‌ی مبارزه‌ی مسلحانه در مقابل گروه‌های مخالف بود. لنین تا نوامبر 1907 در روسیه بود و پس از آن مجدداً به اروپا مهاجرت نمود و تا آوریل 1917 در اروپا باقی ماند و در هر وضعیت هدایت بلشویک‌ها را به عهده داشت.

[2] Novaya Zhizn (New Life)

[3] Kronstadt

[4] Vladivostok

نخست‌وزیر ویتی هم در این جریانات ساکت نبود. او ضمن اینکه اقدامات اصلاحی به سبک غربی را در سر می‌پروراند، به شدت در مقابل اعتصابات و شورش‌ها نیز ایستادگی می‌کرد و کارگران را تحت فشار قرار میداد. شورش‌های نظامی در کرونشتات و سباستوپول به وسیله‌ی وی سرکوب شد. ویتی موفق شد وام قابل توجهی برای اجرای اصلاحات از فرانسه بگیرد و زمینه‌ی انتخابات برای تشکیل شوراهای دولتی، اتحادیه‌ها و اجتماعات عمومی را فراهم نماید.

تزار برای انجام وعده‌های اصلاحی خود دست به اقدام دیگری زد و در گرماگرم قیام مسلحانه‌ی کارگران مسکو دستور انتخابات دومای سلطنتی اول را در دسامبر 1905 صادر نمود که بلافاصله انتخابات برگزار گردید. تعداد نمایندگان بر اساس طبقات تعیین می‌شد (زمین‌داران و ملاکان هر 2 هزار نفر، دهقانان هر 30 هزار نفر و کارگران هر 90 هزار نفر حق انتخاب یک نماینده برای مجلس دوما را داشتند). در عمل همین تناسب غیرعادلانه نیز

رفتار نشد زیرا وقتی نتیجه انتخابات معلوم شد، اکثریت آرا را کادت‌ها به دست آوردند[1].

لنین و بلشویک‌ها انتخابات دومای اول را تحریم و کارگران سوسیالیست را از شرکت در آن منع نمودند. مجلس دوما در همان جلسات اول تقاضاهایی را مطرح کرد که همگی به محدود کردن قدرت امپراتور و وزرا مربوط می‌شد. نزدیک به 400 استیضاح اعتراض‌آمیز به مجلس تقدیم شد که نه تنهاهیچ یک از آنها مطابق میل تزار نبود بلکه وی اصولاً با اصلاحات نخست‌وزیر خود یعنی ویتی هم موافق نبود. لذا تا آوریل 1906 تزار هم مجلس دومای اول را منحل نمود و هم ویتی را از کار برکنار کرد و استولیپین را به جای وی به نخست وزیری گمارد.

---

[1] متأسفانه ارقام دقیقی در مورد تعداد نمایندگان دومای اول در دست نیست. دو منبع به ارقامی اشاره کرده‌اند که بین آنها اختلاف کلی وجود دارد. به نقل از یکی از این منابع «در این دوما 524 نماینده انتخاب شده بودند که 148 نفر آنها از کادت‌ها بودند، 63 نفر از ناسیونالیست‌های مستقل (نزدیک به کادت‌ها) و 111 نفر کارگرها. سوسیالیست‌ها از دادن رأی خودداری کرده بودند.» (میشل دوسن‌پیر، همان کتاب، جلد دوم، ص 112). منبع دیگر تعداد نمایندگان را 478 نفر ذکر می‌کند که از آنها 179 نفر از کادت‌ها، 36 نفر میانه‌رو، 50 نفر از اپورتونیست‌ها، 94 نفر کارگرها و بقیه دهقانان غیرحزبی بودند
Leonard Schapiro, The Communist Party of the Soviet Union ‘New )
. (York, Random House, 1964’ P.34

در جریان این حوادث بلشویک‌ها نیز از پا ننشستند و ضمن رهبری اعتصابات، مقدمات تشکیل کنگره‌ی چهارم سوسیال دموکرات‌ها را فراهم نمودند. کنگره‌ی چهارم در آوریل 1906 به مدت ده روز در استکهلم تشکیل شد. از 112 نماینده گانی که حق رأی داشتند 46 نفر بلشویک، 62 نفر منشویک و بقیه از سوسیال دموکرات‌های نواحی مختلف بودند. در این کنگره اگرچه اکثریت با منشویک ها بود و به خاطر مصالح سیاسی بلشویک‌ها و منشویک‌ها در قالب تشکیلات واحدی متحد شده بودند ولی موضع منشویک‌ها همچنان مبهم و محافظه‌کارانه و موضع بلشویک‌ها انقلابی و در خط لنین بود.

بلشویک‌ها و منشویک‌ها در کنگره‌ی چهارم سوسیال دموکرات‌ها روی اصول کلی حزب به توافق رسیدند و برای اولین بار واژه‌ی «مرکزیت دموکراتیک[1]» توسط بلشویک‌ها در قطعنامه گنجانده شد.

---

[1] مرکزیت دموکراتیک Democratic Centralism در کنگره چهارم بدون ذکر توضیحی عنوان شد و در سال 1919 توضیح داده شد که منظور از سانترالیسم دموکراتیک مسئولیت مداوم ارگان‌های حزبی در مقابل سازمان و ارگان‌های بالاتر است و همچنین دستورات ارگان‌های بالاتر برای ارگان‌های پایین‌تر لازم‌الاجرا است. در عوض انتخاب نمایندگان ارگان‌ها از پایین به بالاترین رده‌ها صورت خواهد گرفت.

موارد دیگری که در کنگره مورد بحث قرار گرفت، عبارت بود از مسئله ارضی و کشاورزی، مسائل تشکیلاتی، وضعیت پرولتاریا و موقعیت فعلی او و چگونگی برخورد با دومای سلطنتی. بلشویک‌ها و لنین در کلیه‌ی موارد فوق موضع خود را مشخص کرده و به دفاع پرداختند. ذکر این نکته ضروری است که بلشویک‌ها و منشویک‌ها فقط از نظر تشکیلاتی یکی بودند ولی در خارج از تشکیلات حزبی با توجه به شیوه‌های خود مبارزه می‌کردند. تزار که از برنامه های اصلاحی ویتی دل خوشی نداشت در نیمه سال 1906 استولپین را به نخست وزیری بر گزید.

نخست‌وزیر جدید استولپین نیز مانند ویتی از سرکوب اعتصاب‌کنندگان دریغ نمی‌کرد و با عنوان کردن برنامه‌ی اصلاحات ارضی تلاش می‌نمود تا لااقل دهقانان را راضی نگه دارد که برنامه‌ی وی در نهایت به نفع طبقه‌ی بورژوازی که قادر به خرید زمین بیشتری بود، تمام شد. برنامه‌ی استولپین مورد تأیید اکثر گروه‌های اپورتونیست بود ولی بلشویک‌ها سرسختانه در مقابل وی مخالفت می‌کردند.

در فوریه 1907 دومین انتخابات مجلس دوما برگزار شد. بلشویک‌ها این بار نه تنها انتخابات را تحریم نکردند بلکه تصمیم به شرکت در انتخابات

گرفتند به این امید که بتوانند از طریق مجلس دوما ضمن دفاع از مواضع خود مانع اقدامات تزار نیز بشوند که می‌خواست این نهاد را وسیله سرکوب انقلابیون قرار دهد. بلشویک‌ها قصد نداشتند مانند منشویک‌ها که با کادت‌ها در مجلس متحد شده بودند، هیچ نوع ائتلافی با آنها تشکیل دهند بلکه می خواستند ضمن لطمه وارد نمودن به ائتلاف‌های جناح‌های اپورتونیست که قصد داشتند اکثریت را در مجلس به دست آورند، خود نیز مستقلاً در مقابل آنها مقاومت و مبارزه نمایند و با استفاده از تشکیلات دولت در تبلیغ و حفظ منافع انقلاب نیز تلاش کنند. از این رو بلشویک‌ها برای تقویت جبهه‌ی چپ در مجلس تصمیم گرفتند موقتا" با «ترودوویک‌ها[1]» و «سوسیال رولوسیونرها[2]» (اس-آرها) متحد شوند.

---

[1] ترودوویک‌ها Trudoviks یا زحمتکشان، نمایندگان کشاورزان خرده‌بورژوازی بودند که به مجلس راه یافتند. این گروه تمایلات سوسیالیستی داشتند و خواسته‌ی آنها الغای مالکیت فئودالی و ملی کردن تمام زمین‌ها بود. آنها خواستار این بودند که هر دهقان و خانواده‌اش فقط روی زمین خود کار کند. این گروه در مجلس دوما از سیاست‌های تزار به خصوص در زمینه‌ی کشاورزی به شدت انتقاد می‌کردند و در پاره‌ای موارد رأی آنها بین لیبرال‌های بورژوا (کادت‌ها) و سوسیال دموکرات‌ها بود.

[2] سوسیال رولوسیونرها Socialist – Revolutionaries که به اس-آرها (S.Rs) شهرت داشتند در واقع همان باقیمانده‌ی نارودنیک‌ها بودند که در اواخر سال 1901 دست به تشکیل یک حزب دموکراتیک خرده‌بورژوا زدند. اس-آرها منکر نقش رهبری پرولتاریا در انقلاب بودند و دهقانان را نیروی اصلی انقلاب برای بنای سوسیالیسم می‌دانستند و با تئوری ماتریالیسم دیالکتیک مخالف بودند و شیوه‌ی ترورهای فردی را مؤثرترین نوع مبارزه بر علیه تزاریسم می‌دانستند. حزب اس-آرها به وسیله افرادی چون چرنف .V.M Chernov، ساوینکوف B.V. Savinkov و آکسنتیوف N.D. Auksentyev رهبری

تاکتیک‌های لنین در انتخابات دومای دوم سبب شد که تعداد نمایندگان سوسیال دموکرات‌ها به 65 نفر برسد. ضمناً ائتلاف بلشویک‌ها با گروه‌های چپ ضمن اینکه جبهه‌ی چپ را تقویت نمود سبب شد گروه‌های میانه‌روی کادت اکثریت خود را در مجلس از دست بدهند. به این ترتیب مجلس دوم عملاً به نفع سوسیال دموکرات‌ها تمام شد.

همزمان با این تحولات، کنگره‌ی پنجم حزب کارگری سوسیال دموکرات‌های روسیه در ماه مه سال 1907 در لندن برگزار شد که از 303 نماینده‌ی انتخابی 89 بلشویک، 88 منشویک، 45 نفر سوسیال دموکرات‌های لهستان، 26 نفر از لتونی و 55 نفر نمایندگان بوندها بودند. در این کنگره که بلشویک‌ها اکثریت را به دست آورده بودند به افشاگری گروه‌های اپورتونیست پرداختند و از مواضع خود در مقابل احزاب بورژوازی دفاع نمودند.

موفقیت سوسیال دموکرات‌ها و در رأس آنها بلشویک‌ها که از داخل با نفوذ در دوما و در خارج با تثبیت موقعیت خود در کنگره می‌رفتند تا موقعیت مناسبی به دست آورند، تزار را به وحشت انداخت. وقتی وی متوجه شد

---

می‌شد.بعد از شکست انقلاب 1905 – 1907 فعالیت اس-آرها مخفیانه شد و رفته رفته با گرایش‌های بورژوازی در زمره‌ی انقلابیون درآمدند.

مجلس دومای دوم به مراتب بدتر و خطرناک‌تر از دومای اول و در جهت نابود کردن منافع و محدود کردن قدرت اوست، با کمک استولیپین دست به طرح مزورانه‌ای زد که به موجب آن سه ماه پس از انتخابات مجلس دومای دوم، ابتدا در سوم ژوئن 1907 فرمان انحلال مجلس دوم را صادر و پس از آن کلیه‌ی 65 نفر نمایندگان سوسیال دموکرات‌ها را در مجلس بازداشت و به سیبری تبعید نمود و کارگران و دهقانان انقلابی را بشدت شکنجه و تیرباران کرد. مأمورین تزار که در جستجوی لنین بودند، بر شدت خشونت خود افزودند و لنین که موقعیت را خطرناک یافت، در اواخر ماه نوامبر 1907 با زحمت بسیار و تحمل خطرات فراوان از طریق فنلاند مجدداً به اروپا مهاجرت نمود.

همزمان با این اقدامات، تزار قوانین انتخابات دوما را که خود وضع کرده بود، نقض و مبادرت به اعلام قانون جدیدی نمود که به موجب آن امتیازات ملاکین و بورژوازی بیشتر و حقوق کارگران و دهقانان کمتر رعایت شده بود[1].

---

[1] به موجب قانون جدید که در سوم ژوئن 1907 خودسرانه به وسیله‌ی تزار اعلام گردید، مالکان برای هر 230 نفر رأی‌دهنده یک نماینده انتخاب می‌نمودند در حالی که سابق بر آن هر 200 نفر یک نماینده انتخاب می‌کردند. دهقانان که سابقاً برای 30,000 انتخاب‌کننده

به مجرد اعلام قانون جدید، انتخابات دومای سوم برگزار گردید و از 442 نماینده‌ی ظاهراً انتخاباتی 171 نفر از ملاکین و طرفداران استولیپین، 113 نفر از اکتبریست‌ها، 101 نفر از کادت‌ها و بقیه از ترودوویک‌ها و سوسیال دموکرات‌ها به مجلس سوم راه یافتند. ترکیب فوق دقیقاً مطابق میل تزار بود و به همین علت مجلس دومای سوم در نوامبر 1907 افتتاح و تنها دومایی بود که دوره‌ی پنج ساله‌ی خود را طی کرد. در تمام طول دوره‌ی مجلس، اکثریت ائتلافی مدافع برنامه‌های خودخواهانه اصلاحات ارضی استولیپین بود.

از آغاز تشکیل دومای سوم تا سپتامبر 1911 که استولیپین ترور شد، در تاریخ روسیه به دوره‌ی سیاه یا ارتجاع استولیپین معروف است. در تمام طول این مدت هدف تزار این بود که ثابت کند انقلاب 1905 کاملاً شکست خورده و عناصر انقلابی نابود شده‌اند. تزار تصور می‌کرد با رفورم‌های خود می‌تواند مجدداً موجبات ادامه‌ی حکومت مطلقه را فراهم کند.

---

یک نماینده داشتند به موجب قانون جدید باید برای هر 60,000 نفر یک نماینده داشته باشند. به این ترتیب حق مالکان و بورژوازی تقریباً ده درصد افزایش یافت و حق دهقانان صددرصد کاهش یافت.

در دوره‌ی فوق گرچه برنامه‌های استولیپین با سرعت به پیش می‌رفت، نتیجه‌ی آن جز افزایش فقر عمومی و تقویت بورژوازی چیز دیگری نبود. پس از سوم ژوئن 1907 به گواهی ارقام دولتی بیش از پنج هزار نفر به کار اجباری یا زندان‌های طویل‌المدت محکوم شدند[1].

باتمام این احوال از شدت موج اعتصابات کاسته نشد. «در تابستان 1910 تعداد شورش‌های توده‌ای در مناطق کارگرنشین افزایش یافت. این شورش‌ها درحقیقت عکس‌العملی در مقابل برنامه‌ی اصلاحات ارضی استولیپین بود. بین سالهای 1907 و 1910 رقم اعتصابات به بیش از دو تا دو هزار و پانصد شورش دهقانی در هر سال می‌رسید و در سال 1910 این رقم به بیش از شش هزار افزایش یافت. خانه و املاک کولاک‌ها و زمینداران بیش از پیش به آتش کشیده شد ... در سال 1912 تعداد اعتصاب‌کنندگان به حدود یک میلیون نفر و در سال 1913 حدود 1,270,000 و در سال 1914 برای شش ماه اول این رقم به 1,300,000 نفر افزایش یافت.[2]»

<hr>


[1] اسمیرنوف، همان کتاب، ص 286-285.
[2] اسمیرنوف، همان کتاب، ص 295-290.

شورش‌های فوق نشان می‌داد که با وجود شکست ظاهری انقلاب 1905،
شور و هیجان انقلابی مردم هرگز فروکش نکرده بود و آنچه واقعا با شکست
روبرو شده بود، برنامه‌های اصلاحی استولیپین بود. در تلاش بی‌امان
استولیپین برای موفقیت برنامه‌هایش و همچنین صداقت بیش از حد او به تزار
نمی‌توان شک کرد اما بافت اجتماعی روسیه تا آنجا به تباهی کشیده شده بود
که راهی جز انقلاب باقی نمانده بود. تزار قادر به درک این وضعیت نبود و
مرتب دست به اقدامات احمقانه‌ای می‌زد که به سرعت بر روند انقلاب
می‌افزود.

یکی از این اقدامات توطئه‌ی قتل استولیپین بود که به نظر می‌رسد قربانی
خودخواهی تزار شد[1]. استولیپین در سپتامبر 1911 وقتی در کنار تزار
مشغول تماشای اپرا بود، به وسیله‌ی جوانی به نام «بوگروف[2]» که از افراد
پلیس مخفی بود، به قتل رسید و با صحنه‌سازی‌هایی که به عمل آمد و از آن
جمله به دار آویختن قاتل استولیپین، تزار چنین وانمود کرد که در این ماجرا

---

[1] توطئه‌ی قتل استولیپین به «راسپوتین» نیز نسبت داده شده است. استولیپین که اجازه‌ی
دخالت در امور سیاسی را به راسپوتین نمی‌داد مورد نفرت وی و سایر درباریان و
اطرافیان نیرومند تزار بود. به هر حال آنچه مسلم است، این توطئه از دربار سرچشمه
گرفت.

[2] Dmitry Grigoriyevich Bogrov

دست نداشته است. ولی مکالمه‌ی کوتاه و در عین حال بچه‌گانه‌ی تزار با وزیر دارایی‌اش «کوکووتسف[1]» که بلافاصله بعد از قتل استولپین به جای وی به نخست‌وزیری منصوب شد، بیانگر نکات جالبی است.

«تزار در اولین جلسه‌ی انتصاب کوکووتسف به نخست‌وزیری به وی اظهار داشت: «من از شما رضایت دارم. می‌دانم شما همکاران خوبی دارید و با روحیه‌ی خوبی کارتان را انجام می‌دهید. من احساس می‌کنم که شما با من مانند سلف تان پیوتر آرکادیوویچ استولپین رفتار نخواهید کرد.

کوکووتسف در پاسخ گفت: اعلی‌حضرتا، پیوتر آرکادیوویچ برای آن حضرت جهان را ترک کرده است.

نیکلا جواب داد: آری، البته، او در خدمت من جان خود را از دست داد. ولی وی پیوسته کوشش داشت مرا در سایه خود نگه دارد ... آیا خیال می‌کنید برای من خوشایند بود که همواره در روزنامه بخوانم هیئت وزیران چنین

---

کرده است ... نخست‌وزیر چنان کرده است. پس من به هیچ حساب نمی‌آیم؟ کاری از دست من بر نمی‌آید؟»[1]

کوکووتسف که خود نیز روحیه‌ای ضعیف داشت، با این که اقتصاد دان خوبی بود، معهذا نتوانست در اوضاع کشور بهبودی بوجود آورد. وی سیاست استولیپین را ادامه داد بدون اینکه امیدی به تغییرات اساسی داشته باشد.  در مدت کمتر از سه سالی که کوکووتسف پست ریاست شورای وزیران (نخست وزیری) را بر عهده داشت، انتخابات مجلس شورای چهارم صورت گرفت و روسیه به یکی از مهم‌ترین وقایع تاریخی، یعنی جنگ جهانی اول کشانده شد.

---

[1] مکالمه‌ی کوکووتسف با سفیر فرانسه در روسیه در سال 1915، به نقل از کتاب میشل دوسن‌پیر، همان، جلد دوم، ص 137-136.

# 7. موضع‌گیری بلشویک‌ها

تا قبل از جنگ جهانی اول و به ویژه در دوره‌ی اختناق استولیپین، بلشویک‌ها به رهبری لنین برای تحکیم مواضع سازمانی و ایدئولوژی خود تلاش نمودند. آنها با ارزیابی شکست انقلاب 1905 و با تجربه‌ای که به دست آورده بودند، در صدد رفع موانع موجود — به خصوص مشکلات سازمانی و مبارزه‌ی درون حزبی با گروه‌های مخالف — برآمدند.

حزب سوسیال دموکرات روسیه که از دو جناح اصلی (منشویک‌ها و بلشویک‌ها) تشکیل می‌شد، در دوره‌ی استولیپین با توجه به جهت‌گیری‌هایی که در دوجناح فوق به عمل آمد، انشعابات دیگری نیز در داخل حزب به وقوع پیوست.

گروهی از بلشویک‌ها به رهبری بوگدانوف[1] و با همکاری لوناچارسکی، آلکسینسکی[2] و پوکروفسکی[3] خواستار لغو پیشنهاد لنین مبنی بر شرکت در دوما شدند و درخواست نمودند که نمایندگان کارگران از دومای دولتی

---

[1] Alexander Aleksandrovich Bogdanov
[2] Grigory Alekseyevich Aleksinsky
[3] Mikhail Nikolayevich Pokrovsky

فراخوانده شوند. به همین دلیل این گروه «اوتزوویست[1]» به معنی فراخواننده یا احضارکننده خوانده شدند.

منشویک‌ها که علنا با کادت‌ها و بورژوازی سازش کرده بودند، به منظور ضربه زدن به بلشویک‌ها، حتی پا را از این فراتر نهاده و تقاضای تشکیل یک حزب علنی را با اجازه‌ی مقامات تزار داشتند. این گروه که به وسیله افراد سرشناسی چون اکسلرود، مارتوف، مارتینوف[2] و پوترسوف[3] رهبری می‌شدند به نام گروه «انحلال‌طلبان[4]» معروف شدند. انحلال‌طلبان تقاضای انحلال حزب انقلابی طبقه‌ی کارگر که غیرقانونی بود، را داشته و به جای

---

[1] اوتزوویست‌ها Otzovists (Recallers) در سال 1908 از بلشویک‌ها منشعب شدند. این گروه با شرکت نمایندگان حزب در دومای دولتی و در اتحادیه‌های کارگری و شرکت‌های تعاونی و هر نوع سازمان قانونی مخالف بود و با موضع اپورتونیستی که پیش گرفت، معتقد بود که فعالیت‌های حزب باید در یک سازمان علنی متمرکز گردد و نمایندگان حزب فوراً فراخوانده شوند. گروه دیگری که نظیر همین عقیده را داشتند اولتیماتومیست‌ها Ultimatumists بودند که می‌گفتند نمایندگان سوسیال دموکرات در دوما باید اولتیماتوم دهند یا احضار گردند. هر دو گروه که از بلشویک‌ها بودند، با عقاید انحرافی خود قصد بریدن حزب با توده‌ها را داشتند که لنین با آنها به شدت به مقابله برخواست.

[2] Aleksandr Samoilovich Pikker (Martinov)

[3] Alexander Nikolayevich Potresov

[4] «انحلال‌طلبان» یا «لیکویداتورها» Liquidators گروهی از منشویک‌ها بودند که از سال 1907 به بعد اعلام موجودیت نمودند. این گروه اعتقاد داشتند که احزاب موجود سوسیال دموکرات کارگری منحل و حزبی علنی و قانونی تأسیس شود که ضمناً کارگران هم در آن فعالیت داشته باشند. آنها مبارزه طبقاتی انقلابی پرولتاریا و نقش رهبری آنها را در انقلاب نفی می‌کردند. آنان حتی اتحاد با گروه‌های دیگر از قبیل بورژوازی لیبرال و حتی اس-آرها و آنارشیست‌ها را توصیه می‌کردند. انحلال‌طلبان گروه تندرو و اپورتونیست جناح منشویکی بود که با جریان خود قصد تخطئه‌ی تلاش انقلابی کارگران و در نهایت شکست بلشویک‌ها را داشتند.

آن پیشنهاد می‌کردند تا از کارگران غیرحزبی برای تشکیل کنگره‌ی کارگران دعوت به عمل آید تا اقدام به تأسیس یک حزب قانونی کارگری نموده و فقط به فعالیت‌هایی بپردازند که حکومت تزاری اجازه‌ی آن را می‌داد. انحلال‌طلبان یکی از دشمنان واقعی بلشویک‌ها بودند. ماهنامه‌ی «گلوس سوسیال دموکرات[1]» (ندای سوسیال دموکرات)، ارگان خارجی منشویک‌های انحلال‌طلب از فوریه 1908 تا دسامبر 1911، ابتدا در ژنو و سپس در پاریس انتشار می‌یافت و مرکز فعالیت‌های ایدئولوژیک این گروه به شمار می‌رفت. انحلال‌طلبان از سپتامبر 1912 تا ژوئیه‌ی 1913 روزنامه‌ی «لوچ[2]» را به عنوان ارگان رسمی در سن‌پترزبورگ منتشر می‌نمودند که رهبری آن با مارتوف و اکسلرود بود.

یکی دیگر از دشمنان خطرناک بلشویک‌ها گروهی به نام «سانتریست‌ها» بودند. این گروه نیز از منشویک‌ها منشعب شده بودند و به رهبری تروتسکی[3] بر علیه لنین و بلشویک‌ها به فعالیت پرداختند. تروتسکی از کنگره‌ی دوم حزب سوسیال دموکرات کارگری یعنی از سال 1903 به منشویک‌ها پیوست

---

[1] Gloss Social Democrat
[2] Loutch
[3] Lev Davidovich Bronshtein (Leon Trotsky)

و در مقابل لنین و بلشویک‌ها در مسائل تئوری و عملی حزب به مبارزه پرداخت. تروتسکی در وین با همکاری افرادی چون ریکوف[1]، نوگین[2]، زینوویوف[3]، کامنوف[4] که ابندا از طرفداران لنین بودند، دست به انتشار روزنامه‌ای به نام «پراودا»ی تروتسکی زد که تلاش می‌کرد آن را به عنوان ارگان رسمی سوسیال‌دموکرات‌ها معرفی نماید. تروتسکی که خود راه و روش انحلال‌طلبان را در پیش گرفت، چنین وانمود می‌کرد که طرفدار مارکسیسم است، خود را از بلشویک‌ها و منشویک‌ها جدا کرده و حتی درصدد آشتی آنها نیز می‌باشد. این روش میانه‌گیری (سانتریسم تروتسکی) به عنوان یک جریان انحرافی که منافع پرولتاریا را تابع منافع خرده‌بورژوازی می‌کرد، شدیداً توسط لنین محکوم شد.*

---

[1] Alexei Ivanovich Rykov
[2] Viktor Pavlovich Nogin
[3] Grigory Yevseevich Zinoviev
[4] Lev Borisovich Kamenev

*برای نظریات تروتسکی رجوع شود به :

Issac Deutscher: The Prophet Armed, Trotsky: 1879-1921 (Oxford University Press: 1954

گروه قابل توجه دیگری که از اواسط سال 1914 در مقابل لنین صف‌آرایی نمود، رهبران برجسته‌ی حزب سوسیال دموکرات آلمان کارل کائوتسکی[1] (1938-1854) و روزا لوگزامبورگ[2] (1919-1876) بودند که از طریق روزنامه‌ی «عصر جدید[3]» - ارگان رسمی حزب – و با همکاری افراد سرشناسی چون کارل لیبکنشت[4] (1919-1871) و ادوارد برنشتاین[5] (1932-1850) با عقاید لنین درباره‌ی حزب و دیکتاتوری پرولتاریا به مخالفت پرداختند. بعدها کائوتسکی و برنشتاین به عنوان مارکسیست‌های مرتد و اپورتونیست مورد حمله‌ی شدید لنین قرار گرفتند و لیبکنشت اگرچه با برخی از عقاید لنین مخالف بودند، ولی موقعیت خود را به عنوان مارکسیست‌های انقلابی حفظ کردند.

---

[1] Karl Johann Kautsky
[2] *Rosa Luxemburg*

[3] روزنامه عصر جدید Die Neue Zeit یا New times ارگان حزب سوسیال دموکرات آلمان بود که از سال 1883 تا سال 1923 در اشتوتگارت انتشار می‌یافت و تا اکتبر 1917 کائوتسکی سردبیر آن بود. طی سال‌های 1895-1885 برخی از مقالات مارکس و انگلس در آن به چاپ می‌رسید. در اوایل قرن بیستم نیز مارکسیست‌های سرشناسی چون لوگزامبورگ و لیبکنشت با این روز نامه همکاری داشتند.
[4] Karl Liebknecht
[5] Eduard Bernstein

بلشویک‌ها در مبارزه‌ی خود با مخالفین، تنها به مقالات تندی که لنین در روزنامه‌ی وپریود و سایر ارگان‌های رسمی سوسیال‌دموکرات‌ها می‌نوشت، اکتفا نمی‌کردند و با تشکیل کنفرانس‌های حزبی به مبارزه‌ی علنی درون حزبی خود ادامه می‌دادند. از آن جمله «کنفرانس پنجم[1]» حزب سوسیال دموکرات کارگری روسیه که در دسامبر 1908 در پاریس تشکیل شد، قابل ذکر است. در همین کنفرانس بود که بلشویک‌ها موضع خود را در برابر گروه‌های اپورتونیستی که ذکر آن رفت، روشن نمودند. لنین به ویژه، جریان انحرافی انحلال‌طلبان منشویک را به شدت محکوم کرد و همه‌ی سازمان‌های حزبی را به مبارزه بر علیه مخالفان دعوت نمود. در این کنفرانس مخالفین لنین که متحد شده بودند، کلاً با برنامه‌های انقلابی بلشویک‌ها از قبیل هشت

---

[1] کنفرانس‌های حزبی معمولاً بعد از کنگره‌ها تشکیل می‌شدند و برنامه‌ها ی آنها محدودتر بود. در حقیقت، ضمن ادامه‌ی کار کنگره‌ها به مسائل حزبی بین دو کنگره نیز رسیدگی می‌کردند. کنفرانس‌ها بیشتر مرکب از نمایندگان احزاب سوسیال‌دموکرات کارگری سراسر روسیه بودند. کنفرانس‌های اول و دوم حزب به ترتیب در دسامبر 1905 و نوامبر 1906 در شهر «تامرفورس» Tammerfors و کنفرانس‌های سوم و چهارم به ترتیب در جولای و نوامبر 1907 در فنلاند و «هلسینگ فورس» Helsingfors تشکیل شد. برای جلوگیری از اشتباه بین کنگره‌ها و کنفرانس‌ها که تا حدودی پیچیده است، به ضمیمه‌ی شماره یک این کتاب که جدول کاملی از تشکیل کنگره‌ها و کنفرانس‌ها و تاریخ برگزاری آنها از ابتدای تشکیل است، مراجعه فرمایید.

ساعت کار روزانه، مصادره اراضی ملاکین و برنامه انقلابی حزب پرولتاریا موافق نبودند و بیشتر برنامه‌های مسالمت‌آمیز ارائه می‌دادند.

همزمان با این مبارزه‌ی درون‌گروهی در حزب، عده‌ای از روشنفکران منشویک به رهبری بوگدانوف و لوناچارسکی در صدد آشتی دادن مارکسیسم و مذهب برآمدند و با دید ایده‌آلیستی سعی در تعدیل نمودن افکار ماتریالیستی نمودند. این گروه که تئوری اصلی خود را از فیلسوف اتریشی «ارنست ماخ»[1]  (1838-1916) گرفته بودند، سعی کردند فلسفه «ماخیسم» را در مقابل «مارکسیسم» بزرگ کنند. اساس فلسفه ماخ بر این بود که ماده به خودی خود فاقد ارزش است و تنها «احساس» و «ادراک» انسان است که بدان مفهوم می‌بخشد. به عبارت دیگر تنها اشیاء در رابطه با حواس هستند که شکل، رنگ و خصوصیات دیگر می‌یابند و در اثر رابطه متقابل «جسم» و «ذهن» است که معرفت حاصل می‌شود. البته موضوع اصالت ذهن بر ماده بحث تازه‌ای نبود ولی عنوان کردن آن به وسیله‌ی ماخ به اعتبار «ماتریالیسم» مارکس لطمه می‌زد. کما اینکه روشنفکران منشویک روسی که خود را مارکسیست می‌دانستند با توجه به عقاید ماخ به ویژه نظریه‌ی

---

[1] Ernst Waldfried Josef Wenzel Mach

«صرفه‌جویی در تفکر[1]» ماخ که مفاهیم کمکی را وارد بحث علمی می‌کرد، در صدد اصلاح ماتریالیسم مارکس برآمدند[2].

لنین که در زمینه‌های مختلف مجبور بود با اصلاح‌طلبان مارکسیست مبارزه کند، با اعتقاد به اینکه جریان فلسفی ماخیست‌ها زیرکانه‌ترین شکل اصالت ذهنی است که ماتریالیسم بیش از نیم قرن با آن مبارزه کرده است، با تلاش بسیار موفق به نگارش کتاب معروف خود به نام «ماتریالیسم و امپیریو-کرتیسیسم[3]» به معنی «ماده و انتقادتجربی» در سال 1909 گردید و در آن به دفاع از مواضع ماتریالیسم دیالکتیک پرداخت. لنین در این کتاب تلاش می‌کند «یک روش تحقیق و تتبع یا روش‌شناسی (متدولوژی) ویژه را به نام (روش مارکسیستی) برای علوم پایه‌گذاری کند. او می‌خواهد معلومات علمی پس از مارکس را به طور فلسفی ترکیب کرده و یک نظریه کلی معرفی و یا به عبارت دیگر، نظریه‌ی کلی و عمومی شناخت علم و دانش را تدوین

---

[1] Economize thought

[2] برای اطلاعات بیشتر در این زمینه مراجعه فرمایید به کتاب عصر ایدئولوژی، همان، فصل دوازدهم، ص 250-267.

[3] Materialism and Empiriocritisism

کند. به همین جهت از جریانات فکری ضدماتریالیستی و همچنین اعتقاد به غیرمادی بودن جهان هستی به شدت انتقاد می‌کند.[1]»

لنین و بلشویک‌ها برای مقابله با دشمنان و مخالفین متعدد خود از یک حربه‌ی بسیار مؤثر که مخالفین فاقد آن بودند استفاده می‌کردند. این حربه در حقیقت اعتصابات پی در پی کارگری بود که در نقاط مختلف کشور به نفع بلشویک‌ها به وقوع می‌پیوست. در طول سال‌های 1910-1911 یعنی اوج بحران اختلافات ایدئولوژیکی لنین با گروه‌های مخالف، اعتصابات کارگری نیز اوج گرفت و قحطی هولناک 1911 که در اثر دوران اختناق استولیپین میلیون‌ها دهقان را در کام آوارگی و گرسنگی کشید، به این بحران کمک کرد. «در روز 10 نوامبر 1910 ــ روزی که تولستوی درگذشت ــ کارگران شانزده کارخانه‌ی سن‌پترزبورگ به مجلس دوما پیشنهاد دادند که برای بزرگداشت این نویسنده انسان‌دوست، مجازات اعدام را لغو کنند.[2]»

در سال 1911 که تعداد اعتصاب‌کنندگان از شمار صد هزار نفر تجاوز کرد، روشنفکران نیز به این جنبش پیوستند. در همین سال اغتشاشاتی در

---

[1] توماس سوه، فرهنگ اصطلاحات اجتماعی و اقتصادی، ترجمه‌ی خلیل ملکی، (تهران، انتشارات مازیار، 1354) چاپ اول، ص 215.
[2] اسمیرنوف و دیگران، همان کتاب، ص 293.

دانشگاه مسکو بین دانشجویان در گرفت و بیست و یک تن از استادان و بسیاری ار معلمان به عنوان اعتراض به فشار پلیس از شغل خود استعفاء دادند و آشکارا به رژه پرداختند[1]. همه‌ی این وقایع اگرچه به وسیله‌ی نیروهای دولتی سرکوب می‌شد، برای بلشویک‌ها امتیاز بزرگی محسوب می‌شد زیرا این اعتصابات به مبارزه‌ی ایدئولوژیکی بلشویک‌ها جان تازه‌ای می‌داد. لنین و بلشویک‌ها که با گروه‌های اتزوویست، انحلال‌طلب، سانتریست، منشویک، ماخیست و دیگران که همگی در بلوک بندی تروتسکی گرد آمده بودند و خود را ناگزیر به مبارزه می‌دیدند، از طریق اعتصابات و نارضایی توده‌ی مردم پایگاه اجتماعی خود را ارزیابی نمودند، تصمیم گرفتند که به استقلال حزب بلشویک جامه‌ی عمل بپوشانند.

ششمین کنفرانس حزب کارگری سوسیال دموکرات روسیه که در ژانویه 1912 در پراگ تشکیل شد، زمینه‌ی مناسبی را برای استقلال بلشویک‌ها فراهم نمود. در این کنفرانس که اکثر نمایندگان بلشویک‌های نواحی مختلف روسیه شرکت داشتند، پس از بحث و مذاکرات مفصل تصمیم گرفته شد که حزب سوسیال دموکرات کارگری روسیه از وجود عناصر اپورتونیست پاک

---

[1] اسمیرنوف و دیگران، همان کتاب، ص 293.

شود. حزب مزبور که از ابتدای تأسیس در سال 1898 تا قبل از این کنفرانس برای بلشویک‌ها و منشویک‌ها و سایر نمایندگان سوسیال دموکرات مشترک بود، اینک تبدیل به حزب واحدی شد که کلاً در اختیار بلشویک‌ها قرار گرفت. منشویک‌ها و انحلال‌طلبان از حزب اخراج شدند و عملاً بلشویک‌ها استقلال حزب خود را بر اساس نظریات لنین اعلام کردند.

بلشویک‌ها به عنوان سرآغاز یک حرکت جدید، خواسته‌های اساسی خود از قبیل جمهوری دموکراتیک، هشت ساعت ساعت کار و مصادره‌ی اراضی ملاکان را به عنوان برنامه‌ی موقت حزب اعلام کردند و در قطعنامه به سازمان‌های حزبی دستور داده شد که با قحطی و گرسنگی مبارزه کرده و دهقانان را به مقاومت و پیکار بر علیه تزار تشویق نمایند.

بلشویک‌ها در کنفرانس پراگ که از نظر اهمیت به منزله‌ی کنگره‌ی حزبی تلقی شد، بلافاصله پس از اعلام استقلال مبادرت به انتخاب اعضای کمیته‌ی مرکزی نمودند که برای اولین بار و ظاهراً همه‌ی اعضای آن از بلشویک‌ها بودند. افرادی که به عضویت کمیته‌ی مرکزی حزب سوسیال دموکرات کارگری روسیه (که از این پس نام بلشویک را نیز به دنبال داشت) انتخاب

شدند، عبارت بودند از: لنین زینوویوف، اورجونیکیدزه[1]، شوارتزمان[2]، گولوشچکین[3]، اسپاندریان[4] و مالینوفسکی[5] به عنوان اعضای اصلی و در صورت دستگیری افراد فوق بابنوف[6]، کالینین[7]، اسمیرنوف[8] و استاسوا[9] به جانشینی آنها انتخاب شدند و پس از مدت کوتاهی استالین و بلوستوتسکی[10] نیز به این اسامی اضافه شدند[11].

اهمیت اعضای اولین کمیته‌ی مرکزی حزب بلشویک تا آنجا است که اسناد تاریخی شوروی که بعد از 1937 منتشر شده است، تغییراتی در نام بعضی اعضا به نفع استالین داده است[12]. به هر صورت، بعد از کنفرانس

---

[1] Grigol Ordzhonikidze (Sergo Ordzhonikidze)
[2] D. M. Shvartsman
[3] Filipp Isayevich Goloshchekin
[4] Suren Spandaryan
[5] Roman Vatslavovich Malinovsky
[6] Andrei Sergeyevich Bubnov
[7] Mikhail Ivanovich Kalinin
[8] Ivan Nikitich Smirnov
[9] Elena Dmitrievna Stasova
[10] A. E. Belostotsky

[11] نکته‌ی قابل توجه در انتخاب اعضای کمیته‌ی مرکزی بلشویک‌ها در کنفرانس پراگ این است که برخی از عناصر ناباب مثل مالینوفسکی که بعداً معلوم شد عامل پلیس است، یا زینوویوف که فرصت‌طلبی او آشکار شده بود، به کمیته‌ی مرکزی حزب بلشویک‌ها راه یافتند.

[12] نام‌های ذکر شده به عنوان اعضای انتخابی اولین کمیته‌ی مرکزی حزب بلشویک در این اسناد عبارتند از: لنین، استالین، اورجونیکیدزه، سوردلوف، اسپاندریان، گولوشچکین و دیگران. رجوع کنید به کتاب ولف، همان، ص 531.

پراگ، بلشویک‌ها با اعلام مواضع خود به طور کامل از منشویک‌ها و سایر گروه‌های اپورتونیست جدا شدند و راه و روش مبارزه خود را بر اساس رهنمودهای لنین ادامه دادند. در حقیقت بعد از کنفرانس پراگ حزب سوسیال دموکرات روسیه با زوردر اختیار بلشویک‌ها قرار گرفت و لنین خود شخصاً رهبری بلشویک‌ها را بر عهده گرفت. چند ماه پس از کنفرانس، اولین شماره روزنامه‌ی «پراودا[1]» در 22 آوریل 1912 به عنوان ارگان رسمی بلشویک‌ها به وسیله لنین و همکارانش منتشر شد. به این ترتیب لنین در خارج از کشور و در حالی که در تبعید به سر می‌برد، با انتشار روزنامه‌ی پراودا رهبری بلشویک‌ها و هدایت توده‌های زحمتکش را برای به ثمر رساندن انقلاب بر عهده گرفت.

از وقایع قابل ذکر بعد از کنفرانس پراگ، فاجعه‌ی خونین کشتار کارگران معادن طلای «لنا[2]» واقع در سیبری بود. کارگران که در اثر زورگویی و

[1] پراودا (حقیقت) ارگان بلشویک‌ها و یک روزنامه‌ی کارگری مارکسیستی بود که در مدت دو سال و نیم ابتدای انتشار، هشت بار به وسیله‌ی حکومت تزاری توقیف شد. این روزنامه به سردبیری لنین و همکاری کروپسکایا همسر لنین و افرادی چون سوردلف، مولوتوف، المینسکی، باتورین و ماکسیم گورکی اداره می‌شد. طرفداران پراودا که اغلب کارگران بودند، به «پراوداییست‌ها» معروف شدند.
[2] معادن طلای لنا Lena در کنار رود لنا در سیبری، متعلق به سرمایه‌داران انگلیسی و روس «شرکت سهامی استخراج طلای لنا» بود. کارگران که تاب تحمل زورگویی‌های بیش از حد صاحبان شرکت را نداشتند، در 4 آوریل 1912 دست به اعتصاب زدند. ژاندارم‌های تزار به روی بیش از سه هزار تن کارگر اعتصابی آتش گشودند و بیش از

سودجویی صاحبان انگلیسی و روسی شرکت دست به اعتصاب زده بودند،
توسط نیروهای تزار به گلوله بسته شدند و نتیجه‌ی آن 270 کشته و 250 تن
زخمی بود. کشتار بی‌رحمانه‌ی کارگران بار دیگر موجی عظیم از اعتصابات
کارگری را به دنبال داشت و رقم اعتصاب‌کنندگان در اول ماه می 1912 را
به چهارصد هزار نفر رساند[1]. این امر سبب شد که لنین محل اقامت خود را
از پاریس به لهستان تغییر دهد تا بهتر در جریان وقایع قرار گیرد. انتشار
روزنامه‌ی پراودا یک هفته بعد از این واقعه نیز به بلشویک‌ها امکان داد تا
ضمن افشاگری جنایات تزار، با انسجام بیشتری به مبارزه‌ی خود ادامه دهند.

موضع‌گیری مستقل بلشویک‌ها که سبب وحشت مخالفین شده بود، آنها را
به اقدامات حادی وادار کرد که از آن جمله می‌توان به تلاش تروتسکی برای
ائتلاف مخالفین و تشکیل جبهه‌ای در مقابل بلشویک‌ها، نام برد. تروتسکی
برای این منظور در ماه اوت 1912، دسته‌بندی «گروه ماه اوت» را عنوان
نمود که هدفش اتحاد همه‌ی گروه‌های ضدبلشویکی بر علیه لنین بود. در این
ائتلاف خصمانه گروه‌های اتزوویست و انحلال‌طلب نیز شرکت داشتند و از

---

500 نفر کشته و زخمی به جای گذاشتند. کشتار کارگران لنا یکی از خونین‌ترین وقایع
روسیه بعد از یکشنبه‌ی خونین 1905 بود که یک بار دیگر چهره‌ی جنایتکار تزار را
نشان داد.
[1] تاریخ حزب کمونیست اتحاد شوروی، (انتشارات حزب توده‌ی ایران)، همان، ص 190.

این زمان شدیدترین حملات کلامی بین لنین و تروتسکی تا آغاز جنگ جهانی اول رد و بدل شدند. لنین به عنوان رهبر و مدافع مواضع بلشویک‌ها و تروتسکی به عنوان مخالف بلشویکها و مدافع مواضع اپورتونیست‌ها به مبارزه‌ی علنی پرداختند[1].

در بحران این کشمکش‌ها و در اکتبر 1912 انتخابات مجلس دومای چهارم برگذار گردید. این بار بلشویک‌ها به عنوان یک حزب مستقل — همانطور که در پراگ تصمیم گرفته بودند — در انتخابات دوما شرکت کردند. با تمام فشار و اختناقی که از طرف پلیس بر کارگران وارد آمد، بلشویک‌ها توانستند از شش منطقه‌ی صنعتی مهم روسیه شش نماینده به دوما بفرستند.

---

[1] لازم به تذکر است «لئون داویدوویچ برنشتاین» (1940-1879) که بعدها به «لئون تروتسکی» شهرت یافت، از سال 1897 به سوسیال‌دموکرات‌ها پیوست و در سال‌های 1903-1901 از طرفداران دوآتشه‌ی لنین بود. از اواخر سال 1903 تا تابستان سال 1917 که تروتسکی به عضویت حزب بلشویک‌ها درآمد، در مواضع مختلف به صورت منشویک، اکونومیست، سانتریست و ... با نظرات لنین به خصوص در مورد حزب مخالفت می‌کرد و سرانجام با بلوک بندی انحلال‌طلبان به مبارزه‌ی جدی با لنین پرداخت. نظریه‌ی افراطی وی تحت عنوان «انقلاب همیشگی» یا «تداوم انقلاب» Permanent Revolution مورد انتقاد شدید لنین بود. تروتسکی بعد از انقلاب اکتبر روسیه تا سال 1927 که از حزب اخراج شد، مشاغل مهمی را عهدهدار بود. با روی کار آمدن استالین، تروتسکی به ترکیه تبعید و پس از مدتی به مکزیک رفت و در سال 1940 توسط مأمورین استالین به قتل رسید.

وکلای انتخابی عبارت بودند از بادایوف[1]، پترووسکی[2]، مورانوف[3]، ساموئیلوف[4]، شاگوف[5] و مالینوفسکی (که بعداً معلوم شد عامل پلیس است). در مقابل از منشویک‌ها هفت نفر برای دومای چهارم انتخاب شدند. در ابتدای کار و به منظور مبارزه با جناح راست در دوما که مرکب از اکتبریست‌ها، کادت‌ها و ناسیونالیست‌ها بود، بلشویک‌ها و منشویک‌ها فراکسیون مشترک سوسیال‌دموکرات‌ها را تشکیل دادند که باز هم به علت اختلاف نظرهای مبارزاتی و جهت‌گیری‌های انقلابی بلشویک‌ها، این فراکسیون در اکتبر 1912 از هم پاشید و بلشویک‌ها مستقلاً به دفاع از مواضع خود پرداختند. نمایندگان بلشویک‌ها تنها از طریق دوما مبارزه نمی‌کردند بلکه به مناطق صنعتی خود رفته و کارگران را برای مبارزه با رژیم استبدادی آماده می‌کردند.

بلشویک‌ها طی سالهای 1912 تا 1914 مستقلاً هم از داخل و هم از خارج به تحکیم مبانی خود و توسعه تشکیلات ادامه دادند. لنین در خارج از

---

[1] Aleksei Yegorovich Badayev
[2] Grigory Ivanovich Petrovsky
[3] Matvei Konstantinovich Muranov
[4] F. N. Samoilov
[5] Nicolay Romanovich Shagov

کشور، از طریق روزنامه‌ی پراودا و تماس با انقلابیون شدیدترین ضربه‌ها را به تزاریسم و مخالفان انقلاب وارد می‌کرد، نمایندگان بلشویک‌ها در دوما از طریق استیضاح دولت به شدت استبداد رژیم تزاریسم را مورد انتقاد قرار می‌دادند و بالاخره کارگران از طریق اعتصابات عمومی و تحت هدایت بلشویک‌ها، شدیدترین اعتراضات را بر علیه نظام حاکم سر می‌دادند. همه‌ی این عوامل باعث شد که بار دیگر تزاریسم در معرض خطر جدی قرار گیرد و مبارزات سیاسی مردم روسیه می‌رفت تا شکل و محتوای نوینی به خود گیرد و موجبات سقوط تزار را فراهم آورد. در این میان وقوع جنگ جهانی اول اتفاق غیرمنتظره‌ای بود که موقتاً تزاریسم را از چنین مهلکه‌ای نجات داد.

# 8. جنگ و انقلاب

جنگ جهانی اول ریشه‌هایی عمیق تر از آن دارد که بتوان حادثه‌ی قتل ولیعهد اتریش «فرانتس فردیناند[1]» در «سارایوو[2]» به دست یک صربستانی، حمله‌ی ناگهانی آلمان به بلژیک و یا حتی اولتیماتوم کشوری به کشور دیگر را علت برپایی جنگ دانست. سالها قبل از وقوع جنگ قدرت‌های سلطه‌طلب برای تقسیم مجدد جهان آماده می‌شدند. تضاد منافع بین کشورهای امپریالستی روسیه، آلمان، انگلستان و فرانسه زمینه را برای جنگ از پیش فراهم آورده بود. آلمان که با کشورهای اتریش و مجارستان متحد شده بود، نقشه سیادت جهانی را در سر می‌پروراند. انگلستان، فرانسه و روسیه از ترس اینکه مبادا نقشه‌ی آلمان عملی شود، تحت عنوان کشورهای «سه‌گانه‌ی آنتانت[3]» بر علیه آلمان با یکدیگر متحد شدند. در زمان شروع جنگ ایتالیا نیز به کشورهای آنتانت پیوست به این ترتیب دو قطب مشخص و متخاصم برای غارت دولت‌های کوچک به جان هم افتادند. آلمان در نظر داشت برخی

---

[1] Archduke Franz Ferdinand of Austria
[2] Sarajevo
[3] Triple Entente

از مستعمرات انگلستان و فرانسه را در شرق و سرزمین‌های اوکراین و لیتوانی را در روسیه و کشورهای لهستان و فنلاند را در اروپا اشغال نماید.

روسیه با کمک فرانسه و انگلیس خیال تصرف بغاز داردانل که دریای سیاه را به دریای مدیترانه وصل می‌کرد و همچنین اشغال قسمتی از خاک ترکیه، ایران و اتریش را در سر داشت.انگلستان نیز به فکر تحکیم موقعیت استعماری خود در شرق دور و خارج نمودن بازار فروش کالا از دست آلمان بود. فرانسه به فکر پس گرفتن آلزاس و لورن که منابع قابل‌توجهی زغال سنگ و آهن و در اختیار آلمان قرار داشت، بود. آمریکا و ژاپن نیز منتظر فرصت بودند تا از جنگ بهره‌برداری کنند. به این ترتیب حادثه‌ی قتل ولیعهد اتریش بدون نقشه‌ی قبلی نبود و فقط بهانه‌ای بود برای آغاز جنگ.

«جنگ جهانی اول که یکی از بزرگ‌ترین فاجعه‌های تاریخ به شمار می رود، جنگی بود برای تقسیم مجدد جهان و همه‌ی قدرت‌های امپریالیستی در گیر جنگ به یک اندازه مقصر بودند.[1]»

_______________________________

[1] اسمیرنوف، همان کتاب، ص 315.

جنگ جهانی اول در روز اول ماه اوت 1914 آغاز شد و به تدریج 28 کشور جهان با جمعیتی بیش از هزار و پانصد میلیون نفر در جنگ درگیر شدند و جمعاً نزدیک به 74 میلیون نفر نیرو برای این جنگ بسیج شدند. نتیجه جنگ 10 میلیون نفر کشته و 20 میلیون نفر زخمی در قاره‌ی اروپا بود و سهم روسیه از تلفات کشته و زخمی دستکم به 5 میلیون نفر بالغ گردید[1].

جنگ جهانی اول گرچه با مخالفت سرسخت بلشویک‌ها و لنین روبرو شد ولی در روند سرعت انقلاب روسیه بی‌تأثیر نبود. در مورد رابطه جنگ و انقلاب روسیه نظرات جالبی بیان شده است؛ از آن جمله «کسانی که هوادار این تئوری هستند که جنگ علت انقلاب است، می‌گویند که جنگ 1904- 1905 روسیه و ژاپن پدیدآورنده انقلاب اول روسیه بود، جنگ جهانی اول باعث خیزش انقلاب اکتبر بود، جنگ جهانی دوم علت بسیاری از انقلاب‌های

---

[1] ارقام فوق از کتاب تاریخ مختصر جهان، همان، جلد سوم، ص 645 و کتاب Adam B. Ulam, Expansion and coexistence: Soviet foreign policy 1917-1973, New York, Prager 1974, 2nd ed. P. 32 استخراج گردیده است و تا حدودی اغراق‌آمیز به نظر می‌رسد. یکی از بهترین منابع آماری موجود در این زمینه که تضادهای آمار و ارقام رسمی تلفات جنگ‌ها را روشن می‌سازد کتاب: B. Urlanis, Wars and population, Moscow, Progress Publishers, 1971, p240 است که کل تلفات خالص جنگ جهانی اول را به تفکیک کشورها حدود 8.5 میلیون نفر و زخمی‌های جنگ را که در زمان صلح درگذشتند، بالغ بر نهصد هزار نفر ذکر می‌نماید.

سوسیالیستی در اروپا، آسیا و امریکا و جنگ جهانی سوم نیز بقیه‌ی بشریت را از سلطه‌ی امپریالیسم رها خواهد کرد.[1]» هر چند که جنگ‌های مختلف به روند انقلاب روسیه کمک نمود ولی خسارات ناشی از جنگ را نیز که بر روسیه وارد شد و فواید بیشماری را که از جنگ نصیب کشورهای سرمایه‌داری شد نیز، نباید از نظر دور داشت. تصویری که لنین از جنگ جهانی اول در گزارش خود به کنگره‌ی دوم انترناسیونال کمونیستی ارائه داد، تا حدود زیادی این مطلب را روشن می‌کند. وی می‌نویسد:

«در نتیجه‌ی جنگ، ناگهان 1250 میلیون نفر به یوغ استعمار گرفتار آمدند ... برای پاسخ دادن به این پرسش که چه کشورهایی از جنگ بهره‌برداری کردند لازم به یادآوری است که جمعیت ایالات متحده‌ی آمریکا ــ تنها کشوری که از این جنگ به طور کامل سود برد، از بدهکاری درآمد و از همه‌ی کشورها بستانکار شد ــ از صد میلیون نفر بیشتر نیست؛ جمعیت ژاپن که با برکنار ماندن از برخوردهای اروپا و آمریکا و با تصرف قاره‌ی پهناور آسیا ثروت‌های بیکرانی به جیب زد، پنجاه میلیون نفر است؛ جمعیت بریتانیا که پس از دو کشور بالا بیشترین سودها را برد، نزدیک به پنجاه

---

[1] ایساک مینتس، همان، ص 22.

میلیون نفر است. اگر کشورهای بیطرف را با آن جمعیت بسیار ناچیزشان که پس از جنگ ثروتمند شدند به این ارقام بیافزاییم، عدد صحیحی نزدیک به دویست و پنجاه میلیون به دست می‌آید ... دویست و پنجاه میلیون نفر نیز در کشورهایی زندگی می‌کنند که مواضع پیشین خود را از دست نداده ولی از لحاظ اقتصادی و نظامی به آمریکا وابسته شده‌اند. این ارقام را اگر به 1250 میلیون نفر بقیه کشورهای جهان ـ که به یوغ استعمار درآمدند ـ اضافه کنیم، رقمی نزدیک به 1750 میلیون نفر به دست می‌آید که جمعیت سراسر جهان را تشکیل می‌دهد ...»[1]

به این ترتیب بی‌جهت نبود که کلیه‌ی احزاب بورژوازی در کشورهای مختلف از جنگ حمایت می‌کردند تا بتوانند ضمن سرکوبی جنبش‌های کارگری، منافع طبقاتی خود را نیز حفظ نمایند.دفاع از جنگ تا به آنجا رسید که اکثر احزاب سوسیال‌دموکرات شرکت‌کننده در انترناسیونال دوم جانب بورژوازی ملی را گرفتند و بدون توجه به منافع طبقه‌ی کارگر به نفع جنگ رای دادند و زمینه‌ی از هم پاشیدن انترناسیونال دوم را فراهم نمودند.

---

[1] ولادیمیر ایلیچ لنین، مجموعه سخنرانی‌ها در کنگره‌های انترناسیونال کمونیستی (کومینترن)، ترجمه‌ی محمد تقی فرامرزی، تهران نشر بین‌الملل، 1358، چاپ اول، ص40-41.

در روسیه زمینه‌های مناسب‌تری برای جنگ وجود داشت. اعتصابات و جنبش‌های کارگری با اینکه به شدت سرکوب می‌شدند‌ولی روی هم رفته موفقیت‌آمیز بودند. موقعیت داخلی تزار با شکست برنامه‌های اقتصادی کشور روز به روز ضعیف تر می‌شد. بلشویک‌ها با برنامه‌های منظم‌تر تحت هدایت لنین، رهبری جنبش‌های انقلابی را به عهده می‌گرفتند و در این میان بورژوازی روسیه امیدوار بود که با آغاز جنگ جهانی اول هم جنبش‌های انقلابی طبقه پرولتاریا را سرکوب نماید و‌هم امپراتوری تزار را نیز از ورطه‌ی سقوط نجات دهد.

تزار از یک طرف سعی نمود احساسات میهنی مردم روسیه را برای بسیج عمومی در جنگ جلب نماید و از طرف دیگر مجلس دوما را جهت تصویب بودجه‌ی جنگی آماده نماید تا هم از شر اعتصابات کارگری نجات یابد و هم ایده‌های توسعه‌طلبی خود را ارضا نماید تا به این وسیله بتواند پایه‌های لرزان امپراتوری خود را حفظ نماید.

در جلسه‌ی فوق‌العاده دومای چهارم وقتی اعتبارات مربوط به جنگ مطرح شد، تقریباً تمام نمایندگان احزاب مختلف به استثنای بلشویک‌ها و منشویک‌ها با تأسی به شعار بورژازی «دفاع از میهن» به اعتبارات جنگی

رای مثبت دادند. تنها نمایندگان سوسیال دموکرات‌ها (بلشویک‌ها و منشویک‌ها) بودند که به خاطر دفاع از منافع طبقه‌ی کارگر موقتاً متحد شدند و نه تنها از رای دادن به اعتبارات جنگی خودداری کردند بلکه جلسه‌ی دوما را نیز به عنوان اعتراض و مخالفت با جنگ ترک کردند.

منشویک‌ها پس از شروع جنگ موضع خود را تغییر دادند و به شعار «دفاع از میهن» پیوستند ولی بلشویک‌ها دست از موضع خود بر نداشتند تا اینکه سه ماه بعد از جنگ نمایندگان بلشویک‌ها در دوما علی‌رغم مصونیت سیاسی که داشتند دستگیر و به ناحیه‌ی توروخانسک[1] در سیبری تبعید شدند. بلشویک‌ها با بسیج دهقانان که از نیروهای قابل توجه انقلاب بودند، به سوی کشتارگاه‌های امپریالیستی مخالف بودند. حال آنکه تزار به کمک بورژوازی و تبلیغات گمراه‌کننده در روزهای اول جنگ موفق شد که چهار میلیون[2] سرباز را که اغلب آنها از دهقانان بودند به جبهه های جنگ گسیل نماید، به این امید که اگر پیروز شوند به ارتش خود ببالد و اگر کشته شوند از قدرت نیروهای مخالف کاسته شود.

---

[1] Turukhansk

[2] رقم فوق فوق از اسمیرنوف، همان کتاب، ص 319 نقل شده است.

در اروپا نیز حمایت از جنگ تا جایی رسید که علاوه بر احزاب بورژوازی که شدیداً از جنگ جانبداری می‌کردند، احزاب سوسیال‌دموکرات‌ها نیز به طرفداری از منافع حکومت‌های خود حامی جنگ بودند و مخالفت با جنگ به سادگی امکان‌پذیر نبود. لنین که دست از مخالفت خود با جنگ برنمی‌داشت، به وسیله‌ی عوامل حکومت در اتریش دستگیر و ناچار شد به سوئیس پناهنده شود و در برن[1] پس از ملحق شدن به زینوویف اعلام نمود که برن مرکز اقتدار بلشویک‌ها خواهد بود[2].

در سپتامبر 1914، لنین با توجه به وضعیت جنگ جهانی اول و سیاست تزار در جنگ، طی مقالاتی تحت عناوین «جنگ و سوسیال‌دموکرات‌های روسیه» و «غرور ملی روس‌های بزرگ» به دفاع از مواضع بلشویک‌ها پرداخت و ضمن پاسخ دادن به مخالفین خود، خط مبارزاتی بلشویک‌ها را روشن نمود و با شعار معروف خود تحت عنوان «تبدیل جنگ امپریالیستی به جنگ داخلی» توجه بلشویک‌ها را به مبارزه با امپریالیسم و ادامه جنگ تا سرنگونی رژیم تزار معطوف داشت. این تز جدید لنین که مورد تمسخر

---

[1] Berne

[2] Edward Hallett Carr, The Bolshovik Revolution: 1917-1923, England: Penguin Books, 1977, Vol. I, P. 77.

گروه‌های مخالف قرار گرفت، به فاصله‌ی نه چندان طولانی ـ نه تنها در مورد روسیه ثابت شد ـ بلکه در چند کشور اروپایی دیگر نیز جنگ امپریالیستی تبدیل به جنگ داخلی و موجب سرنگونی امپراتوری‌های قدرتمند گردید.

جنگ جهانی اول که از 1914 تا 1918 در دوره‌های مختلف به طول انجامید، خسارات فراوانی را برای روسیه به بار آورد که از نظر سیاسی، اقتصادی و روانی قابل بحث است.

از نظر سیاسی، بسیاری از سیاستمداران روسیه تزار را از جنگ با آلمان بر حذر می‌داشتند. حتی یکی از بلندپایه‌گان محافظه‌کار سیاسی به نام دورنوو[1] با انتشار تذکاریه‌ای خطرات جنگ با آلمان را گوشزد کرد. دورنوو در این اخطار به وابستگی و عقب‌ماندگی صنعتی روسیه و ضعف وسایل ارتباطی اشاره کرد و خاطر نشان ساخت که اگر روسیه در جنگ درگیر شود شکست وی قطعی است و پس از این شکست هرج و مرج نومید کننده‌ای خواهد بود و موج انقلاب عمومی همه جای روسیه را فراخواهد گرفت[2].

---

[1] Pyotr Nikolayevich Durnovo

[2] وان لیو، همان کتاب، ص 63.

حتی راسپوتین که از خادمین واقعی دربار بود و در خاندان سلطنتی نفوذ فراوان داشت، با اینکه خود در بیمارستان بود تلگرافی به تزار مخابره کرد و او را به شدت از جنگ برحذر داشت و پیشنهاد «صلح به هر قیمت» را توصیه کرد. راسپوتین فردای روز اعلام جنگ با زبانی ساده و در حد فهم و سواد خود به تزار می‌نویسد:

«دوست عزیز، من باز هم تکرار می‌کنم. طوفان وحشتناکی روسیه را تهدید می‌کند. این بدبختی بزرگی است که از اندازه بیرون است. همه چیز در اطراف ما تاریک است و کوچکترین شعاعی از پشت این تاریکی‌ها پدیدار نیست. اقیانوسی از اشک و چقدر خون، چه می‌توانم بگویم؟ من کلماتی برای ادای مطلبم نمی‌یابم، یک وحشت وصف‌نشدنی. من می‌دانم همه جنگ را می‌طلبند، حتی آنهایی که وفادارند. آنها متوجه نیستند که خود را درمیان مصیبتی می‌اندازند. مجازات پروردگار بی‌رحمانه خواهد بود. اگر خداوند عقل را از کسی زایل کند، این ابتدای پایان همه چیز است. تو تزار هستی. پدر ملتت هستی. نگذار که بیشعوران پیروز شوند، به سوی نیستی خودشان بروند و تمامی ملت را با خود به نیستی سوق دهند. ممکن است بر آلمان‌ها پیروز شویم. ولی روسیه چه خواهد شد؟ انسان وقتی تأمل می‌کند، می‌بیند که

هیچ شکنجه‌ای از این بزرگتر نیست. روسیه در خون خواهد غلطید. تیره روزی بزرگ است، غم و اندوه بی‌پایان است.[1]»

شاید اگر لنین و بلشویک‌ها با جنگ مخالف نبودند، تزار ممکن بود به موعظه‌های راسپوتین توجه نماید یا توصیه‌های پسر عمویش کایزر ویلهلم دوم را که امپراتور آلمان بود و سعی می‌کرد که تزار را از جنگ برحذر دارد، به کار گیرد. ولی بورژوازی روسیه که به وسیله امپریالیسم جهانی حمایت می‌شد، برای در هم کوبیدن اعتصابات کارگری و جلوگیری از خیزش امواج انقلاب، مهره‌هایی از قبیل سازانوف[2] وزیر امورخارجه، سوخوملینوف[3] یانوسکویچ[4] فرمانده ستاد ارتش روسیه را به جان تزار انداختند تا بالاخره موفق شدند وی را وادار به امضای فرمان بسیج عمومی نمایند. در حقیقت تزار که از خود اراده‌ای برای تصمیم‌گیری نداشت و منافع کشورش را تشخیص نمی‌داد، برای رهایی از دست بلشویک‌ها مغلوب عقیده‌ی گروهی شد که می‌خواستند از وارد شدن روسیه به جنگ جهانی بهره‌برداری کنند.

---

[1] میشل دو سن‌پیر، همان کتاب، جلد دوم، ص 147.
[2] Sergei Dmitrievich Sazonov
[3] Vladimir Aleksandrovich Sukhomlinov
[4] Nikolai Nikolaevich Yanushkevich

ولی با وارد شدن روسیه در جنگ، تزار نه تنها نتوانست هیچگونه اعتبار سیاسی به دست آورد بلکه بلشویک‌ها را که نتوانستند از طریق مجلس دوما تزار را از جنگ منصرف کنند، مجبور نمود تا در مقابل واقعیت جنگ موضع‌گیری نمایند. موضع‌گیری بلشویک‌ها دنباله‌روی شعار سیاسی لنین برای تبدیل جنگ خارجی به جنگ داخلی بود. لنین برای خنثی کردن شعار فریب‌دهنده‌ی «دفاع از میهن» که به وسیله عوامل تزار مطرح شده بود، نوشت:

«... طبقه‌ی پرولتاریای روسیه با احساس غرور ملی پر شده‌اند. ولی آنها نمی‌توانند از میهن خود دفاع کنند مگر اینکه با تمام وسایل انقلابی بر علیه بدترین دشمنان خود یعنی حکومت سلطنتی، زمین‌داران و سرمایه‌داران به مبارزه برخیزند ...[1]»

به این ترتیب بلشویک‌ها نیز بسیج شدند تا با انتقاد از سیاست خارجی تزار جنگ داخلی را تشدید نمایند و شکست‌های پیاپی که نصیب ارتش تزار می‌شد نیز به این امر کمک فراوان می‌کرد.

---

[1] اسمیرنوف، همان کتاب، جلد اول، ص 320.

از نظر اقتصادی نیز جنگ ضربه‌ی شدیدی به روسیه زد. علاوه بر بودجه بسیار سنگین جنگ، دولت مجبور بود به خانواده‌هایی که مردان آنها به جنگ رفته بودند، مقرری بپردازد. هزینه‌ی جنگ سال به سال افزایش می‌یافت و در فاصله‌ی بین 1914 تا 1917 یعنی سه سال دوره‌ی جنگ، روسیه مبلغی در حدود 5 میلیارد روبل برای اعتبارات جنگی تخصیص داد. علاوه بر اعتبار فوق، اعتبارات دیگری نیز به خاطر هزینه‌های سنگینی که بر وزارتخانه‌هایی چون حمل و نقل برای  تعمیر خسارت‌های وارده از جنگ بر راه‌آهن و راه‌های آبی تحمیل شد، تخصیص داده شود. چنانچه مخارج سوخت و غذا و وسایل تدارکاتی جنگ نیز محاسبه شود، در طول سه سال جنگ، روسیه جمعاً مبلغی بیش از 38 میلیارد روبل صرف جنگ جهانی اول نمود[1].

تنها تحمل هزینه‌ی سنگین جنگ که از نظر اقتصادی روسیه را بیش از پیش به کشورهای خارجی وابسته‌تر نمود، مطرح نبود بلکه همراه با این مخارج میلیون‌ها کارگر و دهقان زحمتکش که می‌توانستند در امر تولید مؤثر باشند، جان خود را از دست دادند. آنچه که تولید می‌شد به خصوص مواد

---

[1] فلورینسکی، همان کتاب، ص 46.

سوختنی و غذایی هم به جبهه‌ها تعلق داشت. تهیه تدارکات و لوازم برای نزدیک به شانزده میلیون سربازی که برای جنگ به خدمت خوانده شده بودند، کار آسانی نبود. دولت با تشکیل کمیته‌های مختلف از قبیل کمیته‌های دفاع، سوخت، غذا، حمل و نقل و غیره سعی می‌کرد احتیاجات ضروری مردم را برطرف کند ولی هیچ چیز به اندازه کافی نبود. حتی در ارتش علاوه بر کمبود آذوقه، کمبود گلوله، تفنگ، یونیفورم و چکمه نیز وجود داشت تا آنجا که راهزنی‌هایی در امر خواروبار ارتش صورت می‌گرفت[1].

در کمیته‌ها هرج و مرج و ارتشا حکمفرما بود و با قدرت فراوانی که داشتند روز به روز به ثروتمندتر شدن احتکارچی‌ها و بورژوازی کمک می‌کردند و به فقر مردم می‌افزودند.  بحران سوخت روی وسایل حمل و نقل اثر گذاشت و حتی رساندن آذوقه به جبهه را با مشکلات زیادی روبرو کرد. به دنبال بحران سوخت و  هرج‌ومرج در حمل‌ونقل ، تولید فلزات و فرآورده‌های کارخانجات نیز کاهش یافت، کوره‌ها یکی پس از دیگری رو به خاموشی می‌رفت و نتیجه کار جز کاهش تولید، بیکار شدن کارگران و افزایش قیمت‌ها چیز دیگری نبود.

---

[1] اسمیرنوف، همان کتاب، ص 321.

در بخش کشاورزی نیز به علت کمبود کارگر و وسایل تولید به تدریج از میزان زمین‌های زیرکشت کاسته می‌شد و تولید غلات کاهش می‌یافت و نتیجه آنکه اگر در بازار آذوقه‌ای به دست می‌آمد، آنقدر گران بود که مردم عادی قدرت خرید آن را نداشتند.

«اولین جنگ امپریالیستی باعث تشدید تضادهای موجود در روسیه گشت و تأثیرات شگرفی بر روی وضعیت کارگران و دهقانان گذاشت. در مراکز صنعتی صف‌های طویلی در جلوی مغازه‌های خواروبارفروشی و خبازی‌ها ایجاد شد ... جنگ ویرانی اقتصادی به بار آورد. ویرانی که صنایع، حمل‌ونقل و کشاورزی را تقریباً به حال تعطیل درآورد. در دوران جنگ از 9750 کارخانه‌ی بزرگ، 3884 کارخانه یا تقریبا" ۴۰ درصد از آنها از کار افتاده بودند ... تا اواسط سال 1917 در حدود 16 میلیون نفر به خدمت نظام احضار شده بودند به طوری که در روستاها کمبود کارگر ایجاد شده بود و تقریباً یک سوم از خانواده‌های دهقانان فاقد کارگر بودند. تولید غله در مقایسه با سال 1916 بیش از 25 میلیون تن کاهش داشت و سطح اراضی زیرکشت نیز کاهش یافته بود. به بدهی‌های خارجی روسیه که در سال 1913 بین 5400

تا 5600 میلیون روبل بود 5200 میلیون روبل دیگر نیز اضافه شده بود

...»[1]


صاحبان صنایع و بازرگانان از موقعیت جنگ منافع سرشاری بردند. به علت تورم فزاینده کالاهای مورد نیاز مردم با بالاترین قیمت عرضه می‌شد و منافع سرشار آن به جیب سرمایه‌داران میرفت. همچنین به علت وقوع جنگ و در نتیجه‌ی افزایش تولید وسایل نظامی، تمرکز کارگران در مراکز صنعتی قدیمی نیز رشد روزافزونی کرد[2] و این تحول یعنی افزایش و تمرکز کارگران صنعتی (پرولتاریا) به منظور بر پا نمودن انقلاب سوسیالیستی، یکی از خواسته‌های اساسی لنین بود. اهمیت موضوع از آن جهت بود که اگر کارگران صنایع نظامی آگاهی طبقاتی می‌یافتند، قادر بودند در زمان مناسب نه تنها خود پیشرو انقلاب باشند بلکه سلاح لازم برای مبارزه‌ی مسلحانه‌ی توده‌ها را نیز فراهم نمایند و این امر شاید یکی از مهمترین فواید جنگ بود.

---

[1] د. ا. بایوفسکی، ج. ن. گولیکوف، ی.ف. پتروف، پ. ن. سوبولف و ... ویراستاران: پ. ن. سوبولف، ی. ج. گیسیلسون، ج. ا. تروکان، تاریخ انقلاب اکتبر، ترجمه سعید روحانی، تهران، انتشارات شباهنگ، 1360، چاپ اول، ص 12-13.
[2] همان، ص 14.

از نظر روانی نیز جنگ اثرات نامطلوبی داشت. ارتش تزاری توانایی مقابله با رقبای قدرتمندی چون آلمان و متحدینش را نداشت. از این رو آلمان در اوت 1915 شکست سیاسی و نظامی سنگینی بر روسیه وارد آورد و لهستان و قسمت‌های ساحلی دریای بالتیک را که از نظر اقتصادی و استراتژیکی برای روسیه حیاتی بود، اشغال کردو روسیه در این جنگ بیش از سه میلیون نفر کشته، زخمی و اسیر داد. چنین شکست ننگ آوری برای مردم روسیه قابل تحمل نبود. مضافاً اینکه بر اثر مشکلات و نابسامانی‌های سیاسی و اقتصادی مردم قادر به انجام عملی نبودند. فقر و گرسنگی توده‌ها، بحران و قحطی و بدتر از همه فساد سیستم سیاسی تزار مردم را از نظر روحی در وضعیتی قرار داده بود که همگی از جنگ خسته و خواهان متارکه‌ی جنگ «به هر قیمتی» بودند. ولی تزار به سادگی تسلیم خواست مردم نمی‌شد و می‌دانست که با پایان جنگ حس نفرت و انتقام‌جویی توده‌ی مردم نسبت به وی دیگر قابل کنترل نیست؛ به خصوص اینکه از هدف بلشویک‌ها نیز که می‌خواستند جنگ امپریالیستی را تبدیل به جنگ داخلی کنند، به خوبی آگاه بود. از این رو حاضر به خاتمه‌ی جنگ نبود و قطعاً تصور می‌کرداز طریق ادامه‌ی جنگ می‌تواند خود و شاید روسیه را حفظ کند. غافل از این که یکی از علل مهم سقوط تزار را می‌توان در آثار ناشی

از جنگ جهانی اول جستجو کرد. تا جایی که برخی از مورخین با صراحت علت‌العلل حقیقی و مقد‌مه‌ی انقلاب روسیه را تنها بروز جنگ می‌دانند و آن را چنین توجیه می‌کنند که «جنگ در مدت یک سال اساس تمام دستگاه دولتی را در هم فروریخت و کشور را در تمام جهات حیاتی آن در بی‌نظمی، اغتشاش و از هم گسیختگی فروبرد و از اعماق روح سرکش مردم روسیه خصلت ذاتی هرج‌ومرج‌طلبی و منفی‌بافی و بی‌رحمی را بیرون آورد[1]» تا آنجا که آنها را به صحنه‌ی نبرد برای انقلاب کشاند.

---

[1] بریان شانینوف، همان، ص 261.

## 9ـ سقوط تزاریسم

در اثر جنگ جهانی اول وشکستی که برای روسیه در پی داشت، تزار در موقعیت بسیار خطرناکی قرارگرفت زیرا از نظر داخلی با ورشکستگی اقتصادی و هرج‌ومرج و از نظر خارجی از متحدین غربی به کلی مأیوس شد. همانطور که دورنوف پیش‌بینی کرده بود، موج نارضایی مخالفین روز به روز شدیدتر و فعالیت پراکنده انقلابیون لحظه به لحظه متشکل‌تر می شد. جنگ حتی در بین مقامات حکومت نیز ایجاد اختلاف کرده بود و این به موقعیت تزار لطمه شدیدی زد. به خصوص بعد از شکست سنگین قوای روسیه از آلمان در ژوئیه 1915 سران حکومت چه در قسمت نظامی و چه در مجلس دوما به جان هم افتادند تا تزار را مقصر قلمداد کنند. تزار به کمک تنها پشتیبان خود یعنی بوژوازی، وزیر داخله ماکلاکوف[1] و وزیر جنگ سوخومولینوف را که گفته می‌شد جاسوس آلمان است از کار برکنار نمود و خود ـ که از یک طرف قدرت و جانش را در خطر می‌دید و از طرف دیگر به منظور روحیه دادن به سران ارتش — مجبور شد همسرش را در پتروگراد باقی گذارد و به مرکز ستاد فرماندهی ارتش پناهنده شود. در مورد اختلافات بین نمایندگان دومای چهارم، بالاخره بعد از اینکه نمایندگان بورژوازی با

---

[1] Nikolai Alekseevich Maklakov

تشکیل «بلوک پیشرو»[1] به این نتیجه رسیدند که باید تزار اجازه دهد که یک «کابینه‌ی اعتماد» زمام امور را در دست گیرد. تزار و ملکه به شدت از این پیشنهاد عصبانی شدند به طوری که ملکه در نامه‌ای به همسرش در این زمینه نوشت: «هیچ کس احتیاج به اظهار نظر آنان (نمایندگان مجلس) ندارد. آنها بهتر است به دنبال مشکلات فاضلاب باشند!»[2] و به این ترتیب نه تنها تزار به پیشنهاد نمایندگان دوما وقعی نگذارد بلکه پسرعموی خود را نیز که با مجلس دوما در رابطه بود از فرماندهی کل قوا عزل کرد. نظریه ژنرال‌های ارتش نیز روشن بود. آنها به این نتیجه رسیده بودند که اگر قرار باشد بین روسیه و تزار انتخابی صورت گیرد، آنها روسیه را ترجیح خواهند داد.

در سال 1916 قحطی در شهرهای روسیه آغاز شد و هرج‌ومرج روز افزون امنیت داخلی را به خطر انداخت. زنان گرسنه که شوهران خود را در جنگ از دست داده بودند، به مغازه‌های نانوایی حمله کردند و با شعار «نابود باد جنگ» بر علیه تزار به تظاهرات پرداختند. جنبش کارگری به شدت اوج گرفت و هم زمان با آن دهقانان نیز انبارهای غله و ماشین‌آلات کشاورزی مالکان را تصرف می‌کردند و املاک آنها را به آتش می‌کشیدند. در همین سال بیش از 1500 اعتصاب کارگری روی داد که بیش از یک میلیون نفر در آنها شرکت داشتند[3]. باقیمانده‌ی ارتش تحلیل‌رفته روسیه نیز از یک سو

---

[1] Progressive bloc

[2] اسمیرونف، همان، ص 325.
[3] تاریخ حزب کمونیست اتحاد شوروی، همان، ص 237.

مورد تهدید قوای خارجی که مناطقی از روسیه را اشغال کرده بودند، قرار داشت و از سوی دیگر ناچار بود با تظاهرات و جنگ‌های خیابانی مقابله کند و کاری از پیش نمی‌برد.

در اواخر ماه‌های 1916 به تدریج در ارتش روسیه شکاف افتاد و سربازان از اجرای دستور فرماندهان خودداری کردند و برخی از آنان فرار از سربازخانه‌ها را بر قرار ترجیح دادند. میزان غذا و سوخت به شدت کاهش یافت و پول ارزش خود را از دست داد. گرانی بیداد می‌کرد و حقوق‌ها کفاف هزینه‌های سرسام‌آور زندگی را نمی‌داد. تجارت داخلی فلج شده بود و قانون اعتبار خود را از دست داده بود. عبورومرور مختل شده بود و دولت قادر به کنترل شهرها نبود. «ضعف دولت تزاری از عوض شدن پیاپی وزراش معلوم بود. در دو سال نخست جنگ چهار نفر در روسیه به مقام نخست‌وزیری و شش نفر به مقام وزارت کشور رسیدند.[1]»

در چنین شرایطی بلشویک‌ها با استفاده از موقعیت خود در میان قشرها مختلف جامعه نفوذ کرده و آنها را برای انقلاب مهیا می‌نمودند. در بخش صنایع ؛ کارگران به رهبری بلشویک‌ها دست به تشکیل «کمیته‌های کارگری» زدند و ابتکار عمل را در حوادث گوناگون به دست گرفتند. در صفوف نظامیان نیز بلشویک‌ها به فعالیت گسترده‌ای دست زدند. هزاران سرباز که قبلاً کارگر بودند و ناچاراً در ارتش خدمت می‌کردند، همکاری

---

[1] تاریخ مختصر جهان، همان، جلد سوم، ص 652-653.

خود را با بلشویک‌ها گسترش دادند و با تشویق سربازان برای مبارزه علیه تزاریسم، فعالیت می‌نمودند. «در نیروی دریایی که افراد آن به طور کلی از میان کارگران ماهر انتخاب می‌شد، فعالیت‌های گسترده‌ی سیاسی و حزبی صورت می‌گرفت. در ناوگان دریای بالتیک در هر ناو بزرگ یک گروه حزبی تشکیل شده بود. این گروه‌های حزبی در داخل سازمانی به نام ’هیأت کل نظامی کرونشتات‘ متمرکز گردیده بودند. هیأت کرونشتات با سازمان نظامی کمیته‌ی سن پترزبورگ بلشویک‌ها ارتباط داشت.[1]» در اکتبر 1915 ناوبانان ناو «گانگوت[2]» سر به شورش برداشتند که موفق نشدند.

در سپتامر سال 1915 به ابتکار بلشویک‌ها «کنفرانس بین‌المللی زنان سوسیالیست» در برن واقع در سوئیس و کنفرانس بین‌المللی سوسیالیست‌ها» در دهکده‌ای به نام زیمروالد[3] در نزدیکی برن تشکیل شدند و در هر دو کنفرانس تاکتیک بلشویک‌ها در مورد تبدیل جنگ خارجی به جنگ داخلی برای سرنگونی رژیم مورد بررسی و تاکید قرار گرفت. ولی از آنجا که نمایندگان منشویک‌ها، سانتریست‌ها و همچنین طرفداران پلخانوف و

---

[1] تاریخ حزب کمونیست اتحاد شوروی، همان، ص 224.

[2] Gangut

[3] Zimmerwald

کائوتسکی که همگی موضع اپورتونیستی داشتند، در کنفرانس مزبور اکثریت داشتند و نه تنها با تاکتیک بلشویک‌ها موافق نبودند بلکه فقط شعار «تلاش برای صلح» را توصیه می‌کردند. لذا لنین به اتفاق بوخارین[1]، کریلنکو[2] پیاتاکوف[3] زینوویوف که به نمایندگی از بلشویک‌ها در کنفرانس حضور داشتند و چند نفر دیگر، گروه هشت نفری «زیمروالد چپ[4]» را در مقابل «زیمروالد اکثریت[5]» به وجود آوردند. گروه چپ که در دومین کنفرانس زیمروالد در آوریل 1916 در دهکده «کیه‌نتال[6]» واقع در برن تشکیل شد، موفقیت‌های قابل توجهی به دست آورد و توانست تقریباً نظر اکثریت اعضای شرکت‌کننده را در مورد تبدیل جنگ امپریالیستی به جنگ داخلی برای سرنگونی تزاریسم جلب نماید.

لنین که خود در سوئیس مشغول نوشتن تازه‌ترین نظریات خود بود، در اوایل سال 1916 از برن به زوریخ رفت تا در آنجا بتواند به منابع و مئاخذ مورد احتیاج برای نگارش کتاب معروف خود به نام «امپریالیسم به مثابه

---

[1] Nikolai Ivanovich Bukharin
[2] Nikolai Vasilyevich Krylenko
[3] Georgy (Yury) Leonidovich Pyatakov
[4] Zimmerwald Left
[5] Zimmerwald Majority
[6] Kienthal

بالاترین مرحله‌ی سرمایه‌داری[1]» دسترسی پیدا کند. هم چنین به علت ضعف حکومت مرکزی روسیه و تبلیغات خارجی تلاش شده بود بین ملیت‌های مختلف روسیه تفرقه ایجاد شود و بر این اساس اوکراینی‌ها، گرجی‌ها، مسلمان‌ها و یهودی‌ها خواستار امتیازات بیشتر شدند. به این لحاظ لنین مقاله‌ی «مسئله‌ی خودمختاری ملیت‌ها[2]» را نگاشت که در آن به کلیه‌ی مسائل مطروحه در این زمینه پاسخ گفت و به ضرورت حفظ وحدت ملیت‌های مختلف روسیه برای مبارزه نهایی با تزاریسم تاکید نمود.

تلاش بلشویک‌ها برای انقلاب اگرچه در خارج از کشور به وسیله‌ی لنین هدایت می‌شد ولی در داخل کشور با فقدان رهبری روبرو بود. نمایندگان بلشویک‌ها در دوما به سیبری تبعید شده بودند. سران بلشویک‌ها مانند سوردولوف، استالین اورجونیکیدزه و سایرین نیز قبلاً به سیبری تبعید شده بودند. بنابراین در طول جنگ، بلشویک‌ها به طور خودجوش از طریق مقالات لنین رهبری می‌شدند.

---

[1] Imperialism as the highest stage of capitalism
[2] The question of national self-determination

در تابستان 1916 لنین فرد مورد اعتمادی به نام شلیاپینکوف[1]را به اسکاندیناوی فرستاد تا اطلاعات حزب بلشویک را به روسیه برساند. شخص مزبور بعداً به پتروگراد اعزام شد و با کمک زالوتسکی[2] و جوان روشنفکری از قازان به نام مولوتوف که هر دو عضو حزب بودند، اقدام به تأسیس «دفتر روس‌ها[3]» نمودند که وسیله‌ی ارتباط بین سوئیس و روسیه بودند و با کمک کمیته‌های محلی هدایت مبارزات انقلابی را به عهده گرفتند[4]. به این ترتیب کلیه‌ی عوامل برای انقلاب آماده می‌شد. شکست‌های پیاپی ارتش روسیه در جبهه‌ها، فعالیت‌های لنین و طرفدارانش در خارج از کشور، اعتصابات روزافزون کارگری در داخل کشور، قحطی و نابسامانی‌های اقتصادی، تضادهای روزافزون اجتماعی، استبداد غیرقابل تحمل تزار، چپاولگری بورژوازی و بالاخره ضعف بیش از حد حکومت مرکزی وضعیت را چنان نمود که راهی جز انقلاب برای مردم روسیه باقی نماند.

در چنین شرایطی خشم و نفرت مردم روز به روز نسبت به رژیم افزایش می‌یافت و پشتوانه‌ی محکمی برای شدت عمل انقلابیون به شمار می‌آمد.

---

[1] Alexander Gavrilovich Shliapnikov
[2] Pyotr Zalutsky
[3] Russian bureau
[4] E. H. Carr. Ibid. p.79

اعتصابات و خشونت‌های کارگری در سراسر کشور به خصوص در شهرهای مسکو و پتروگراد به نقطه‌ی اوج خود رسیده بود؛ تا جایی که پلیس پتروگراد گزارش داد در ماه‌های آخر 1916 کنترل شهر از دست آنها خارج و به دست انقلابیون افتاده است. راسپوتین که جان تزار را در خطر می‌دید، تنها راه‌حل را در یک کودتای درباری می‌دید ولی قبل از این که بتواند جان تزار را نجات بدهد، جان خود را در توطئه‌ی قتلی که به وسیله‌ی بورژوازی روسیه ترتیب داده شده بود، از دست داد.

بورژوازی روسیه تصور می‌کرد با از بین بردن راسپوتین که عامل فساد در دربار بود، بتواند سلطنت را نجات دهد اما قتل راسپوتین گرچه باعث شادی زائدالوصف مردم شد، به هیچ وجه خشم و نفرت عمیق مردم را نسبت به تزار کاهش نداد. تزار که از کمک نیروهای داخلی مأیوس شده بود و از متحدین غربی خود نیز قطع امید کرده بود، چاره‌ای جز این ندید که مخفیانه با آلمان‌ها وارد مذاکره شود تا شاید بتواند به جنگ خاتمه داده و از نیروهای نظامی موجود در جبهه‌ها برای مبارزه با انقلابیون داخلی استفاده کند. در این میان کشورهای آنتانت و بورژوازی روسیه که منافع خود را در صلح روسیه با آلمان در خطر می‌دید و ضمناً ادامه سلطنت تزار و گسترش انقلاب در روسیه نیز با منافع آنها سازگار نبود، به دنبال فکر قربانی خود –

راسپوتین – طرح یک کودتای درباری را ریختند. بدین ترتیب که ابتدا تزار نیکلای دوم را بازداشت و وادار به استعفا نمایند و پس از او پسر خردسالش را جانشین وی نموده و میخاییل رومانوف را نایب‌السلطنه اعلام نمایند. با اجرای چنین طرحی بورژوازی روسیه تصور می‌کرد که هم می‌تواند قدرت را به نفع ادامه‌ی جنگ امپریالیستی قبضه کند و هم از شدت موج انقلاب بکاهد. ولی این نقشه عملی نشد. رومانوف وخامت اوضاع را درک کرده بود و زیر بار نمی‌رفت و توده‌ی خشمگین و ناراضی مردم نیز فریب چنین تغییراتی را نمی‌خورد.

انگلستان و فرانسه که از نقشه‌های بورژوازی روسیه مأیوس شده بودند، نسبت به اوضاع و احوال روسیه و خطراتی که تزار – و در واقع منافع آنها – را تهدید می کرد، به شدت نگران شدند. در اوایل ژانویه 1917 سفیر انگلستان در روسیه «سر جرج بوچانان[1]» در ملاقاتی که با تزار داشت، به عنوان راه حل به وی گفت: «تزار فقط یک راه نجات دارند و آن این که موانع جدایی بین خود و ملت را شکسته و مستقیماً حمایت و اعتماد مردم را به دست آورند.[2]» تزار در پاسخ به این پیشنهاد به شدت خشمگین شد و گفت:

---

[1] Sir George William Buchanan

[2] وان‌لیو، همان، ص 68.

«آقای سفیر شما می‌گویید که من باید شایستگی این را داشته باشم که ملتم به من اعتماد کند. آیا بهتر نیست بگویید که ملت من باید شایستگی این را داشته باشد که من به او اعتماد کنم؟[1]»

عجیب است که تزار با تمام وقایعی که خود شاهد آن بود، هنوز واقعیت را درک نمی‌کرد و تا آخرین لحظه دست از حماقت و خودخواهی برنداشت. او زمانی از چنین طرز تفکری پیروی می‌کرد که خود در نهایت ضعف و مردم در اوج خشم و هوشیاری بودند و می‌رفتند تا ریشه‌های ظلم را برکنند.

در ماه ژانویه 1917 اعتصابات کارگری نقطه‌ی آغاز خوبی پیدا کرد. بیش از 150 هزار نفر از کارگران پتروگراد در روز نهم ژانویه به مناسبت دوازدهمین سالگرد «یکشنبه‌ی خونین» دست به اعتصاب زدند. در 18 فوریه اعتصاب کارگران کارخانه‌ی پوتیلوف[2] در پتروگراد سبب اخراج دسته‌جمعی کارگران و تعطیل کارخانه شد. کارگران کارخانه‌های دیگر نیز به عنوان همدردی به خیابان‌ها آمدند. در 23 فوریه 90 هزار کارگر اعتصاب کردند و فردای آن روز بیش از 250 هزار کارگر در اعتصابات پتروگراد شرکت

---

[1] میشل دوسن‌پیر، همان، جلد دوم، ص 192.
[2] Putilov

کردند. در 25 فوریه زنان کارگر و سایر طبقات به اعتصاب‌کنندگان پیوستند و به سرعت اعتصاب کارگری به یک اعتصاب عمومی بدل شد که سراسر شهر را فراگرفت. کمیته‌ی پتروگراد حزب بلشویک با شعارهایی از قبیل «نان»، «نابود باد تزار»، «مرگ بر حکومت سلطنتی»، «نابود باد جنگ» و «همه در خیابان‌ها به مبارزه برخیزید» مردم را هدایت می‌کرد و ابتکار عمل انقلاب را به دست گرفت. سربازان نیز از اجرای دستور سرپیچی کردند و بسیاری از آنان به اعتصاب‌کنندگان پیوستند[1].

در روز 26 فوریه 1917 رودزیانکو[2] با تلگرام‌های پیاپی برای تزار وخامت اوضاع را تشریح کرد. وی در یکی از این تلگرام‌ها نوشت:

«اوضاع خراب. آنارشی در پایتخت. حکومت فلج شده. آذوقه و خوراکی و مواد سوختی کاملاً نامنظم. نارضایتی مردم روزافزون. تیراندازی نامنظم در کوچه‌ها. واحدهای نظامی روی یکدیگر تیراندازی می‌کنند. مهم این است که کسی را مأموریت دهند که حائز اعتماد ملت باشد و یک دولت جدید تشکیل

---

[1] تاریخ مختصر جهان، همان، جلد سوم، ص 653-654.
[2] Mikhail Vladimirovich Rodzianko

دهد. تاخیر جایز نیست. کوچکترین تأخیر برابر با مرگ است. خدا کند که در چنین ساعاتی مسئولیت روی شانه‌ی پادشاه نیفتد.[1]»

تزار حتی زحمت جواب دادن را به خود نداد و تنها در این باره که «نمی‌خواست کوچکترین امتیازی به مردم بدهد، به همسرش نوشت: این رودزیانکوی گوشتالود دوباره یک مشت مزخرفات برایم نوشته است[2].»

«صبح روز 27 فوریه 1917 افسران نظامی هنگ وولینسکی[3] شورش کردند و فرمانده‌هایشان را کشتند و در خیابان‌ها به کارگران اعتصابی پیوستند. پس از آن دیگر هنگ‌های پادگان شهر دسته‌جمعی شورش کردند و به انقلاب پیوستند. اسلحه‌سازی تسخیر شد و چهل هزار قبضه تفنگ به دست کارگران افتاد. ژاندارم‌ها را در خیابان‌ها خلع‌سلاح می‌کردند و وزیران و ژنرال‌های تزاری دستگیر می‌شدند[4].

---

[1] میشل دوسن‌پیر، همان جلد سوم ص 6.
[2] تاریخ مختصر جهان، همان، جلد سوم، ص 654.
[3] Volynsky Regiment
[4] تاریخ مختصر جهان، همان، جلد سوم، ص 654.

گرچه تا آخرین لحظه به ارتش دستور داده شد جلوی آشوب را بگیرند ولی سربازان به سادگی از پادگان‌ها خارج شده و سلاح‌های خود را نه به سوی مردم بلکه به سوی حکومت خودکامه نشانه گرفتند.

در غروب 27 فوریه 1917 شهر پتروگراد به تصرف کامل انقلابیون درآمد. روزهای 25 تا 27 فوریه 1917 را در تاریخ روسیه باید روزهای اعتصاب سیاسی، قیام مسلحانه و سقوط تزاریسم نامید. تزار نیکلای دوم مجبور به استعفا شد و تا آخرین لحظه تصور می‌کرد که شاید پسرش بتواند جانشین وی شود. وقتی امید او در این زمینه بدل به یأس شد، برادرش را برای جانشینی خود معرفی کرد که او هم زیر بار نرفت و به این ترتیب تزاریسم یا سلسله‌ی رومانوف‌هاکه یکی از بزرگترین امپراتوری‌های جهان بود، محکوم به سقوط شد. انقلاب 27 فوریه 1917 (12 مارس 1917 بر اساس تقویم جدید روس) به انقلاب فوریه یا انقلاب دوم – بعد از انقلاب 1905 – معروف است. این انقلاب اگرچه یکی از بزرگترین هدف‌های بلشویک‌ها را که سقوط تزاریسم بود برآورد ولی برای آنها پیروزی نهایی به حساب نیامد زیرا قدرت به جای انتقال به پرولتاریا، به حکومت موقت یا بورژوازی لیبرال منتقل شد.

# 10-حکومت موقت

در زمانی که انقلاب فوریه روی داد، رهبران بلشویک‌ها پراکنده بودند. لنین خود در سوئیس بود، استالین در سیبری و تروتسکی که با پیروزی انقلاب به بلشویک‌ها پیوسته بود در نیویورک به سر می‌برد. مولوتوف جوان نیز به تنهایی نمی‌توانست کار زیادی انجام دهد.تنها امید بلشویک‌ها به کمیته‌ی پتروگراد بود که در سرنگونی تزاریسم نقش فعالی داشت. لنین در تدارک ورود به کشور برای پیوستن به بلشویک‌ها بود اما تا رسیدن او کشور نمی‌توانست بدون سرپرست باشد و می‌بایست خلأیی که در اثر سقوط رژیم در ارکان حکومت پیش آمده بود پر شود.

شب آن روزی که تزاریسم سقوط کرد — یعنی در 27 فوریه 1917 — مجلس دومای چهارم برای اداره‌ی امور کشور به ریاست ژنرال رودزیانکو که رئیس مجلس و یکی از ملاکان سلطنت‌طلب بود، تشکیل جلسه داد. در این جلسه یک کمیته اجرایی مرکب از کرنسکی[1] از حزب اس‌آر[2]ها

---

[1] Alexander Fyodorovich Kerensky
[2] Socialist-Revolutionary Party

میلی‌یوکوف[1] رئیس حزب کادت‌ها، گوچکوف[2] رئیس حزب اکتبریست‌ها، چخیدزه[3] به نمایندگی از طرف شوراها و شاهزاده لهووف[4] نماینده‌ی قشر بورژوازی تشکیل گردید. دو روز بعد کمیته‌ی اجرایی اقدام به تشکیل «دولت موقت» برای اداره امور کشور کرد که در آن میلی‌یوکوف به عنوان وزیر خارجه، گوچکوف به عنوان وزیر جنگ و شاهزاده لهووف به عنوان رئیس حکومت[5] معرفی شدند. «برای اینکه دولت رنگ انقلابی به خود بگیرد، اعضای دوما اصرار می‌ورزیدند که چخیدزه و کرنسکی نیز به هیئت دولت وارد شوند. چخیدزه صریحاً این پیشنهاد را رد نمود ولی کرنسکی با سرپیچی از تصمیم کمیته‌ی سوویت‌ها (شوراها) آن را پذیرفت.[6]» و پست وزارت دادگستری را قبول کرد.

---

[1] Pavel Nikolayevich Milyukov
[2] Alexander Ivanovich Guchkov
[3] Nikolay Semyonovich Chkheidze
[4] Prince Georgy Yevgenyevich Lvov

[5] لازم به تذکر است در علم سیاست حکومت Government تابع دولت State و به منزله‌ی دستگاه اجرایی دولت محسوب می‌شود. معلوم نیست به چه علت در ایران از کلمه‌ی دولت به جای حکومت و حکومت به جای دولت استفاده می‌شود. این اشتباه رایج متأسفانه حتی در کتاب‌های علمی و فرهنگ لغات نیز وارد شده است.

[6] مارک فرو، انقلاب روسیه، ترجمه‌ی جمشید نبوی، تهران، دانشگاه تهران، 1357، چاپ سوم ص 21.

به این صورت از ترکیب حکومت موقت روشن می‌شود که بعد از سقوط تزار زمام امور به دست لیبرال‌های بورژوازی افتاد که اگرچه با مخالفت بلشویک‌ها روبرو شد، این مخالفت به جایی نرسید و در حقیقت آنها که انقلاب کرده بودند یعنی کارگران و سربازان و دهقانان، در واقع هیچ نماینده‌ای در حکومت موقت نداشتند. تنها کرنسکی که تغییر موضع داده بود، از سوسیال دموکراتها بود و چخیدزه هم که از طرف شوراها نمایندگی داشت، خود یک منشویک بود.

لیکن در کنار حکومت بورژوازی موقت و به ابتکار بلشویک‌ها حاکمیت دیگری یعنی «شوراها» مرکب از نمایندگان کارگران و سربازان و دهقانان به سرعت شکل گرفتند. «در اولین جلسه‌ی شورای پتروگراد که در شب 28 فوریه 1917 تشکیل شد، تصمیم گرفته شد که یک میلیشیای کارگری برای اعمال نظم انقلابی در شهر تشکیل شود.[1]» به دنبال این اقدام کمیته‌های دادگاه‌های خلق، کمیته‌های تدارکات، کمیته‌های نظامی و غیره از سوی شوراها برای اداره امور شهر بر پا شد که با مخالفت شدید حکومت موقت روبرو گردید.

---

[1] بایفسکی و دیگران، تاریخ انقلاب اکتبر، همان، ص 21.

«بدین طریق یک نوع ,حاکمیت دوگانه ی در هم پیچیده از دو دیکتاتوری: یعنی دیکتاتوری بورژوازی در وجود حکومت موقت و دیکتاتوری پرولتاریا و دهقانان در وجود شورای نمایندگان کارگران و سربازان ایجاد شد.[1]» و از همان فردای انقلاب فوریه این دو نیروی متخاصم یعنی حکومت موقت و شوراها در مقابل یکدیگر قرار گرفتند.

حکومت موقت به اتکای قدرت دوما در نظر داشت وظیفه‌ی قانونی خود را اعمال کند در حالی که شورای کارگران و سربازان به اتکای نیروهای انقلابی وظیفه‌خود را مبارزه با بورژوازی و به قدرت رساندن پرولتاریا می‌دانست. شوراها به سرعت مانند قارچ در گوشه و کنار کشور می‌روییدند و به پیروی از شورای پتروگراد اقدام به تشکیل کمیته‌های مقدماتی با شرکت کارگران و انقلابیون می‌کردند تا نیازمندی‌های عمومی را برطرف کنند. شوراها استدلال می‌کردند که انقلاب فوریه قدرت را به چنگ بورژوازی انداخته است و بورژاوزی برای پاسخ دادن به نیازمندی‌های اساسی مردم بسیار ضعیف و ناتوان است لذا وظیفه‌ی شوراها در هم کوبیدن بورژوازی و انتقال قدرت به بلشویک‌هاست.

---

[1] تاریخ حزب کمونیست (بلشویک)، همان، ص 290.

در اواخر مارس 1917 با بازگشت کامنوف، استالین و سایر رهبران بلشویک‌ها از سیبری به پتروگراد، کمیته‌های مختلف بلشویک‌ها فعال‌تر شده و شکل سازمانی به خود گرفتند. کامنوف با انتشار مقاله‌ای در پراودا[1] نسبت به ادامه‌ی جنگ تغییر موضع[2] داد و اعلام نمود یکی از هدف‌های بلشویک‌ها باید فشار روی دولت موقت برای خاتمه دادن به جنگ جهانی باشد[3].

در این زمان حزب بلشویک چندان گسترده و قوی نبود که بتواند کلیه‌ی امور را در کنترل خود بگیرد. ولی از آن جا که در جهت منافع اکثریت گام

---

[1] لازم به یادآوری است روزنامه‌ی پراودا که در سال 1913 توقیف شده بود، مجدداً در 5 مارس 1917 به عنوان ارگان رسمی بلشویک‌ها انتشار یافت. پراودا برای مدت چند روز به وسیله‌ی شلیاپینکوف و دستیار جوانش مولوتوف اداره می‌شد و در 15 مارس 1917 طی اعلامیه‌ای در روزنامه اعلام شد که مورانوف نماینده‌ی بلشویک‌ها در مجلس چهارم سرپرستی روزنامه را به عهده گرفته و کامنوف که یک نویسنده حرفه‌ای و باتجربه بود به اتفاق استالین که از 1912 به عضویت کمیته‌ی مرکزی حزب درآمده بود، به عنوان اعضای هیئت تحریریه روزنامه با پراودا همکاری خواهند کرد.

[2] جالب توجه است که استالین و کامنوف که در حقیقت پراودا را از چنگ شلیاپینکوف و مولوتوف ــ به علت کم‌تجربگی آنها ــ خارج کردند، خود دچار اشتباهات اساسی شدند. مثلا کامنوف ابتدا خواستار ادامه‌ی جنگ و طرفدار این تز بود که جواب گلوله را باید با گلوله داد. وقتی همکاران حزبی او از طرزفکر وی انتقاد کردند، کامنوف بلافاصله تغییر موضع داد و خواستار خاتمه دادن به جنگ شد. در مورد استالین نیز چنین مواردی وجود دارد. از آن جمله این که وی در اواخر مارس نظر می‌دهد که اگر حکومت موقت در جهت رضایت طبقه‌ی کارگر و کشاورزان انقلابی پیش رود از آن حمایت خواهد کرد و همچنین معتقد به فشار روی حکومت موقت برای آغاز مذاکرات صلح بود که در هر دو صورت نوعی تأیید ضمنی از حکومت موقت بود. موضع کامنوف و استالین که بعداً متوجه اشتباه خود شدند، همان موضعی بود که منشویک‌ها از آن دفاع می‌کردند.

[3] Merle Fainsod, How Russia is ruled, Cambridge, Harvard University Press, 1953, P. 63.

برمی‌داشت، به موفقیت خود امیدوار بود. «طبق تخمین‌های محافظه‌کارانه در اوایل سال 1917 این حزب دارای 23,600 عضو بوده است که کارگران 62 درصد اعضای حزب را تشکیل می‌دادند و بزرگترین سازمان حزبی با 2,000 عضو در پتروگراد مستقر بوده است ...[1]» اعضای بقیه سازمان‌های حزبی بین 100 تا 600 نفر بودند. در مقابل بلشویک‌ها حزب خرده‌بورژوازی منشویک‌ها، سوسیال‌دموکرات‌ها و ناردنیک‌های تغییرشکل‌یافته تحت عنوان «سوسیال روولوسیونری» یا اس‌آرها قد علم کردند و با جاروجنجال و تبلیغات نه تنها توانستند در دولت موقت نفوذ کنند بلکه در قسمت‌های کارگری که تجربه‌ی کافی سیاسی نداشتند، رخنه کردند و موفق شدند در شورای کارگری پتروگراد و شوراهای دیگر در نقاط مختلف، اکثریت را به دست آورند. از آنجا که این دو حزب سابقه‌ی طولانی اپورتونیستی داشتند، در حکومت موقت نتوانستند اهداف انقلابی سوسیالیستی را دنبال کنند و تابع حرکت کلی حکومت موقت که ماهیت لیبرال بورژوازی داشت، شدند زیرا سران حکومت موقت خود از بیخوبن لیبرال بودند.

---

[1] بایفسکی و دیگران، همان کتاب، ص 28.

پرنس لهوولف که یکی از معروف‌ترین چهره‌های لیبرال و مشروطه‌خواه بود قبلاً به عنوان رئیس اتحادیه‌ی «زمستووها» همکاری نزدیک با سازمان‌های محلی داشت و از مقامات بلندپایه‌ی کشوری بود، به عنوان رئیس حکومت موقت و وزیر کشور معرفی شد. میلی‌یوکوف از کادت‌ها که از یک پروفسور تاریخ بود و در سراسر جهان شهرت داشت، پست وزیر خارجه حکومت موقت را اشغال کرد. گوچکوف از اکتبریست‌ها که یکی از رهبران صنایع نظامی بود، به عنوان وزیر جنگ، شینگاروف[1] از مشروطه‌خواهان که یکی از کارشناسان مسائل مالی و سخنگوی کمیته‌ی بودجه در دوما بود، به عنوان وزیر کشاورزی، ترشچنکو[2] از ترقی‌خواهان وزیر صنایع و بازرگانی، کونووالوف[3] از ترقی‌خواهان وزیر دارایی، نکراسوف[4] از کادت‌ها وزیر مخابرات، مانویلوف[5] از مشروطه‌خواهان وزیر فرهنگ، گودنوف[6] از اکتبریست‌ها وزیر حسابرسی و بودجه و کرنسکی از اس‌آرها

---


[1] Andrei Ivanovich Shingarev
[2] Mikhail Ivanovich Tereshchenko
[3] Alexander Ivanovich Konovalov
[4] Nikolai Vissarionovich Nekrasov
[5] Alexander Appolonovich Manuilov
[6] Ivan Vasilyevich Godnev.

به عنوان وزیر دادگستری معرفی شدند که همگی از سرمایه‌داران لیبرالی بودند که تشکیل یک حکومت به فرم غربی را در فکر خود می‌پروراندند.

اما مرموزترین چهره‌ی حکومت موقت، الکساندر کرنسکی جوان بود که ابتدا یک وکیل گمنام بود و دفاع از زندانیان سیاسی را به عهده می‌گرفت. وی به تدریج در دستگاه قضاوت و دومای چهارم راه پیدا کرد و در اثر پیوند با اس‌آرها ضمن حفظ خصوصیات لیبرالی خود، به عنوان تنها چهره‌ی سوسیال‌دموکرات‌ها در حکومت موقت شناخته می‌شد. کرنسکی می‌خواست زیرکانه نه تنها خود را یک سوسیال‌دموکرات بلکه یک ناسیونالیست واقعی قلمداد کند تا از حمایت بورژوازی و همچنین کارگران و سربازان برخوردار گردد. کرنسکی ادعا می‌کرد که در شرایط حساس بعد از انقلاب فوریه رسالتی به عهده دارد که باید مردم آن را درک کنند.

بسیار جالب توجه است که تزار نیز به پیروی از بورژوازی که سعی داشت کرنسکی را به قهرمان انقلاب تبدیل کند، با قضاوت‌های نادرست سیاسی که به قیمت از دست دادن تاج‌وتختش تمام شد، درباره‌ی کرنسکی می‌نویسد:

«در زمان حاضر کرنسکی یقیناً مرد درستی است در جای درست؛ که هر اندازه بیشتر قدرت داشته باشد، بهتر می‌تواند خدمت کند.[1]»

اما لنین درباره‌ی کرنسکی کاملاً قضاوت دیگری داشت. او که در زمان انقلاب فوریه در سوئیس بود پس از شنیدن خبر حکومت موقت، عمیقانه به فکر فرو رفت. لنین از انقلاب فوریه خشنود بود زیرا به یکی از هدف‌های او که سرنگونی تزاریسم بود جامه‌ی عمل پوشاند ولی از اینکه حکومت موقت قدرت را در دست گرفته بود، بسیار متأثر شد. «او می‌دانست دولت موقت از چه کسانی ترکیب یافته است. او شاهزاده لهووف را دوست نداشت و از کرنسکی بیشتر از شاهزاده بیم داشت و احتیاط می‌کرد. وزیر خارجه جدید، میلی‌یوکوف مورد عدم اطمینان او بود. اکنون شادی فوق‌العاده‌ای که با شنیدن خبر انقلاب به او دست داده بود و از آن راه می‌توانست همه چیز را به مرحله‌ی امکان درآورد، تاریک می‌شد.[2]» لنین علاوه بر اینکه نسبت به حکومت موقت بدبین بود، از این جهت که ممکن بود منشویک‌ها از طریق شوراهای کارگران و دهقانان و سربازان با بورژوازی کنار بیایندنیز بیمناک بود. او با خشم و غضب درباره‌ی حکومت موقت گفت: «این اشخاص فقط

<hr>

[1] میشل دوسن‌پیر، همان کتاب، جلد سوم، ص 58.
[2] میشل دوسن‌پیر، همان کتاب، جلد سوم، ص 58.

می‌توانند یک انقلاب بورژوازی را به پایان برسانند و این آن چیزی نیست که مورد نظر ماست. آنها انقلاب مرا بر هم خواهند زد.[1]»

لنین برای مقابله با حکومت موقت و دادن خط مشی به بلشویک‌ها طی سلسله مقالاتی تحت عنوان «نامه‌هایی از دور» که بین 20 تا 26 مارس 1917 در سوئیس نوشت و در شماره‌های مختلف پراودا به چاپ رسید، در رابطه با انقلاب فوریه و حکومت موقت به بلشویک‌ها هشدار داد و اعلام کرد که انقلاب هنوز پایان نیافته است و تنها مرحله‌ی اول آن به پایان رسیده است. طبق پیش‌بینی لنین جنگ امپریالیستی به جنگ داخلی تبدیل شده و تزار سرنگون شده بود ولی او هنوز به مقصود خود که یک انقلاب سوسیالیستی بود، نرسیده بود. از این رو لنین برای دفاع از سرزمین مادری، خواستار ادامه‌ی جنگ و مبارزه برای سرنگونی حکومت موقت بود. وی در این زمینه می‌نویسد: «اکنون ما در حال انتقال از مرحله‌ی اول به مرحله‌دوم انقلاب هستیم. مراحل درگیری با تزار را پشت سر گذاشته و مرحله‌ی درگیری با گوچکوف – میلی‌یوکوفِ مالک و سرمایه‌دارِ امپریالیست را آغاز می‌کنیم.[2]»

---

[1] میشل دوسن‌پیر، همان کتاب، جلد سوم، ص 58-59.

[2] V. I. Lenin, Collected Works, Moscow, Progress Publishers, 1977, Vol. 23 P. 331.

لنین تنها به نوشتن برای مبارزه با حکومت موقت اکتفا نکرد و به شدت درتلاش برای مراجعت به روسیه و به ثمر رساندن انقلاب نیمه‌تمام خود برآمد. وی متوجه شد که برای ورود به روسیه باید از خاک آلمان عبور کند و در آن زمان آلمان با روسیه در جنگ بود اما برای لنین مهم نبود که برای رسیدن به هدف، موقتاً با آلمان‌ها کنار بیاید. لنین برای این کار زینوویوف را که در برن بود، در جریان امر قرار داد و از طریق سوسیالیست‌های آلمانی مانند رابرت گریم[1] و فریتز پلاتن[2] ترتیب مذاکره با آلمان‌ها داده شد و بلافاصله وسایل سفر مهیا گردید. قرار شد لنین و همراهانش در اوایل آوریل 1917 از طریق آلمان به وسیله‌ی قطار عبور نموده و پس از آن به وسیله‌ی کشتی به سوئد رفته و مجدداً با ترن عازم پتروگراد شوند که به هر حال سفری سخت و پرمخاطره بود[3].

---

<sup>1</sup> Robert Grimm
<sup>2</sup> Fritz Platten

[3] در این که بین لنین و آلمان‌ها برای مسافرت وی به روسیه قول‌وقراری ردوبدل شده ، شکی نیست. مدارکی وجود دارد که در آن به کمک‌های مالی آلمان به لنین و ایجاد امکانات لازم برای عبور وی اشاره شده است. این کمک‌ها حتی پس از روی کار آمدن لنین نیز ادامه داشته و مبلغ آن تا حدود پنجاه میلیون مارک اعلام گردیده است. در این مدارک قید شده که در مقابل عبور لنین و همراهانش به روسیه برابر تعداد نفرات، بعداً اسیران آلمانی و اتریشی در روسیه مبادله گردند. از مقاصد سیاسی این قضیه که بعدها بهانه‌ای برای انتقاد به دست مخالفین داد و گفته شد که لنین عامل آلمان‌هاست تا از طریق خروج روسیه از جنگ به آنها کمک کند، در این مدارک چیزی مشاهده نمی‌شود.

کمی قبل از ورود لنین به روسیه بین 14 و 16 آوریل، بلشویک‌ها به یک گردهمایی حزبی مبادرت نمودند که 58 سازمان حزبی در آن شرکت کردند. در این گردهمایی تقریباً نوعی گروه بندی درون حزبی به وجود آمد. گروه مرکزی حزب مرکب از استالین و کامنوف بود که به وسیله سازمان شهری مسکو حمایت می‌شدند و همچنین بوگین و ریکوف که از تبعید بازگشته بودند، این گروه را حمایت و تقویت می‌کردند.

گروه دیگر در حزب، جناح چپ افراطی بود که به وسیله‌ی شلیاپینکوف و مولوتوف هدایت می‌شد و به وسیله‌ی سازمان‌های ایالتی مسکوحمایت می‌شد و الکساندرا کولونتایی[1] نیز به این گروه پیوست. گروه کوچک دیگری که جناح راست حزب بود نیز اظهار وجود نمود که چندان مورد استقبال واقع نشد. در این گردهمایی استالین توانست نظر اکثریت را برای رابطه با حکومت موقت جلب نماید بر این اساس که حکومت بورژوازی و دموکراتیک طبقه‌ی متوسط شروع شده و دیکتاتوری پرولتاریا به آینده بسیار دور تعلق دارد. چنین طرز فکری که بیشتر به نظر منشویک‌ها نزدیک بود، قطعاً مورد خواست لنین نبود. به همین جهت لنین قبل از این که فرصت را از دست

---

[1] Alexandra Mikhailovna Kollontai

بدهد، در تلگرامی به کولونتایی در اواخر مارس 1917 هر نوع سازش و رابطه با حکومت موقت را محکوم نمود و خط مشی اصولی بلشویک‌ها را تعیین می‌کند.

«تاکتیک ما: عدم اعتماد کامل و عدم حمایت جدید. کرنسکی به ویژه مشکوک است. مسلح شدن پرولتاریا تنها تضمین ما است. عدم تجدید روابط با بقیه احزاب. انتخابات فوری شورای شهر پتروگراد.[1]»

متعاقب این دستورالعمل در نیمه شب 16 آوریل 1917 قبل از اینکه جلسه‌ی گردهمایی حزبی بلشویک‌ها به پایان برسد، لنین و همسرش کروپسکایا و همراهان آنها از جمله زینوویوف و رادک وارد ایستگاه راه‌آهن فنلاند در پتروگراد شدند و طبق تشریفات باشکوهی مورد استقبال شدید بلشویک‌ها قرار گرفتند. سوخانوف[2] و چخیدزه که هر دو منشویک بودند، با نگرانی منتظر ورود لنین بودند. آنها می‌ترسیدند که با ورود لنین همه چیز عوض شود و تقریباً هم چنین شد. وقتی چخیدزه به عنوان رئیس شورای پتروگراد و به عنوان خوش‌آمد گفت: «رفیق عزیز لنین، به نام سوویت

---

[1] V. I. Lenin, Collected Works,  Moscow, Progress Publishers, 1977, Vol. 23 P. 292.
[2] Nikolai Nikolaevich Sukhanov

پترزبورگ، نمایندگان کارگران و سربازان و به نام تمامی انقلاب، ما به شما خوش‌آمد به روسیه می‌گوییم. ولی ما تصور می‌کنیم که وظیفه‌ی اصلی دموکراسی انقلابی این است که در حال حاضر از انقلابمان علیه اقدامات دشمن، هر دشمنی، خواه داخلی و خواه خارجی دفاع کنیم. ما فکر می‌کنیم که نباید منشعب بشویم بلکه باید صفوف دموکراسی را متحد کنیم. ما امیدواریم که برای همین منظور است که شما با ما همکاری خواهید کرد.[1]»

لنین بدون اعتنا به سخنان چخیدزه، روی خود را به طرف انبوه جمعیت نمود و گفت: «رفقای عزیز، سربازان، ملوانان و کارگران، پیروزی انقلاب بر شما مبارک باد. هر روزی ممکن است سقوط امپریالیسم اروپا فرا رسد. انقلاب روسیه که به وسیله‌ی شما آغاز شد، اکنون به مرحله‌ی جدیدی وارد می‌شود. زنده‌باد انقلاب سوسیالیستی جهانی.[2]»

لنین پی از ادای این جملات کوتاه سوار بر یک خودروی زرهی شد و همان شب به کاخ کشنسینکایا (تورید)[3] که محل کمیته‌ی مرکزی حزب

---

[1] میشل دوسن‌پیر، همان کتاب، جلد سوم، ص 61. سخنان چخیدزه در شماره‌ی 5 آوریل 1917 روزنامه‌ی ایزوستیا به چاپ رسیده است.

[2] E. H. Carr, Ibid, P. 89.
[3] Kshensinkaya Palace (Tauride)

بلشویک در پتروگراد بود، رفت و در جلسه‌ی گردهمایی بلشویک‌ها حاضر شد و با اعضای فعال حزب مذاکراتی انجام داد.

فردای آن روز یعنی در 17 آوریل 1917 (4 آوریل مطابق تقویم قدیم) لنین نظریات بسیار مهم خود را در جلسه‌ی بلشویک‌ها تحت عنوان «وظیفه‌ی پرولتاریا در انقلاب کنونی» مطرح نمود که طی آن برنامه‌ی عملی بلشویک‌ها را برای گذار از انقلاب بورژوا-دموکراتیک به انقلاب سوسیالیستی روشن نمود. عقاید لنین در این زمینه به علت اهمیت موضوع، به «تزهای آوریل» مشهور شد که پس از انتشار در روزنامه‌ی پراودا نه تنها به شدت مورد بحث و انتقاد مخالفین لنین بلکه موافقین وی نیز قرار گرفت. از آن جمله زینوویوف، کامنوف، ریکوف و نوگین با نقطه‌نظرهای لنین در مورد انقلاب زودرس سوسیالیستی که لنین در تزهای خود برای رسیدن به آن بسیار عجله داشت، موافق نبودند. تنها کولونتایی از نظریات لنین حمایت کرد و استالین نیز که متوجه اشتباه خود در مورد رابطه با حکومت موقت شده بود، ظاهراً از نظریات لنین عبرت گرفت و بعدها در این مورد نوشت:

«این موضوع عمیقاً اشتباه‌آمیز بود زیرا موجب توهمات پاسیفیستی می‌گشت، آب به آسیاب دفاع طلبی می‌ریخت و کار تربیت انقلابی توده‌ها را دشوار می‌ساخت. در آن موقع من هم با عده‌ای از رفقای حزبی از این موضع نادرست پیروی می‌کردم و تنها در اواسط آوریل پس از آن که تزهای لنین را پذیرفتم، از آن به کلی دست کشیدم.[1]»

در تزهای آوریل لنین که در حقیقت سنگ بنای سوسیالیستی کردن روسیه بود به وضوح درباره‌ی وظایف پرولتاریا و به دست گرفتن قدرت اشاره شده است. لنین درباره‌ی ادامه‌ی مبارزه برای سرنگونی حکومت موقت هشدار می‌دهد و معتقد است به علت عدم آگاهی و آمادگی طبقه‌ی پرولتاریا در مرحله‌ی اول انقلاب، قدرت به دست بورژوازی افتاد که باید در دومین مرحله‌ی انقلاب این قدرت به دست پرولتاریا و زحمتکشان و طبقات فقیر دهقانان بیفتد. برای رسیدن به این هدف، هیچگونه حمایتی نباید از حکومت موقت بشود و همزمان با تقویت شوراها باید ترتیبی داده شود تا جمهوری سوویت کارگران و کشاورزان ایجاد شود. در این راه ضبط تمام املاک مالکان، ملی کردن تمام اراضی کشور، ملی کردن بانک‌ها و تشکیل فوری

---

[1] تاریخ حزب کمونیست اتحاد شوروی، حز ب توده، همان، ص 251، به نقل از مجموعه آثار استالین، جلد ششم، ص 333.

کنگره‌ی حزب از اقدامات ضروری است. ضمناً در همین تزها بود که لنین تغییر نام حزب سوسیال‌دموکرات را به حزب کمونیست به علت موضع اپورتونیستی رهبران اصلی آن یعنی کائوتسکی و برنشتاین پیشنهاد نمود[1].

به این ترتیب لنین خواستار «جمهوری پارلمانی» که طرفداران حکومت موقت اعلام می‌کردند، نبود بلکه آنچه را که او می‌خواست برقراری «جمهوری شوراها» و انحلال پلیس، ارتش و بوروکراسی بود. شعار معروف لنین «تمام قدرت به شوراها» مفهوم دیگرش «مرگ بر حکومت موقت» بود[2].

بسیاری از سران منشویک‌ها و اس‌آرها و حتی برخی از بلشویک‌ها معتقد بودند که روسیه باید ابتدا یک انقلاب بورژوادموکراتیک را زیر نظر حکومت موقت تجربه کند تا به انقلاب طبقه‌ی پرولتاریا برسد ولی لنین که متوجه خطر حکومت موقت بود، برای رسیدن به انقلاب پرولتاریا عجله داشت اگرچه اعضای قریب به اتفاق نمایندگان حزب در کمیته‌ی پتروگراد با نظریات وی مخالف بودند.

---

[1] برای متن کامل «تزهای آوریل» مراجعه فرمایید به مارک فرو، همان کتاب، مدرک یازدهم، ص 94-92.
[2] لوئیز فیشر، همان، ص 128.

در هفتمین کنفرانس سراسری بلشویک‌های روسیه که بین 7 تا 12 مه 1917 در پتروگراد بر پا شد و در حقیقت اولین کنفرانس قانونی بلشویک‌ها در خاک روسیه بود، بیش از 133 نماینده از طرف تقریباً 80 هزار نفر اعضای حزب در آن شرکت کردند. علت افزایش چشمگیر اعضای حزب بلشویک در نیمه‌ی اول سال 1917 را باید در علنی بودن فعالیت حزب و استقبال طبقه‌ی زحمتکش روسیه جستجو کرد. در این کنفرانس که اغلب انقلابیون حرفه‌ای شرکت داشتند، لنین گزارش مفصلی در دفاع از تزهای آوریل و در رابطه با مسائل سیاست حزب در قبال شوراهای کارگری و سربازی، موضع‌گیری در برابر جنگ و حکومت موقت، مسائل ارضی و مسائل ملی و همچنین وضع انترناسیونال ارائه داد که گرچه با مخالفت برخی از بلشویک‌ها مواجه شد، ولی نهایتاً کنفرانس به اتفاق آرا، پیشنهادات لنین را پذیرفت و به این ترتیب مبارزه‌ی رودرروی بلشویک‌ها با حکومت موقت علنی شد.

در مقابل بلشویک‌ها حکومت موقت به کمک بورژوازی و احزاب طرفدار سلطنت و سرمایه‌داری به اقداماتی برای خنثی نمودن فعالیت‌های بلشویک‌ها دست زد. سیاست داخلی حکومت موقت تقریباً بر اساس

ارزش‌های رژیم قبلی حفظ شده بود. «بورژوازی به دنبال این بود که تا حد امکان سازمان کهنه را حفظ کند. سنای دولتی ‑ موسسه‌ای که در دوران تزاریسم وجود داشت ‑ حفظ شد و مصوبات و احکام دولتی همچنان از جانب سنا اعلام می‌شدند. همچنین دومای دولتی که تحت تسلط بورژوازی و ثروتمندان بود و به موجب قوانین محدود کننده‌ی نمایندگی مردم عادی انتخاب می‌شد، باقی ماند. در جلسات آن آشکارا سلطنت‌طلبانی شرکت می‌کردند که خواستار اقدامات فوری برای خاموش کردن انقلاب بودند. سلطنت‌طلبان و دیگر نمایندگان دومای دولتی با برخورداری از حمایت وزرای سوسیالیست که قبلاً نماینده بودند، تقاضای انحلال این نیمه‌پارلمان تزاری را نکردند و تلویحاً می‌خواستند بگویند یک موسسه‌ی قانونی است. در قیام فوریه سلطنت سرنگون شده بود ولی حکومت موقت هیچگاه استقرار جمهوری را اعلام نکرد. تصمیم گرفته شد که موضوع شکل دولت فقط موقعی مطرح شود که مجلس موسسان تشکیل شده باشد ولی تاریخ تشکیل آن مشخص نمی‌شد. ژنرال‌های تزاری مقام‌های خود را در ارتش حفظ کردند و به جز چند استثنا

قوانین تزاری جاری باقی ماند. روسیه‌ی آن روز را می‌توان یک پادشاهی بدون پادشاه توصیف کرد.[1]»

سیاست خارجی حکومت موقت نیز درست خلاف جهت خواسته‌های بلشویک‌ها که خواهان پایان جنگ بودند، دور می‌زد. وزیر خارجه حکومت موقت میلی‌یوکوف در اول ماه مه 1917 یادداشتی تسلیم دولت‌های متفق روسیه نمود و متذکر شد که حکومت موقت جنگ را تا پیروزی کامل ادامه خواهد داد و تعهدات حکومت تزاری را کاملاً رعایت خواهد کرد. به دنبال آن یک هیئت آمریکایی به ریاست الیهو روت[2] به روسیه آمد و با حکومت موقت قراردادی بست که به موجب آن آمریکا متعهد شده بود برای خرید تجهیزات جنگی به روسیه وام دهد.

به دنبال چنین سیاست‌هایی که دور از واقعیت و در جهت تضاد با منافع عمومی بود، موج اعتراضات خیابانی آغاز شد و به خصوص هزاران سرباز که انتظار پایان جنگ را داشتند، در یک راهپیمایی قابل توجه با حمل پلاکاردهایی که روی آنها نوشته شده بود «نابود باد جنگ»، «مرگ بر

---

[1] ایساک مینتس، همان کتاب، ص 52-52.

[2] Elihu Root

میلی‌یوکوف»، «زنده‌باد صلح» و «تمام قدرت به شوراها»، در مقابل کاخ مارینسکی[1] که مقر حکومت موقت بود، اجتماع کردند و با صدور قطعنامه‌ای ضمن ابراز تنفر نسبت به حکومت موقت، خواستار استعفای میلی‌یوکوف شدند.

تظاهرات که شکل خشونت‌آمیز به خود گرفته بود و به نقاط مختلف کشور نیز سرایت کرده بود، سبب شد که حکومت موقت برای خواباندن فتنه در اواسط ماه مه 1917 تغییری در کابینه‌ی خود بدهد و اولین کابینه‌ی ائتلافی را با شرکت نمایندگان منشویک‌ها و اس‌آرها که سعی می‌کردند به عنوان نماینده‌ی سوسیالیست خود را نشان دهند، تشکیل شد. میلی‌یوکوف و گوچکوف وزیر جنگ که بیش از همه مورد تنفر بودند، تغییر و جای خود را به ترشچنکو سرمایه‌دار به عنوان وزیر خارجه و کرنسکی به عنوان وزیر جنگ جدید، بدهند. ضمناً تزرتلی[2] و اسکوبلوف[3] که هر دو منشویک بودند و چرنوف[4] از اس‌آرها وارد کابینه‌ی ائتلافی حکومت موقت شدند و به ترتیب پست‌های وزیر پست و تلگراف، وزیر کار و وزیر کشاورزی را

---


<sup>1</sup> Marinsky Palace
<sup>2</sup> Irakli (Kaki) Giorgiovich Tsereteli
<sup>3</sup> Matvey Ivanovich Skobelev
<sup>4</sup> Viktor Mikhailovich Chernov

اشغال کردند. وزرای دیگر نیز به کابینه راه یافتند که آنها نیز مانند اسلافشان سرمایه‌دار بودند. در این کابینه‌ی ائتلافی حضور وزرای سوسیالیست بسیار قابل توجه است چراکه در حقیقت با این تاکتیک حکومت موقت قصد داشت با امتیاز دادن به سوسیالیست‌ها موج مخالفت‌های انقلابیون را در هم شکند.

اما این تغییرات هیچ گونه تأثیری در آرام کردن توده‌ی خشمگین و نا راضی نداشت و بلشویک‌ها نه تنها در مقابل دولت ائتلافی دست از مشی خود بر نداشتند بلکه با رفتن به میان کارگران و دهقانان و سربازان واقعیت‌های عینی جامعه ای را که کشور را به سوی ورشکستگی و وابستگی سوق می‌داد تشریح می‌کردند و زمینه را برای مبارزه نهایی با حکومت موقت فراهم می‌نمودند.

تابستان 1917 پتروگراد مرکز برگزاری کنفرانس‌های متعدد و تظاهراتِ مخالفین و موافقین بود. در ماه مه اولین کنگره سراسری دهقانان روسیه به ابتکار اس‌آرها تشکیل شد که از حکومت موقت جانبداری نمود. در همین ماه کنفرانس کارگران کارخانه‌های پتروگراد برگزار شد که از مواضع بلشویک‌ها حمایت نمود. اعتصابات کارگری در نواحی مسکو، باکو، اورال و شهرهای دیگر به وقوع پیوست. در قسمت‌های نظامی سربازان انقلابی

اقدام به تشکیل کمیته‌های سربازی نمودند و در جبهه‌ی جنگ و پشت جبهه شروع به فعالیت به نفع بلشویک‌ها کردند. کرنسکی وزیر جنگ اعلام نمود که سربازان مخالف جنگ در جبهه محاکمه‌ی صحرایی شوند. بورژوازی با بر پا کردن مسئله‌ی ملیت‌ها به خصوص در اوکراین، تلاش نمود تا جنبش‌های انقلابی را سرکوب نماید. همه‌ی این وقایع خبر از حوادث ناگوار آینده می‌داد.

با این همه مهمترین کنگره‌ای که در ژوئن 1917 در پتروگراد برگزار شد و نتایج سرنوشت‌سازی در مبارزه بلشویک‌ها و حکومت موقت به همراه داشت، اولین کنگره سراسری نمایندگان کارگران و سربازان روسیه بود[1]. در این کنگره‌ی سراسری از میان بیش از هزار نفر که از طرف 305 شورا و به نمایندگی از سوی 20 میلیون کارگر و سرباز شرکت کرده بودند، 822 نفر حق رأی قطعی و 268 نفر دیگر حق رأی مشورتی داشتند[2].

نبرد اصلی در کنگره بین حزب اس‌آرها به رهبری کرنسکی و حزب بلشویک‌ها به رهبری لنین بود. دو متخاصم برای اولین بار به طور رسمی در مقابل یکدیگر قرار گرفتند و هر یک می‌باید از مواضع حزبی خود دفاع

---

[1] All-Russia Congress of Soviets of Workers and Soldiers Deputies
[2] بایفسکی و دیگران، همان، ص 81.

کند. اس‌آرها که به وسیله‌ی منشویک‌ها و سایر احزاب مشروطه‌طلب حمایت می‌شدند، اینک قانوناً قدرت را در اختیار داشتند. کرنسکی که از قبل خود را برای چنین منازعه ای آماده کرده بود، به اتفاق کابینه که اغلب سرمایه‌دار بودند، در کنگره به کمین نشسته بودند. لنین به همراه بلشویک‌ها که در اقلیت بودند، نیز در کنگره حضور داشتند. تروتسکی که در ماه مه 1917 از آمریکا برگشته بود، همراه لوناچارسکی و این بار به طرفداری از موضع بلشویک‌ها در کنگره حضور داشتند.

زمانی لحظه‌ی حساس شروع شد که یکی از منشویک‌ها به نام لیبر[1] نحوه‌ی رفتار با حکومت موقت را روشن کرد و اعلام داشت که امکان به دست گرفتن قدرت به وسیله‌ی شوراها به کلی منتفی است. پس از او تزربلی یکی از وزرای منشویک کابینه‌ی موقت دنباله‌ی سخنان لیبر را ادامه داد و گفت:

«در حال حاضر هیچ حزب سیاسی وجود ندارد که بتواند بگوید شما کنار بروید، قدرت را به دست ما بدهید، ما جای شما را خواهیم گرفت.[2]»

---

[1] Mikhail (Mark) Isaakovich Liber
[2] E. H. Carr, Ibid, P. 100.

در چنین لحظه‌ی حساسی لنین جواب می‌دهد:

«چنین حزبی وجود دارد.»

ناگهان صداها در هم می‌آمیزد و عده‌ای شروع به خنده و استهزا می‌کنند زیرا می‌دانند حزب مورد نظر لنین همان حزب بلشویک‌هاست که در اقلیت هستند و تعدادشان آنقدر نیست که بتوانند حتی خود حزب را اداره کنند چه رسد به حکومت. ولی لنین مصمم و قاطع برای ایراد خطابه از جا بر می‌خیزد، پشت تریبون می‌رود و می‌گوید:

«شما هر قدر دلتان می‌خواهد بخندید ... شما در بن‌بست تضادهای خودتان گره خورده‌اید. شما به ملل دیگر می‌گویید مرده باد تصرف اراضی دیگران ولی خودتان آن را اعمال می‌کنید. شما به ملل دیگر می‌گویید بانکداران را واژگون کنید ولی از بانکداران خودتان حمایت می‌کنید. تنها دولت سوویت می‌تواند به کارگران نان دهد؛ به دهقانان زمین دهد؛ به روسیه صلح دهد و کشور را از ویرانی بیرون کشد. باید از سخن گذشت و به عمل پرداخت. حزب ما در دست گرفتن قدرت را رد نمی‌کند و هر آن حاضر است این مسئولیت را بر عهده گیرد. من اعتقاد دارم که حزبی که پیش می‌رود

نباید از عهده دار شدن مسئولیت بیم داشته باشد.[1]»نطق لنین اگرچه کوتاه بود ولی اثر عمیقی از خود به جای گذاشت. با این که چرنوف، اسکوبلوف و تزرتلی تلاش کردند نطق لنین را خنثی کنند، به نتیجه ای نرسیدند و سرانجام مهم‌ترین و حساس‌ترین چهره‌ی اس‌آرها که در خطابه مهارت خاصی داشت یعنی کرنسکی، به مبارزه با لنین برمی‌خیزد و در جواب لنین می‌گوید:

«آقای لنین فراموش کرده است که مارکسیستی که چنین پیشنهاداتی را برای درمان دردهای جامعه می‌نماید، لیاقت این را ندارد که خود را یک سوسیالیست بنامد. زیرا راه‌هایی که نشان می‌دهد همان‌هایی است که مستبدین آسیایی اعمال می‌کردند. آقای لنین فراموش کرده است که در دوران ما بازداشت تمام سرمایه‌داران به مفهوم خرابکاری در قوانین مربوط به توسعه‌ی اقتصادی ماست. شما بلشویک‌ها درمان‌های پیش‌پاافتاده‌ای پیشنهاد می‌کنید، ویران کردن، بازداشت کردن، شما چه کسانی هستید؟ سوسیالیست یا مأموران رژیم سابق؟ ... راهی که شما می‌خواهید وارد آن شوید، راه ویرانی است. مواظب باشید از هیولا، همانطور که که از خاکستر عنقا بر می‌خیزد، یک دیکتاتور بیرون می‌آید. ولی نه من، حتی اگر شما، تمام نیروی خود را در

<hr>

[1] میشل دوسن‌پیر، همان، جلد سوم، ص 71-72.

این راه صرف کنید که از من یک دیکتاتور بسازید، نمی‌توانید. شما به این وسیله راه را برای دیکتاتور واقعی باز می‌کنید و او به شما نشان خواهد داد که چگونه سرمایه‌داران با سوسیالیست‌ها رفتار خواهند کرد.[1]»

چنین برخوردی تکلیف بلشویک‌ها را روشن کرد. حکومت موقت شعار «همه‌ی قدرت به شوراها» را به مسخره گرفت و فردای روزی که کنگره پایان یافت، ده‌ها هزار بلشویک از کارگران و سربازان پتروگراد گرفته تا ملوانان کرونشتات در خیابان‌ها به تظاهرات پرداختند و حکومت موقت هم ده‌ها هزار سرباز را برای در هم کوبیدن تظاهرات و مبارزه‌ی علنی با بلشویک‌ها و مواجهه با تظاهرکنندگان به خیابان‌ها ریخت. همزمان با آن شروع به انتشار اسنادی نمود که در آن به رابطه‌ی پنهانی لنین و آلمان‌ها اشاره شده بود و بر همین اساس حکم بازداشت لنین صادر گردید. در اواسط ژوئیه‌ی 1917 انبوهی از بلشویک‌ها که جان رهبر خود را در خطر می‌دیدند، خشمگین و مسلح در خیابان‌های پتروگراد به تظاهرات پرداختند، نیروهای دولتی به روی آنها آتش گشودند و در نتیجه صدها نفر از تظاهرکنندگان زخمی شدند. بلشویک‌ها شعار «همه‌قدرت به شوراها»،

---

[1] برای متن کامل این منازعه‌ی جالب رجوع کنید به کتاب میشل دوسن‌پیر، همان، جلد سوم، ص 69-73.

«مرگ بر وزیر سرمایه‌دار» و «نابود باد جنگ» می‌دادند . حکومت موقت نیز با یاری منشویک‌ها، اس‌آرها و سوسیالیست‌ها به تبلیغات وسیعی بر علیه بلشویک‌ها دست زد و اقدامات خشونت‌آمیز آنان را نوعی کودتا برای به دست گرفتن قدرت توجیه نمود و با این بهانه عده‌ای از سران بلشویک‌ها از جمله تروتسکی، لوناچارسکی و کامنوف دستگیر و زندانی شدند. مقر حزب بلشویک‌ها اشغال شد، روزنامه‌ی پراودا توقیف گردید و حتی چاپخانه حزب به غارت رفت.

لنین و زینوویوف که حکومت موقت به شدت مشغول جمع‌آوری اسناد برای محکوم کردن آنان به جرم خیانت به کشور و رابطه با آلمانها بود، از ترس جان خود شبانه و با قیافه مبدّل مخفی شدند و سپس به محلی به نام رازلیو[1] در خلیج فنلاند گریختند و به این ترتیب به نظر می‌رسید که جنگ بین حکومت موقت و بلشویک‌ها ظاهراً با شکست بلشویک‌ها و خاتمه‌ی حاکمیت دوگانه به نقطه‌ی آخر رسیده و بورژوازی کاملاً قدرت را قبضه نموده است.

---

[1] Razliv Village

# 11 - بلشویک‌های در موضع قدرت

حکومت موقت با اینکه ظاهراً در خاتمه دادن به حاکمیت دوگانه موفق شده بود، خود در درون دچار تضاد بود. در 20 ژوئیه 1917 پرنس لوووف از مقام خود استعفا داد و کرنسکی به پست نخست‌وزیری منصوب شد و پست وزارت جنگ را نیز همچنان حفظ کرد. برخی از وزرای کابینه نیز عوض شدند و به جای آنها عده‌ای از نمایندگان مشروطه‌خواه — دموکرات وارد کابینه شدند که اگرچه هفت سوسیالیست نیز در این کابینه شرکت کردند، نوعی سازش و ائتلاف به نفع مشروطه‌خواهان دموکرات در کابینه بوجود آمد. به این ترتیب دومین کابینه‌ی ائتلافی حکومت موقت تشکیل شد و از همان ابتدا برنامه‌ی خود را بر پایه‌ی ادامه‌ی جنگ خارجی و سرکوبی شورش‌های داخلی بنا نهاد.

بلشویک‌ها برای موضع‌گیری و تعیین مشی جدید که در اثر خلأ رهبران حزبی ایجاد شده بود، در هفته‌ی اول ماه اوت ششمین کنگره حزب بلشویک را با نهایت احتیاط در پتروگراد برگزار کردند زیرا حکومت موقت دستور جلوگیری از برپایی هر نوع کنگره و اجتماع را داده بود. ابتکار عمل کنگره ناچاراً و به علت نبود رهبران اصلی، در دست اولمینسکی و استالین بود. از

267 نماینده شرکت‌کننده در کنگره که اغلب از انقلابیون حرفه‌ای بودند،

150 نفر حق رأی قطعی داشتند و کسانی نبودند که به سادگی دست از مبارزه

بردارند. بسیار جالب توجه است که با تمام سرکوبی‌های پیاپی بلشویک‌ها

توسط حکومت موقت، تعداد آنها روز به روز افزایش می‌یافت به طوری که

اعضای حزب در مدت سه ماه یعنی از آوریل تا شروع کنگره ششم در ماه

اوت 1917، به دو برابر افزایش یافت. تعداد سازمان‌های حزبی در مدت

مزبور از 78 به 162 و تعداد اعضای حزب به 240 هزار نفر افزایش یافت

که تعداد اعضای سازمان حزب در پتروگراد با 41 هزار نفر بالاترین رقم

را در بین مناطق مختلف احراز می‌کرد. همچنین طبق آمار اعلام شده در آن

زمان 30 روزنامه و 11 مجله بلشویکی با تیراژی حدود 235 هزار منتشر

می‌شد که در این میان پراودا ارگان رسمی حزب بلشویک 85 هزار نسخه

تیراژ داشت[1].


دستورالعمل کنگره روی ارزیابی وقایع ماه گذشته و شیوه‌ی مبارزه با

ضدانقلاب دور می‌زد. گرچه عقب‌نشینی بلشویک‌ها در مقابل حکومت موقت

این بحث را در کنگره پیش آورد که گذر به انقلاب سوسیالیستی با کمبود

---

[1] بایفسکی و دیگران، همان، ص 94.

پرولتاریا و عقب‌ماندگی آنان در روسیه کاری بسیار مشکل است و برخی از بلشویک‌ها از جمله بوخارین عقیده داشتند از آنجا که دهقانان متحد بورژوازی هستند لذا طبقه کارگر روسیه نمی‌تواند روی آنها حساب کند و بر این اساس استدلال می‌کردند که پیروزی انقلاب سوسیالیستی در روسیه بستگی به پیروزی انقلاب در کشورهای غربی دارد و چون اتحاد پرولتاریای روسیه با دهقانان یعنی فقیرترین قشر جامعه‌ی آن زمان امکان پذیر نیست، طبقه‌ی کارگر روسیه فقط می‌تواند از حمایت پرولتاریای اروپا برخوردار باشد. چنین طرز تفکر انحرافی معنای دیگرش این بود که حکومت بورژوا- لیبرال موقت ناچاراً مورد قبول است و روسیه باید از طریق گذار طولانی از انقلاب بورژوازی-دموکراتیک به انقلاب سوسیالیستی برسد[1].

---

[1] جالب توجه است که حتی استالین که قبل از تزهای آوریل لنین مرتکب اشتباهاتی شده بود و به اعتقاد خود تنها بعد از تزهای آوریل بود که متوجه این اشتباهات شد و در صدد اصلاح خود برآمد، در کنگره نیز موضع‌گیری غلطی اتخاذ می‌کند. در پی دستور بازداشت لنین و درخواست حکومت موقت از لنین برای حضور در دادگاه «استالین عقیده داشت که لنین و دیگر رهبران مورد اتهام می‌توانند خود را به دادگاه ضدانقلابی بورژوازی معرفی کنند به شرطی که تضمین لازم در مورد ایمنی آنان داده شود و مقامات مسئول به نوعی به شرف خود پایبند باشند» که این پیشنهاد با مخالفت سرسختانه اغلب نمایندگان در کنگره‌ی ششم مواجه شد. رجوع شود به: روی مددوف، در دادگاه تاریخ، ترجمه منوچهر هزارخانی، تهران، شرکت سهامی انتشارات خوارزمی، 1360، چاپ اول، ص 37.

لنین با اینکه در مخفیگاه بود، در جریان کامل مباحثات کنگره قرار گرفت و از طریق افراد رابط با رهنمودهایی که می‌داد، از خط انحرافی کنگره به شدت انتقاد می‌کرد و روی مبارزه‌ی پیگیر علیه حکومت موقت و اتحاد طبقه‌ی کارگر و دهقان تأکید داشت. نظریات لنین سبب شد کنگره این موضوع را به تصویب برساند که «امروز رشد صلح‌آمیز انقلاب و انتقال آرام حاکمیت به شوراها غیرممکن شده است. زیرا که قدرت در واقع به دست بورژوازی ضدانقلاب افتاده است. در حال حاضر تنها شعار صحیح، شعار سرنگونی دیکتاتوری بورژوازی ضدانقلاب است[1]» و به این ترتیب کنگره به عنوان خط مشی، مبارزه مسلحانه را برای سرنگونی حکومت موقت و بورژوازی تصویب و اعلام کرد. اعضای کمیته‌ی مرکزی حزب تعیین و وظیفه‌ی فوری بلشویک‌ها با توجه به وضعیت موجود، تبلیغ برای یک قیام مسلحانه جهت سرنگونی بورژوازی اعلام گردید.

حکومت موقت نیز غافل ننشست و از آنجا که خود را موظف به حفظ قدرت برای اقلیت و اداره کشور می‌دانست، بر شدت عمل خود برای سرکوبی بلشویک‌ها افزود. از طرف دیگر کشورهای خارجی مانند بریتانیا، فرانسه و

---

[1] بایفسکی و دیگران، همان، ص 96.

آمریکا با زیر فشار گذاشتن حکومت موقت ضمن این که خواستار ادامه‌ی جنگ جهانی بودند، برای جلوگیری از سقوط حکومت و سرکوبی شورش‌های داخلی روسیه نیز به حیله‌هایی متوسل می‌شدند و از آن جمله طرح توطئه‌ی کودتای ژنرال کورنیلوف[1] قابل ذکر است.

کورنیلوف که فرمانده‌ی کل قوا بود و قابلیت نظامی خود را در موقعیت‌های مختلف نشان داده بود، مورد توجه بورژوازی قرار گرفت تا مأموریت خطرناکی را بر عهده گیرد. کورنیلوف موظف بود با اجرای یک کودتای نظامی، اولاً حکومت موقت را از بحران‌های پیاپی نجات دهد و ثانیاً به نام دفاع از میهن، بلشویک‌ها را قتل‌عام نماید تا به شورش‌های داخلی از طریق یک «دیکتاتوری نظامی» خاتمه دهد.

برای این منظور کورنیلوفِ سلطنت طلب حتی با کرنسکی درباره‌ی کودتا مشورت می‌کند و اگرچه کرنسکی آن را به شوخی تلقی می‌نماید ولی خود را برای چنین واقعه‌ای آماده می‌کند. کرنسکی بسیار علاقمند بود که بلشویک‌ها قتل‌عام شوند ولی در نهایت نگران بود که مبادا خود نیز قربانی

---

این کودتا شود لذا با احتیاط لازم ماجرای کورنیلوف را تعقیب نمود و همراه با روند وقایع به موضع‌گیری و تصمیم‌گیری به موقع پرداخت.

کورنیلوف که ماجرای کودتایش علنی شده بود، خود نیز به تبلیغ آن پرداخت و با اعتقاد بر این که به خاطر نجات میهن باید شوراها را نابود و بلشویک‌ها را از بین برد، در 12 اوت 1917 کنفرانسی در تئاتر بولشوی مسکو[1] ترتیب داد که در آن نمایندگان صاحبان صنایع، مالکان، نظامیان، روحانیان، نمایندگان سابق مجلس دوما، رهبران احزاب کادت‌ها، اس‌آرها و منشویک‌ها شرکت نمودند و همگی حمایت خود را از طرح کودتا اعلام داشتند.

به دنبال چنین حمایتی، در 25 اوت 1917 کورنیلوف با کمک عده‌ای از نظامیان ناآگاه به بسیج افرادی که اغلب از قزاق‌ها بودند و مانند فرماندهان خود فقط اطاعت کردن را می‌دانستند، پرداختند و مهمترین سپاه کورنیلوف به فرماندهی ژنرال کریموف[2] به سوی پتروگراد روانه شد تا تحت شعار «نجات میهن» به قلع‌وقمع بلشویک‌ها پرداخته و سازمان‌های حزبی آنان را

---

که در پتروگراد جنبه‌ی سازمان‌های مرکزی را داشتند، به کلی منهد م نماید و نتیجه آنکه انقلاب را سرکوب و زمینه را برای بازگشت سلطنت فراهم نماید.

از طرف دیگر لنین که به افشاگری توطئه‌ی کورنیلوف پرداخته و از کمک‌های داخلی و خارجی که برای این کودتا ترتیب داده شده بود پرده برداشت، به بلشویک‌ها هشدار داد که از هر نوع سازش با احزاب دیگر در جهت تقویت حکومت موقت خودداری شود و از مشی مبارزه‌ی مسلحانه علیه کورنیلوف و کرنسکی پیروی شود.

بلشویک‌ها با توجه به رهنمودهای لنین و بابت اینکه جان خود را در این کودتا در خطر می‌دیدند، به سرعت به فعالیت و سازماندهی اعضای میلیشیای کارگری پرداختند و قبل از اینکه قوای کورنیلوف وارد پتروگراد شود، کارگران و سربازان انقلابی دست به اسلحه شدند و با تشکیل «دسته‌های گارد سرخ» به سنگربندی در خیابان‌های پتروگراد پرداخته و هزاران نفر از ملوانان مسلح کرونشتات نیز برای دفاع از انقلاب وارد پتروگراد شدند و به این ترتیب بلشویک‌ها نه تنها در پتروگراد بلکه در سایر نقاط نیز کمیته‌های دفاعی برپا کردند تا مسلحانه در برابر توطئه‌ی کورنیلوف مقاومت کنند.

جالب توجه است که در دفاع از پتروگراد، منشویک‌ها و اس‌آرها نیز با بلشویک‌ها هم‌صدا و هم رزم شدند.

سربازان سپاه کورنیلوف وقتی وضعیت را چنین دیدند از حرکت به سوی پتروگراد خودداری کردند و توطئه‌ی کورنیلوف قبل از اینکه به مرحله‌ی عمل درآید، بی‌نتیجه و با شکست مفتضحانه‌ای روبرو شد و ژنرال کریموف خودکشی کرد.

قدرت‌نمایی و تشکل بلشویک‌ها علاوه بر اینکه توطئه‌ی کورنیلوف را در هم کوبید، حکومت موقت و کرنسکی را نیز به وحشت فرو برد تا جایی که کرنسکی مجبور شد دستور بازداشت کورنیلوف و همکاران وی دنیکین[1] و لوکومسکی[2] را صادر کند و ژنرال آلکسیوف[3] را که دست کمی از ژنرال کورنیلوف نداشت، به فرماندهی کل قوا برگزید. به دنبال این واقعه، تروتسکی و سایر رهبران بلشویک‌ها که در ماه ژوئیه زندانی شده بودند، آزاد گردیدند.

به این ترتیب توطئه نافرجام کودتای کورنیلوف یک فرصت استثنایی در اختیار بلشویک‌ها قرار داد تا نیروهای رزمی و آمادگی خود را به مرحله

---

[1] Anton Ivanovich Denikin
[2] Alexander Sergeyevich Lukomsky
[3] Mikhail Vasiliyevich Alekseyev

آزمون درآورند و بعد از این واقعه بود که بلشویک‌ها به سرعت به تقویت گارد سرخ و تجهیز آنها پرداختند تا مبارزه نهایی خود را با کرنسکی به پایان برسانند.

ضمناً «شکست کورنیلوف را باید نقطه‌ی عطفی در چرخش انقلاب روسیه به شمار آورد زیرا ثابت نمود که قدرت ژنرال‌های رژیم تا چه اندازه سست و پایگاه محافظه‌کاران سنتی تا چه حد ضعیف است. زمانی که فرماندهان نظامی در ماجرای کورنیلوف خواهان حمایت واقعی سربازانشان بودند، آنها حاضر به اطاعت از فرماندهان نشدند و مسلم شد افسران دیگر قدرت مهار کردن انقلاب روسیه را ندارند. کدام افسری می‌توانست وقتی ژنرال‌ها قدرت خود را از دست داده بودند، ادعای فداکاری نماید. با شکست کورنیلوف زمینه برای نبرد نهایی بین سوسیالیست‌های محافظه‌کار و بلشویک‌ها فراهم شد.[1]»

سوسیالیست‌های محافظه‌کار همان منشویک‌ها و اس‌آرها بودند که بعد از ماجرای کورنیلوف تقاضای حل بحران را به صورت مصالحه‌آمیز مطرح نمودند و لنین که از مخفیگاه خود انقلاب را هدایت می‌کرد، روز اول سپتامبر

---

[1] Fainsod, Ibid, P. 74-75.

1917 در مقاله‌ای با عنوان «درباره‌ی مصالحه‌ها» به منظور اجتناب از خونریزی‌های غیر ضروری، امکان انتقال صلح‌آمیز حاکمیت به شوراها را مطرح نمود و نوشت:

«مصالحه ای که ما می‌کنیم این است که دوباره تقاضای ماقبل ژوئیه را مطرح می‌سازیم و می‌گوییم تمام حاکمیت به شوراها و دولت متشکل از اس‌آرها و منشویک‌های مسئول در قبال شوراها ... به عقیده‌ی من بلشویک‌ها که پیشرو انقلاب جهانی و روش‌ها انقلابی هستند، فقط به خاطر تداوم صلح‌آمیز انقلاب می‌باید با این مصالحه موافقت کنند. این فرصتی بسیار کمیاب و بسیار ارزشمند در تاریخ است. فرصتی که فقط گهگاهی به دست می‌آید.[1]»

اما سوسیالیست‌های محافظه‌کار این فرصت استثنایی را از دست دادند زیرا خواستار وحدت احزاب خرده بورژوازی بودند و پیشنهاد می‌کردند که یک کابینه‌ی ائتلافی کشور را اداره کند و به عبارت دیگر نظر نهایی آنها — ضمن نجات حکومت موقت در حقیقت — سازش با بورژوازی بود که درست نقطه مقابل هدف سوسیالیست‌های انقلابی یا بلشویک‌ها بود. به این ترتیب بار

---

[1] Lenin, Collected Works, Vol. 25, pp. 306-307.

دیگر ضرورت ادامه‌ی مبارزه‌ی مسلحانه برای انتقال قدرت به شوراها عملاً تایید شد.

حکومت موقت و در رأس آنها کرنسکی که خود از خطر کودتای نظامی نجات یافته بود، اینک در مقابل پیروزی بلشویک‌ها نگران و در پی ترفند جدیدی برای جلوگیری از سقوط بود. روز اول سپتامبر 1917، حکومت موقت نام امپراتوری روسیه را به «جمهوری روسیه» تغییر داد و یک هیئت مجریه پنج نفری به ریاست کرنسکی و عضویت بعضی از وزرای کابینه مسئولیت رهبری را بر عهده گرفت[1]. این اقدام کرنسکی که در حقیقت گامی در جهت تقویت کابینه‌ی حکومت موقت بود، نه تنها کمکی به بهبود اوضاع سیاسی و اقتصادی کشور که روز به روز بی‌ثبات تر می‌شد و رو به زوال می‌رفت نکرد بلکه انتقاد گروه‌های سیاسی مخالف ــ حتی محافظه‌کاران ــ را نیز برانگیخت. دامنه‌ی اختلاف به حزب اس‌آرها که کرنسکی خود در رأس آن بود، نیز کشانده شد و برخی از سران حزب با ایجاد انشعاب خواستار اقدامات مترقی و انقلابی گردیدند. منشویک‌ها نیز نتوانستند از ابراز مخالفت خودداری کنند و در برخی محافل این فکر تقویت می‌شد که گویا کرنسکی

---

[1] بایفسکی و دیگران، همان، ص 107.

می‌خواهد با اقدامات قانونی مجدداً زمینه را برای بازگشت سلطنت آماده کند چنان که روابط پنهانی وی با تزار مخلوع نیز این شایعه را تقویت می‌کرد.

اختلاف نظر و انشعاب در بین سران اس‌آرها و منشویک‌ها موقعیت درخشانی به بلشویک‌ها داد و سبب شد که رهبری شوراهای پتروگراد و مسکو به دست بلشویک‌ها بیافتد. با استفاده از چنین موقعیتی در اواخر اوت 1917 «بلشویک‌ها موفق شدند در شوراهای پتروگراد قطعنامه‌ای را با 279 رأی موافق در مقابل 115 رأی مخالف به تصویب برسانند که به موجب آن برنامه‌های بلشویک‌ها از قبیل تأسیس جمهوری شوراها در روسیه، واگذاری زمین به دهقانان، کنترل صنایع به دست کارگران، الغای قراردادهای محرمانه و مذاکرات فوری برای صلح در آن گنجانده شده بود. کمی بعد از این پیروزی بلشویک‌ها تقاضای انتخابات برای اعضای جدید کمیته‌ی اجرایی مرکزی و پرزیدیوم شوراها را مطرح نمودند که در این مرحله نیز با 514 رأی موافق در مقابل 414 رأی مخالف و 67 رأی غایب توانستند اکثریت آرا را به دست آورند و در نتیجه رهبری پرزیدیوم شوراهای پتروگراد با حضور 14 نفر از بلشویک‌ها، 6 نفر از اس‌آرها و 3 نفر از منشویک‌ها عملاً به دست بلشویک‌ها افتاد و تروتسکی به جای چخیدزه به ریاست شوراها

منصوب شد.[1]» چند روز بعد، یعنی پنجم سپتامبر 1917 نظیر چنین پیروزی نصیب شوراهای مسکو گردید و بلشویک‌ها ضمن بدست آوردن اکثریت و اعلام پیروزی، قطعنامه‌ای را به تصویب رساندند که به موجب آن مجدداً شعار «تمام قدرت به شوراها» در رأس خواسته‌های انقلابی گنجانده شده بود و برای وصول به آن، سرنگونی حکومت موقت از طریق خشونت و توسل به زور خواسته شد[2]. این قطعنامه مورد تصویب سایر شوراهای دیگر نیز قرار گرفت و به این ترتیب بار دیگر خط مشی مبارزه مسلحانه تأیید شد.

همزمان با بحران‌های سیاسی، مشکلات اقتصادی نیز غیرقابل‌تحمل می‌شد. در ماه سپتامبر 1917 نابسامانی‌های اقتصادی تا به آنجا کشیده شد که کشور را در قحطی و مردم را معرض نابودی قرارداد. عدم ثبات سیاسی، هزینه‌های سنگین نظامی برای ادامه‌ی جنگ وشورش‌ها و اعتصابات پیاپی داخلی سبب شده بود که میزان تولیدات صنعتی و کشاورزی کاهش یابد. پول ارزش خود را از دست داده بود و کارخانه‌ها یکی پس از دیگری تعطیل

---


[1] Basil Dymytryshyn, USSR: A Concise History, New York, Charles Scribner's Sons, 1965, p. 67.
[2] A. Samsonov, A. Karasyov, D. Kovalenko and I. Kremer, A Short History of the USSR, Moscow, Progress Publishers, Academy of the science of the USSR, Institute of History, Vol. 2, P. 29.

می‌شدند. کارگران مرتباً کار خود را از دست می‌دادند. تورم و گرانی بیداد می‌کرد و سرمایه‌داران با ایجاد بازارهای سیاه و احتکار مواد غذایی نه تنها توده مردم و انقلابیون بلکه سربازان جبهه‌ها را نیز شدیداً تحت فشار قرار داده بودند به طوری که تهیه‌ی یک لقمه نان نیز به سادگی امکان‌پذیر نبود.

لنین که از مخفیگاه خود مراقب اوضاع بود، در مقاله‌ای تحت عنوان «مصیبت قریب‌الوقوع و چگونگی مبارزه با آن» تحلیلی از بحران اقتصادی روسیه نمود و آن را به گردن سرمایه‌داری انداخت و برای نجات از این بدبختی‌ها نوشت: «در روسیه قرن بیستم که توانسته است جمهوری و دموکراسی را از طریق انقلاب به دست آورد، بدون پیشرفت به سوی سوسیالیسم و بدون قدم برداشتن در راه آن غیر ممکن است کشور به جلو رانده شود.[1]» لنین در این مقاله برای نجات کشور از ویرانی و مصیبت‌های اقتصادی، به بلشویک‌ها راه‌حل‌های عملی مبارزه را نشان می‌دهد. وی «پس از توصیف بدبختی شومی که خلق در اثر حاکمیت بورژوازی و زمینداران دچارش شده بود، تدابیر انقلابی را که می‌توانستند مانع سقوط نهایی شوند، بر شمرد. نظارت کارگران بر تولید، ملی کردن بانک‌ها، سندیکاها و غیره،

---

[1] Lenin, Collected Works, Vol. 25, p. 358.

ضبط املاک زمینداران و ملی کردن زمین‌ها[1]» از جمله راه‌حل‌هایی بود که لنین توصیه نمود.

لنین در مطالب مهم دیگری که در سپتامبر 1917 تحت عناوین «بحران جا افتاده است»، «مارکسیسم و قیام» و «چرا بلشویک‌ها می‌توانند قدرت را در دست گیرند» به رشته تحریر در آورد و به صورت نامه‌های محرمانه به کمیته مرکزی شوراهای پتروگراد و مسکو فرستاد، استدلال نمود که حمایت توده‌ها از بلشویک‌ها به اندازه کافی قوی شده تا قیام کنند و قدرت را در دست گیرند. وی در نامه‌ی «بحران جا افتاده است» هشدار داد: «کل آینده انقلاب روسیه در خطر است. حیثیت حزب بلشویک در معرض سؤال قرار گرفته است. کل آینده انقلاب بین‌المللی کارگران برای رسیدن به سوسیالیسم در خطر است.[2]»

لنین برای نجات سوسیالیسم به بلشویک‌ها دلگرمی می‌دهد و می‌نویسد: «موقعی که طبقات پایین و فقیر اجتماع ببینند که حکومت جدید شوروی ثروتمندان را تحت فشار قرار می‌دهد و ثروت آنان را بین توده‌های فقیر و

---

[1] ایساک مینتس، همان، ص 75.

[2] Lenin, Ibid, Vol. 26, p. 82.

محتاج تقسیم می‌کند، آن وقت هیچ قدرتی از ناحیه‌ی سرمایه‌داران و کولاک‌ها نمی‌تواند بر انقلاب مردم پیروز شود.[1]«...

لنین از مجموع این مطالب نتیجه می‌گیرد که »بلشویک‌ها که در شوراهای نمایندگان، کارگران و سربازان هر دو پایتخت (پتروگراد و مسکو) صاحب اکثریت شده‌اند، می‌توانند و باید قدرت را در دست گیرند.[2]« لنین بدون این که ذکری از زمان مشخص برای به دست گرفتن قدرت نماید، در نامه‌ی خود به کمیته‌ی مرکزی شوراهای پتروگراد و مسکو هشدار می‌دهد که آن زمان چگونه باید تعیین شود. »ما اکنون علاقمند به تعیین روز یا لحظه قیام به مفهوم کلمه نیستیم. آن لحظه فقط به وسیله‌ی صدای کسانی که در تماس با کارگران و سربازان و توده‌ی مردم هستند، تعیین خواهد شد.[3]«

حکومت موقت در اواسط سپتامبر برای خنثی نمودن فعالیت بلشویک‌ها با دعوت از نمایندگان احزاب سوسیالیست، اتحادیه‌های بازرگانی و صنعتی، بخش‌های نظامی، شوراها و احزاب بورژوازی و سازشکار دست به تشکیل یک مجلس مشورتی دموکراتیک برای سراسر روسیه زد. شرکت‌کنندگان در مجلس بر اساس مدل‌های غربی، یک پارلمان مقدماتی به نام شورای موقت

---


[1] Samuel Hendel, The Soviet Crucible, Soviet Government in Theory and Practice, Princeton, Van Nostard, 1969, P. 216.
[2] Lenin, Ibid, Vol. 26, p. 19.
[3] Lenin, Ibid, Vol. 26, p. 20.

جمهوری تشکیل دادند که اعضای آن از بین شرکت‌کنندگان انتخاب شدند.

این بازی سیاسی که با عجله صورت می‌گرفت، شاید اگر با تعمق بیشتر در ابتدای حکومت موقت ارائه می‌شد، مورد استقبال قرار می‌گرفت ولی در هفتمین ماه حکومت موقت - آن هم زمانی که بلشویک‌ها می‌رفتند تا قدرت را قبضه کنند - راهحلی نومید کننده بود. با این که این راهحل مورد تمسخر اغلب بلشویک‌ها قرار گرفت، در کمیته‌ی مرکزی حزب بلشویک برخوردهایی به وجود آورد. کامنوف و ریکوف از طرح پارلمان دموکراتیک حمایت می‌کردند و استالین و تروتسکی شرکت در کنفرانس مزبور را تحریم نمودند. سرانجام تصمیم نهایی کمیته‌ی مرکزی منجر به شرکت نمایندگان بلشویک‌ها، کامنوف و زینوویوف در مجلس دموکراسی شد که پس از انتقاد شدید لنین نمایندگان بلشویک‌ها مجبور به ترک مجلس شدند[1].  کرنسکی که در این بازی سیاسی نیز با شکست روبرو شده بود در اواخر سپتامبر 1917 دست به ائتلاف کابینه زد و عده‌ای از وزرای مشروطه‌خواه و سرمایه‌دار نیز وارد کابینه شدند و به این ترتیب سومین حکومت ائتلافی موقت در بحرانی‌ترین شرایط مسئولیت اداره‌ی کشور را بر عهده گرفت.

لنین در 9 اکتبر 1917 مخفیانه وارد پتروگراد شد تا با کمک تروتسکی تدارک یک قیام مسلحانه را برای پیروزی نهایی انقلاب بدهد. فردای آن روز لنین در جلسه‌ی کمیته‌ی مرکزی حزب بلشویک که در پتروگراد تشکیل شد، شرکت کرد تا از تز «قیام مسلحانه» برای سرنگونی حکومت موقت دفاع نماید و به آن چه که قبلاً طی نامه‌های محرمانه به کمیته‌ی مرکزی و شوراها

---

[1] E. H. Carr, Ibid, Vol. 1. P. 104.

فرستاده بود با مضمون «تاریخ هرگز ما را نخواهد بخشید اگر حالا قدرت را در دست نگیریم»[1] جامه‌ی عمل بپوشاند.

در جلسه‌ی کمیته‌ی مرکزی حزب بلشویک که در حقیقت لنین برای اولین بار بعد از وقایع ژوئیه در آن شرکت می‌کرد، سران اصلی حزب چون سوردولوف، بابنوف، درژینسکی، استالین، کولونتایی، لوموف (اوپوکوف[2])، سوکولینکوف[3]، زینوویوف، تروتسکی و اوریتسکی[4] نیز حضور داشتند.

لنین در جلسه‌ی کمیته‌ی مرکزی، پس از تشریح وضعیت داخلی روسیه و مقایسه‌ی ماه ژوئیه با اکتبر 1917 در رابطه با ارزشیابی نیروها نتیجه گرفت که زمان قیام مسلحانه فرا رسیده است و چنین قیامی اجتناب ناپذیر است. وی خاطر نشان ساخت که: «حالا ما اکثریت را به دنبال خود داریم ... از نظر سیاسی وضعیت ؛ کاملاً برای گرفتن قدرت فرا رسیده است ... ما بایستی به جنبه‌های تکنیکی آن بپردازیم.[5]» نظریات لنین مورد تصویب اکثریت اعضای کمیته‌ی مرکزی قرار گرفت و فقط دو نفر از اعضا – زینوویوف و کامنوف – با آن مخالفت کردند و معتقد بودند که زمان چنین

---

[1] Lenin, Ibid, Vol. 26, P. 21.
[2] Georgy Ippolitovich Oppokov (A. Lomov)
[3] Grigori Yakovlovich Sokolnikov
[4] Moisei Solomonovich Uritsky
[5] Lenin, Ibid, Vol. 26, P. 188.

قیامی فرا نرسیده است. سرانجام کمیته‌ی مرکزی حزب بلشویک با قبول اجتناب ناپذیری قیام مسلحانه تصمیم گرفت فوراً مقدمات آن را فراهم نماید.

برای این منظور کمیته‌ی مرکزی در همان جلسه مبادرت به تأسیس کمیته‌ای به نام «دفتر سیاسی[1]» مرکب از لنین، زینوویوف، کامنوف، تروتسکی، استالین، سوکولینکوف و بابنوف نمود که مسئولیت اصلی آن اجرای تصمیمات کمیته‌ی مرکزی حزب در رابطه با قیام مسلحانه بود.

بسیار قابل توجه است که زینوویوف و کامنوف با اینکه مخالف طرح قیام مسلحانه بودند، به عضویت دفتر سیاسی یا در حقیقت کمیته‌ی اجرایی این طرح انتخاب شدند. اگرچه ممکن است تبعیت این دو نفر از انتخاب کمیته‌ی مرکزی نوعی دیسیپلین حزبی محسوب شود ـ یا به مفهوم دموکراسی غربی، آنقدر آزادی فکر و عمل در ابتدای انقلاب روسیه ارزش داشت که حتی مخالفین می‌توانستند ضمن ابراز عقیده، در حساس‌ترین ارگان اجرایی قرار

---

1-دفتر سیاسی یا پولیت بیرو Political Bureau بعد از پیروزی انقلاب اکتبر به یک ارگان دائمی در تشکیلات حزب کمونیست تبدیل شد. در زمان استالین دفتر سیاسی عملاً نقش چندانی نداشت اما بعد از استالین به تدریج دفتر سیاسی قدرتمند شد و تا به آنجا رسید که مهمترین رکن تصمیم‌گیری در کشور شد.

گیرند – در هر صورت قابل تحسین است و شاید نمونه‌ی آن از دوران استالین به بعد هرگز اتفاق نیفتاد.

در اکتبر 1917 کامنوف و زینوویوف دست از عقیده خود بر نداشتند و با ارسال نامه‌ای به سازمان‌های اصلی حزب بلشویک اعتراض خود را نسبت به طرح قیام مسلحانه ابراز داشتند[1] که گرچه مورد موافقت کمیته‌ی مرکزی حزب واقع نشد، مشکلات زیادی ایجاد کرد.

روز 12 اکتبر شورای پتروگراد با تشکیل «کمیته‌ی نظامی انقلابی[2]» آمادگی خود را برای تدارک قیام مسلحانه اعلام نمود. کمیته‌ی نظامی انقلاب در پتروگراد مرکب از نمایندگان شوراها و پادگان‌های پتروگراد، ناوگان بالتیک، شوراهای ناحیه‌ی فنلاند، گارد سرخ، اتحادیه‌های تجاری و سایر سازمان‌های نظامی حزب بود و وظیفه‌ی این کمیته بسیج کارگران و سربازان مسلح پتروگراد برای قیام مسلحانه بود.

روز 16 اکتبر، مجدداً «کمیته‌ی مرکزی حزب بلشویک به ریاست لنین تشکیل جلسه داد و با حضور نمایندگان کمیته‌ی نظامی پتروگراد، سازمان‌های

---

[1] E. H. Carr, Ibid, Vol. I, P. 105.
[2] Military Revolutionary Committee

نظامی و تجاری، کمیته‌های کارخانجات، کمیته‌های محلی حزبی پتروگراد و کارگران راه‌آهن جزئیات طرح قیام مسلحانه را بررسی و از کلیه‌ی کارگران و سربازان سراسر کشور خواسته شد که خود را برای قیام آماده کنند. علاوه بر این، کمیته‌ی مرکزی با تشکیل «مرکز نظامی انقلابی[1]» مرکب از سوردلوف، استالین، بابنوف، اوریتسکی و درژینسکی مسئولیت رهبری کمیته‌های نظامی انقلاب را به این مرکز واگذار نمود. به این ترتیب از همان ابتدای کار، سازماندهی نظامی قیام به سرعت شکل گرفت و پتروگراد – و به دنبال آن سایر شهرهای دیگر – برای نبرد مسلحانه و به دست گرفتن قدرت آماده شدند.

در گرماگرم این وقایع، اختلاف نظر بین اعضای مرکزی حزب بلشویک به اوج خود رسید و کامنوف از عضویت کمیته‌ی مرکزی حزب استعفا داد و مقاله‌ای در روزنامه‌ی نیمه بلشویکی «نووایا ژیزن[2]» به چاپ رسانید و طی آن نسبت به تصمیم کمیته‌ی مرکزی حزب مبنی بر قیام مسلحانه شدیداً اعتراض نمود و کاملاً موضع مخالفت با بلشویک‌ها را پیش گرفت. از طرف

---

<sup>1</sup> Military Revolutionary Center
<sup>2</sup> Navaya Zhizn

دیگر نیز زینوویوف در مجله‌ی حزب «رابوچی پوت[1]» مطالبی در همین زمینه منتشر کرد که روی هم رفته جو نامناسبی در شرایط حساس انقلابی ایجاد نمود. به عقیده‌ی بسیاری از بلشویک‌ها این اقدام زینوویوف و کامنوف نوعی خیانت به حزب محسوب می‌شد زیرا این موضع‌گیری علاوه بر فاش کردن اسرار حزبی و دادن اطلاعات به دشمن، باعث تضعیف روحیه‌ی کارگران و سربازان که خود را برای نبرد آماده می‌کردند، نیز می‌شد و در نتیجه به پیروزی انقلاب لطمه می‌زد.

لنین که از اقدامات زینوویوف و کامنوف به سختی آشفته شده بود، مجدداً - و جهت احتیاط — مخفی شد ولی طی نامه‌ای که به کمیته‌ی مرکزی نوشت، زینوویوف و کامنوف را به خیانت محکوم کرد و تقاضای اخراج آنان را از حزب نمود که موضوع با وساطت استالین موقتاً به مصالحه انجامید[2]. لنین همچنین در مقابل برخی از بلشویک‌ها — از جمله کامنوف و زینوویوف — که اصرار می‌ورزیدند تصمیم به قیام مسلحانه باید در کنگره‌ی شوراها گرفته

---

[1] Rabochy Put

[2] اسمیرنوف و دیگران، همان، جلد دوم، ص 33.

شود، موضعی بسیار قاطع گرفت و تعویق قیام مسلحانه را به هر دلیل، خیانت به انقلاب می‌دانست[1].

لازم به تذکر است که از ابتدای ماه اکتبر 1917، شرایط عینی کاملاً برای «انقلاب اکتبر» آماده شده بود. حکومت موقت طی هفت ماهی که از عمرش می‌گذشت نه تنها قادر به حل مشکلات نبود بلکه روز به روز بر میزان نارضایی توده‌ها می‌افزود، بارها وفاداری خود را در پیوند با بورژوازی نشان داده بود و عدم کفایت خود را در اداره‌ی امور کشور به ثبوت رسانده بود؛ پس بی‌جهت نبود که لنین با توجه به اوضاع سیاسی روسیه نتیجه گرفت بحران به مرحله‌ی بلوغ خود رسیده ـ یا به اصطلاح جا افتاده ـ بود و زمان مناسب برای بریدن ضعیف ترین حلقه‌ی زنجیر امپریالیسم (روسیه) فرارسیده بود و این زمانی است که باید انقلاب سوسیالیستی به وقوع پیوندد.

قبل از شرح وقوع قیام مسلحانه و پیروزی انقلاب اکتبر، توجه به نیروها و تا حدودی آمار و ارقام ـ هر چند هم که ناقص باشد ـ ضروری است.

---

[1]  ایساک مینتس، همان، ص 80-81.

در ماه اکتبر خط مشی کمیته‌ی مرکزی حزب بلشویک مبنی بر استفاده از قوه‌ی قهریه و مبارزه مسلحانه برای به دست گرفتن قدرت — همچنان که ذکر آن رفت — مشخص شده بود. اعضای حزب بلشویک در اواخر ماه اکتبر - یعنی زمان پیروزی انقلاب — از هشتاد هزار نفر به حداقل چهارصد هزار نفر در سراسر کشور افزایش یافته بود که بالاترین تعداد اعضا متعلق به پتروگراد با پنجاه هزار و مسکو با بیست هزار نفر بود. که در سازمان‌های حزبی و تحت تبلیغات و تعلیمات هماهنگ فعالیت داشتند. علاوه بر اعضای حزب در حدود شش هزار بلشویک در پادگان پتروگراد، پنج هزار در پادگان مسکو، بیش از سیزده هزار در جبهه‌ی شمالی (به انضمام ناوگان بالتیک)، بیست و یک هزار نفر در جبهه‌ی غربی و بیست و هفت هزار هوادار از جمله نیروهایی بودند که باید آنها را به حساب بلشویک‌ها منظور نمود. طبق آمار ناقص، اعضای بلشویک‌ها در پاییز سال 1917 در 348 سازمان حزبی منطقه‌ای، 334 سازمان شهری، 242 سازمان حزبی ایالتی و 12 سازمان حزبی ناحیه‌ای پراکنده بودند. قبل از وقوع قیام مسلحانه، بلشویک‌ها دارای 53 روزنامه با تیراژی بیش از دو میلیون نسخه بودند[1]. تعداد اعضای گارد

---

[1] کلیه‌ی ارقام به نقل از: بایفسکی و دیگران، همان، ص 39-138 است.

سرخ که به عنوان ارتش بلشویک‌ها مسلح شده بودند، در پتروگراد و حومه بیش از بیست و سه هزار نفر برآورده شده است[1]. به طور کلی بلشویک‌ها در اواسط ماه اکتبر 1917، جمعاً حدود سیصد هزار کارگر، سرباز و ملوان مسلح در اختیار داشتند[2].

درباره‌ی اینکه دهقانان تا چه حد در انقلاب نقش داشته‌اند، این نکته قابل ذکر که است بعد از انقلاب فوریه، دهقانان که اصولاً چیزی به دست نیاورده بودند، چشم امیدشان را به اقدامات قانونی حکومت موقت بسته بودند و تا حدودی فریب تبلیغات اس‌آرها را خورده و در اجتماعات آنها حاضر می‌شدند. دهقانان ناآگاه به امید تشکیل مجلس مؤسسان بودند تا به آنها زمین دهد. حکومت موقت نیز ـ تحت تأثیر بورژوازی — حاضر نبود به اقدام اساسی و انقلابی در مورد انتقال زمین به دهقانان مبادرت ورزد. در پاییز 1917، وقتی به تدریج دهقانان از حکومت موقت مأیوس شدند، خود دست به اقدامات خشونت‌آمیز زدند و با حمله به زمین‌های مالکان بزرگ و غارت اموال آنها، مشکلات عمده‌ای ایجاد کردند. این درست همان چیزی بود که بلشویک‌ها منتظر آن بودند تا از طریق خشونتِ دهقانان جان به لب رسیده، بورژوازی

_______________


[1] همان، ص 114.
[2] همان، ص 147.

را به زانو درآورند. نباید فراموش کرد که در آستانه‌ی انقلاب اکتبر، بیش از صد میلیون نفر از جمعیت صد و سی میلیونی روسیه را دهقانان تشکیل می‌دادند؛ که گرچه در جهالت، بی‌سوادی و بی‌خبری محض دست و پا می‌زدند، نیروی بسیار قابل توجهی بودند که بلشویک‌ها برای تبلیغات بلشویکی، سنگین‌ترین وظیفه را در بین آنها داشتند. دهقانان اگر آن طور که منظور نظر بلشویک‌ها بود، نمی‌توانستند قبل از انقلاب مشکل‌گشا باشند، توانایی آن را داشتند که بعد از انقلاب بزرگترین نیروی مشکل‌ساز باشند و بی‌جهت نبود که از ابتدا و در رأس برنامه‌های لنین انتقال زمین به دهقانان وعده داده شده بود.

در مورد کارگران یا پرولتاریا که در تئوری هسته‌ی اصلی انقلاب سوسیالیستی محسوب می‌شوند، باید متذکر شد که کارگران کارخانجات از ابتدای انقلاب با بلشویک‌ها همراه بودند ولی تعداد آنها در روسیه قابل توجه نبود و در آستانه‌ی انقلاب با خانواده‌هایشان حدود بیست و دو میلیون نفر بودند. حتی با نظر خوشبینانه نیز تعداد کارگران صنعتی فعال که می‌شد آنان را به عنوان نیروی انقلابی به شمار آورد، حدود سه میلیون نفر بود. این نیرو از افراطی‌ترین و قاطع‌ترین عناصر انقلابی محسوب می‌شدند و با آگاهی‌های مبارزاتی و سیاسی که داشتند، به دفعات و عناوین مختلف لیاقت

و کارایی انقلابی خود را در اعتصابات و میتینگ‌ها، به خصوص در پتروگراد، مسکو و دیگر نقاط صنعتی به اثبات رسانده بودند. همین کارگران بودند که در آستانه‌ی انقلاب به سرعت مسلح شدند و با تشکیل گارد سرخ، مسئولیت اصلی قیام مسلحانه را بر عهده گرفتند.

بسته شدن کارخانجات، اخراج کارگران و بیکاری و گرانی در گرایش کارگران به بلشویک‌ها کمک فراوانی نمود. حتی کارگرانی که به کار اشتغال داشتند نیز با خرابکاری و کمبود تولید مواد اساسی مثل سوخت، مواد خام، آهن، لاستیک و پارچه سرمایه‌داران را بوحشت می‌انداختند تا جایی که یکی از آنها به نام ریابوشینسکی[1] دیوانه وار اعتقاد داشت باید با ایجاد قحطی و گرسنگی کارگران را به زانو درآورد. وی اعلام کرد: «شاید ... ما نیاز به دست استخوانی ؛ گرسنگی و فقر و فلاکت مردم که بتواند گلوی رفقای دروغین این مردم یعنی شوراها و کمیته‌های دموکراتیک را بفشارد، داریم.[2]» بنابراین کارگران روسیه اگرچه از نظر کمّی قابل‌توجه نبودند، از نظر کیفی

---

[1] Pavel Pavlovich Ryabushinsky
[2] Hendel, Ilbid, P. 215.

همان نیروهایی بودند که می‌توانستند نقش تعیین‌کننده‌ای در انقلاب داشته باشند.

در بخش نظامی نیز نیروها به سرعت به طرف بلشویک‌ها جذب می‌شدند زیرا جنگ آنچنان آنها را خسته و ناراضی کرده بود که فقط شعار «نابود باد جنگ» بلشویک‌ها کافی بود تا حمایت آنان را جلب نماید. نظامیان و به خصوص ملوانان نیروی دریایی که شجاعت‌های بی‌نظیری در مبارزات انقلابی روسیه از خود نشان داده بودند نیروی قابل توجهی به شمار می‌آمدند؛ زیرا «در آغاز سال 1917 تقریباً نزدیک به هفت میلیون نفر سرباز روسی در ارتش خدمت می‌کردند که هشت ماه بعد یک میلیون نفر از آنها سلاح خود را به کنار گذاشتند و به خانه‌هایشان فرار کردند. آنهایی هم که در ارتش باقی ماندند، با سلاح‌های کهنه، لباس‌های مندرس و شکم‌های گرسنه علاقه و تمایل خود را برای جنگ از دست داده بودند.[1]» سربازان ناراضی و فراری به کارگران انقلابی پیوستند و بلشویک‌ها توانستند با استفاده از

---

[1] Melvin C Wern, The Course of Russian History, New York, MacMillan, 1959, p. 542.

نیروی سربازان و کارگران، سنگرهای اصلی مبارزه‌ی مسلحانه را برای انقلاب سوسیالیستی پر نمایند.

به امتیازات فوق که به نفع بلشویک‌ها در جریان بود، باید شرایط نامناسب اجتماعی را نیز افزود. وضع زندگی مردم در شهرها و روستاها به قدری اسف‌انگیز بود که دیگر تحمل زندگی برای آنها مشکل‌شده بود تا جایی که در روستاها ناامنی و غارت و در شهرها کمیابی و گرانی بیداد می‌کرد و توده‌ی مردم را به آن درجه از خشونت رسانده بود که راهی جز انقلاب برای آنها باقی نگذاشته بود.

یک روزنامه نگار و کمونیست دوآتشه آمریکایی به نام جان رید که خود شاهد وقایع انقلاب در روسیه بود و بعد از مرگ افتخاراً در کاخ کرملین دفن شد، در مورد روزهای قبل از انقلاب می‌نویسد:

«اوضاع هر روز بیشتر درهم و پیچیده می‌شد. صدها هزار سرباز از جبهه‌ی جنگ فرار می‌کردند و مانند جزر و مد دریا در کوچه‌ها و خیابان‌ها - بدون هیچ هدفی در تمام کشور - سرگردان بودند. دهقانانِ

حکومت‌نشین‌های تامبوف[1] و توئر[2] خسته از انتظار برای زمین‌هایی که به به انها وعده داده بودند و نمی‌دادند، کاخ‌های مالکان را دردهات آتش می‌زدند و صاحبان آنها را می‌کشتند. بسته شدن کارخانه‌ها و اعتصابات در مسکو و اودسا[3] و ناحیه‌ی معدن‌خیز دن[4] تکان دهنده بود. حمل و نقل به کلی فلج شده بود، ارتش گرسنه مانده بود و در شهرهای بزرگ نان پیدا نمی‌شد.[5]»

کمبود نان برای مردم گرسنه که چیزی برای خوردن نداشتند، به منزله‌ی مرگ بود. قحطی آن چنان چهره‌ی مخوف خود را نشان داده بود که حتی جیره‌ی بسیار ناچیز تعیین‌شده از سوی دولت هم به دست آنها نمی‌رسید. در عوض سرمایه‌داران برای سرکوبی انقلاب انبارهای خود را از غلّه لبریز کرده بودند و حکومت موقت قدرت ضبط آنها را نداشت یا تعمداً از اقدام به چنین کاری خودداری می‌کرد تا شاید گفته‌های ریابوشینسکی میلیونر دیوانه که می‌خواست از طریق «قحطی» مردم را به کام مرگ و انقلاب را به سوی

---

[1] Tambov

[2] Tver

[3] Odessa

[4] Donn

[5] John Reed, Ten Days That Shook the World, England, Penguin Books, 1977, P. 49.
کتاب فوق با نام «ده روزی که دنیا را لرزاند» توسط رحیم نامور و بهرام دانش ترجمه و در اسفند ۱۳۵۹ توسط انتشارات حزب توده ایران به چاپ رسیده است.

نیستی بکشاند، تحقق یابد. مردم قادر به تحمل چنین دردی نبودند و این درد زمانی به اوج خود می‌رسید که خبر شکست‌های پیاپی سربازان روسی از جبهه‌ها به گوش می‌رسید و آلمان‌ها با تصرف شهر «ریگا[1]» در خاک روسیه به پیشروی خود ادامه می‌دادند. به این ترتیب مردم نه می‌توانستند از نظر روحی ننگ شکست از آلمان‌ها را تحمل کنند و نه رنج قحطی و گرسنگی را.بلشویک‌ها می توانستند از چنین روحیه‌ای بهره‌برداری کنند زیرا دیگر نیازی به توضیح برای ضرورت انقلاب نداشتند و شرایط عینی روسیه خود گواه این ضرورت بود و لنین نیز با توجه به همین موضوع، اطمینان داشت که اینک بلشویک‌ها اکثریت را به همراه دارند.

حکومت موقت که فاقد برنامه مشخص برای سیاست داخلی و خارجی بود، از حل مشکلات داخلی عاجز و به دلیل ادامه‌ی جنگ بسیار ضعیف شده بود و اینک خود را در مقابل «قیام مسلحانه»ی بلشویک‌ها می‌دید. حکومت موقت که در طی هشت ماه گذشته نتوانسته بود با بحران‌های پیاپی داخلی اقدام به رفع مشکلات نماید، حالا دیگر در آخرین روزهای حیات خود برای مسائل جنگ، قحطی و گرسنگی ارزشی قائل نبود. اعضای حکومت در یک

---

[1] Riga

جلسه‌ی مخفی که در 17 اکتبر 1917 تشکیل شد، به فوری‌ترین مسئله‌ی روز یعنی چگونگی مبارزه با قیام مسلحانه‌ی بلشویک‌ها پرداختند. وحشت توأم با تردید در سراسر جلسه حکمفرما بود. برخی از وزرا اعتقاد داشتند باید قبل از بلشویک‌ها پیش دستی کرد و حمله را آغاز نمود. وزیر جنگ که می‌دانست کاری از دستش ساخته نیست، طفره می‌رفت و معتقد بود باید منتظر حمله‌ی طرف مقابل بود و سپس دست به اقدام زد. شاید حتی در این مورد هم چندان اطمینان نداشت زیرا بیشتر بر استعفای خود تأکید می‌کرد تا کمک به حکومت موقت[1].

با این همه کرنسکی جوان روحیه‌ی خود را نباخته بود و به آرایش نیرو در برابر بلشویک‌ها پرداخت. سربازان وفادار را فراخواند و مراکز حساس شهرها مثل ستاد فرماندهی، مناطق نظامی، ادارات پست و تلگراف، بانک‌ها و کاخ زمستانی (مقر فرماندهی حکومت موقت) را تحت حفاظت بیشتری قرار داد. در پتروگراد تظاهرات خیابانی ممنوع اعلام گردید و واحدهای ضربت به نقاط حساس مثل پتروگراد، مسکو و شهرهای دیگر اعزام شدند. نیروهای عمده‌ی حکومت موقت حدود 70 گردان ضربت و چند هنگ در

<hr>

[1] بایفسکی و دیگران، همان، ص 148.

جبهه‌های مختلف بود. 26 مدرسه‌ی نظامی کادت‌ها و 38 مدرسه‌ی ناوبانان در پتروگراد، مسکو و مراکز بزرگ تکیه‌گاه مهم حکومت موقت بودند. تعداد نظامیان موجود در این مراکز را حدود 250 هزار نفر تخمین می‌زدند. در حدود 30 هزار مرد مسلح نیز در پتروگراد وجود داشت که حاضر بودند به بورژوازی و حکومت موقت کمک کنند. این افراد شامل هفت تا هشت هزار افسر پراکنده در پادگان‌ها و ناوگان‌ها، شش تا هفت هزار نفر از واحدهای ویژه (نیروهای ضربت وابسته‌ی داوطلب)، نه تا ده هزار نفر از کادت‌های مدرسه‌ی نظام، سه تا چهار هزار نفر از نیروی قزاق و پنج تا هفت هزار نفر از میلیشیای شهری و گاردهای به اصطلاح ملی بودند[1].

به این ترتیب نوعی توازن قوا بین بلشویک‌ها و حکومت موقت وجود داشت اما نظامیان دولتی از وسایل و سلاح‌های بهتر و بلشویک‌های انقلابی از اعتقاد ایمان بالاتری برخوردار بودند.

در روزهای 22 و 23 اکتبر «کمیته‌ی نظامی انقلابی» طرح قیام مسلحانه را برای عمل بررسی نمود و با توجه به دستور لنین، قرار شد یک حمله‌ی تهاجمی در پتروگراد — تا جایی که ممکن است ناگهانی، سریع و بدون

---

شکست – صورت گرفته و از داخل و خارج به وسیله‌ی سه نیروی اصلی – یعنی کارگران، ملوانان و سربازان - حمایت شده و به هر قیمت که شده ادارات تلفن و تلگراف، ایستگاه‌های راه‌آهن و از همه مهم‌تر، پل‌ها به تصرف در آید[1].

حکومت موقت در 23 و 24 اکتبر 1917 دستور بازداشت و محاکمه‌ی اعضای کمیته‌ی نظامی انقلابی را صادر و دستور به توقیف روزنامه‌های بلشویکی می‌دهد. واحدهای نظامی در مناطق حساس قرار می‌گیرند و دستور اکید برای حفاظت و مراقبت از اسلحه‌خانه‌ها و انبار مهمات صادر می‌شود. بورژوازی و احزاب وابسته به آنها به کمک نیروهای دولتی شتافته و در روز 24 اکتبر شهر پتروگراد آماده نبردی سنگین می‌شود؛ نبردی که لنین قبلاً پیروزی و خطرات آن را چنین پیش بینی کرده بود: «پیروزی حتمی است و احتمال پیروزی بدون خون‌ریزی ده به یک است. منتظر ماندن ، خیانت به انقلاب است[2].»


[1] Lenin, Collected Works, Vol. 26, P. 180.
[2] Ibid, P. 141.

لنین که خود در پتروگراد مخفی بود، جریانات قیام را لحظه به لحظه در نظر داشت و وقتی متوجه شد که حکومت موقت تمام مناطق حساس را که هدف‌های حمله‌ی نظامی بلشویک‌ها بود، تقویت و تحت کنترل شدید قرار داده است، به لحظات حساس قیام اندیشید و در عصر روز بیست و چهارم اکتبر دستورالعمل سرنوشت‌سازی را برای کمیته‌ی مرکزی حزب صادر نمود. لنین نوشت:

«من این سطور را در عصر روز بیست و چهارم می‌نویسم. وضع به غایت بحرانی است. مثل روز روشن است که اکنون عقب انداختن قیام در حکم مرگ است. من می‌خواهم با تمام نیرو، رفقا را متقاعد کنم که امروز همه چیز به یک مو بسته است. در دستور روز مسائلی قرار گرفته‌اند که نه کنفرانس‌ها قادر به حل آنهایند، نه کنگره‌ها (حتی اگر کنگره‌ی شوراها باشد) بلکه فقط خلق‌ها، توده‌ها و مبارزه‌ی توده‌های مسلح میتوانند آنها را حل کنند. باید به هر قیمتی که شده امروز غروب، امشب، حکومت را بازداشت کرد و پیش از آن شاگردان مدرسه‌ی افسری را خلع سلاح کرد (و اگر مقاومت کردند، از پای درشان آورد) و غیره. تاریخ، تأخیر را به انقلابیونی که امروز می‌توانند پیروز شوند(و امروز به طور قطع و یقین پیروز خواهند شد)،

نخواهد بخشید. فردا ممکن است خیلی چیزها را از دست بدهند، ممکن است

همه چیز را از دست بدهند.[1]»

نامه‌ی لنین به منزله‌ی دستور حمله تلقی شد و بلشویک‌های پتروگراد که حالت آماده باش داشتند، در مرکز «کمیته‌ی نظامی انقلابی» واقع در انستیتوی اسمولنی[2] ابتکار عمل را در دست گرفتند. تروتسکی ریاست عملیات نظامی را عهده دار شد و بلشویک‌های انقلابی چون اوسینکو[3]، پادوویسکی[4] و چودنوفسکی[5]عملیات نظامی را هدایت می‌کردند و افسران جوانی چون کریلنکو[6] و دیبینکو[7] در ناوگان بالتیک مسئولیت اجرای طرح را عهده‌دار شدند. حمله در اوائل شب 24 اکتبر 1917 آغاز و لنین خود در نیمه شب 24 اکتبر وارد اسمولنی شد ودر لحظات خطرناک ، خود شخصاً رهبری قیام را بر عهده گرفت.

---

[1] Ibid, PP. 234-235.
[2] Smolny
[3] Vladimir Alexandrovich Antonov-Ovseyenko
[4] Nikolai Ilyich Podvoisky
[5] Gregory I. Chudnovsky
[6] Nikolai Vasilyevich Krylenko
[7] Pavel Efimovich Dybenko

نیروهای گارد سرخ محافظت مرکز فرماندهیِ اسمولنی را بر عهده گرفتند و ورود لنین که بلافاصله خبر آن به کلیه‌ی واحدها مخابره شد، جنب و جوش شدیدی در کارگران و سربازان ایجاد نمود و شور انقلابی آنان چنان انعکاسی در پتروگراد و سایر شهرها ایجاد کرد که به فاصله‌ی چند ساعت کلیه‌ی مراکز حساس بدون درگیری شدید به دست بلشویک‌ها افتاد.

شبهای ۲۴ و ۲۵ اکتبر ۱۹۱۷ (۶ و ۷ نوامبر مطابق تقویم جدید) در تاریخ روسیه به نام «انقلاب اکتبر» ثبت شده است. در این دو شب سربازان گارد سرخ و بلشویک‌های انقلابی کلیه‌ی مراکز حساس از قبیل ایستگاه‌های راه‌آهن، پستخانه‌ها، تلگراف‌خانه‌ها و بانک‌های دولتی را اشغال کردند و صبح روز ۲۵ اکتبر تقریباً تمام مراکز حساس و استراتژیک شهر پتروگراد در دست بلشویک‌ها بود و تنها کاخ زمستانی که مقر حکومت موقت بود، اشغال نشده بود. در همان شبِ پیروزی یعنی بیست و پنجم اکتبر دومین کنگره‌ی سراسری شوراها با شرکت ۶۵۰ نماینده از سراسر کشور که ۴۰۰ نفر آن بلشویک و بقیه از بازمانده‌های منشویک‌ها و اس‌آرها بودند در سالن اسمولنی تشکیل شد که در آن لنین ضمن اعلام پیروزی انقلاب اکتبر و سقوط حکومت موقت، انتقال حاکمیت به شوراها ، انتقال زمین به دهقانان، اعلام

صلح با آلمان، دموکراتیزه کردن ارتش و تهیه قانون انتخابات آزاد را اعلام کرد که کلاً به تصویب رسید.

همان شبی که کنگره در حال تصمیم‌گیری بود، طبق فرمان قبلی با صدای شلیک اولین گلوله‌ی توپ رزمناو «آورورا[1]» به سوی کاخ زمستانی، سربازان و کارگران و ملوانان به رهبری بلشویک‌ها به خیابان‌ها ریختند و به طرف کاخ زمستانی که مقر اعضای حکومت موقت بود، حرکت کردند.

حوالی ساعت 2 صبح روز 26 اکتبر 1917 بلشویک‌ها وارد سالن آیینه کاخ زمستانی شدند و اوسینکوی بلشویک به نیابت از طرف کمیته‌ی نظامی انقلابی، وزرای حکومت موقت را بدون درگیری خونین دستگیر کرد و به این ترتیب به عمر هشت ماهه‌ی حکومت موقت خاتمه داده شد و بلشویک‌ها قدرت را در دست گرفتند. شانس با بلشویک‌ها یاری کرد و همان ده درصد احتمال درگیری بدون خونریزی که توسط لنین پیش‌بینی شده بود به وقوع پیوست. کرنسکی نیز در خارج از پتروگراد مشغول توطئه و مقاومت بود اما اقدامات وی به جایی نرسید.

---

[1] Avrora

دوران انقلاب بورژوازی فوریه به پایان رسید و دوران انقلاب اکتبر 1917 یا انقلابب سوسیالیستی که لنین و بلشویک‌ها در انتظار آن بودند، فرا رسید.

در روز 26 اکتبر 1917 کمیته‌ی مرکزی حزب بلشویک در گوشه‌ای از سالن اسمولنی تشکیل جلسه داد و بدون هیچ تشریفاتی تصمیم گرفت حکومت جدید روسیه را «شورای کمیسرهای مردم[1]» بنامد. لنین پیشنهاد کرد که تروتسکی ریاست شورا را بر عهده بگیرد . وی خود داری کرد و لنین به عنوان مرد شماره یک انقلاب ریاست شورا را بر عهده گرفت. حکومت جدید شوراها مرکب از یازده روشنفکر و چهار نفر کارگر انتخاب شد که فقط لنین بالاتر از چهل سال داشت و بقیه جوان‌تر بودند. اعضای حکومت جدید با نام کمیسر وزارت‌خانه‌ها به استثنای لنین که ریاست آنها را بر عهده داشت، عبارت بودند از تروتسکی (خارجه)، ریکوف (کشور)، میلیوتین[2] (کشاورزی)، شیلاپنیکوف[3] (کار)، نوگین (تجارت و صنایع)، تئودوروویچ[4] (تغذیه)، استالین (ملیت‌ها)، لوموف (دادگستری)، استپانوف[5] (دارایی)،

---

[1] Council of People`s Commissars
[2] Vladimir Pavlovich Milyutin
[3] Alexander Gavrilovich Shliapnikov
[4] Ivan Adolfovich Teodorovich
[5] Ivan Ivanovich Skvortsov-Stepanov

لوناچارسکی (آموزش)، گلبوف[1] (پست و تلگراف)، اوسینکو و کریلنکو (فرماندهی ارتش) و دیبنکو (فرماندهی نیروی دریایی). و به این ترتیب اولین حکومت سوسیا لیستی جهان در روسیه تشکیل شد.

---

فصل دوم:

# مشکلات بعد از انقلاب

## دوره‌ی لنین 1917-1924

# 1. آغاز حکومت شورایی

انقلاب اکتبر روسیه که به منظور یک مبارزه مسلحانه آن همه تدارک برای آن شده بود، تقریباً بدون خونریزی در شهر پتروگراد به موفقیت رسید و بیشتر شبیه یک کودتای برق‌آسا بود تا یک انقلاب خونین. هم چنین در مناطق صنعتی، روسیه شمالی و مرکزی و نواحی اورال انقلاب بدون مقاومت پیش رفت ولی در مسکو و شهرهای مهم دیگر چون قازان، خارکوف و کیف درگیری‌های شدیدی صورت گرفت. ناسیونالیست‌های اوکراین در صدد بر آمدند یک جمهوری مستقل تشکیل دهند. قزاق‌های دان و کوبان[1] به سختی در مقابل افراد گارد سرخ مقاومت نمودند. در تمام این موارد

---

[1] Kuban

بلشویک‌ها به زور متوسل شدند و با سرکوبی ضدانقلاب کنترل نواحی ناآرام را به دست آوردند. به عبارت دیگر مقاومت چندانی برای حفظ حکومت موقت به عمل نیامد. دفاعی که برای حفظ تزاریسم در انقلاب فوریه صورت گرفت، هرگز در مورد حکومت موقت نشد و بلشویک‌ها در همان روزهای اول انقلاب قدرت را قبضه نمودند.

بلافاصله پس از پیروزی انقلاب در 25 اکتبر 1917 پیامی کوتاه توسط لنین از پتروگراد پخش شد که در این پیام لنین خطاب به «شهروندان روسیه» اعلام نمود که: «حکومت موقت سرنگون شده است. قدرت دولتی به دست ارگان شورای نمایندگان کارگران و سربازان پتروگراد و کمیته‌ی نظامی انقلابی سپرده شده است که پرولتاریا و پاگان پتروگراد آن را رهبری می‌کند. آرمانی که مردم برایش جنگیده‌اند یعنی برقراری فوری صلحی دموکراتیک، الغای مالکیت اراضی، کنترل کارگران بر تولید و استقرار قدرت شوراها تحقق یافته است. زنده باد انقلاب کارگران، دهقانان و سربازان.[1]»

پیام فوق در حقیقت، ضمن اینکه انتقال قدرت را به دست شوراها شامل می‌شد، رئوس اصلی برنامه‌ی جدید حکومت را نیز در بر داشت. با این که

---

[1] Lenin, Collected Work, Vol. 26, P. 236.

خواسته‌های فوری مردم نان و کار و غیره بود و قاعدتاً نظام جدید می‌باید ابتدا این توقعات حیاتی را برآورده کند، معهذا حکومت شوراها به استثنای پیشنهاد صلح که جنبه‌ی تاکتیکی داشت، بقیه‌ی برنامه‌ها که جنبه‌ی اصولی و درازمدت داشت و تغییرات اساسی را شامل می‌شد بتاخیر انداخت. الغای مالکیت اراضی، کنترل کارگران بر تولید و استقرار قدرت در دست شوراها همگی از مواردی بود که در راه سوسیالیستی کردن کشور اهمیت بسزایی داشت و به زمان طولانی برای تحقق این خواسته‌ها نیاز بود. مضافاً اینکه چنین تغییرات بنیادی که در تضاد با منافع بورژوازی بود، به سادگی قابل اجرا نبود و با مخالفت گروه‌های دیگر مواجه می‌گردید.

اولین مخالفت از طرف احزاب بورژوازی که ظاهراً خود را سوسیالیست می‌نامیدند، ابراز شد. در اولین روز پیروزی انقلاب، پس از این که دومین کنگره‌ی سراسری شوراهای نمایندگان کارگران و سربازان پس از نتیجه‌گیری ارگان «شورای کمیسرهای مردم» را برای اداره‌ی امور کشور اعلام نمود، با این که به اس‌آرهای چپ[1] چند پست کمیسری پیشنهاد شد ولی

---

1 حزب اس‌آرها یا حزب سوسیال انقلابی که ذکر آن به کرّات رفته است، از جمله احزابی بود که پایبند به اصول ثابتی نبود. گاهی با منشویک‌ها و زمانی با بلشویک‌ها بودند. از این رو با توجه به موضع‌گیری‌های مختلف، اس‌آرها در داخل حزب جناح‌های راست و میانه و چپ وجود داشت. جناح چپ از اواخر سال 1917 از اس‌آرها جدا و برای حفظ موقعیت

آنها از قبول آن خودداری نمودند و اصرار داشتند که ابتدا کمیته‌ی نظامی انقلابی منحل و لنین و تروتسکی از قبول پست در حکومت جدید اجتناب نمایند.کنگره در مقابل پیشنهاد اس‌آرها به خشونت گرایید و تمامی اعضای شورای کمیسرهای مردم را از بین بلشویک‌ها انتخاب نمود و پس از استماع سخنان لنین در مورد صلح و زمین و حاکمیت شوراها ، کلیه‌ی اصول آن را مورد تصویب قرار داد و سرانجام کنگره پس از سه روز به کار خود خاتمه داد و اعضای کمیته‌ی اجرایی مرکزی سراسری کارگران و سربازان را انتخاب نمود که از بین 101نفر کل اعضا 62 نفر از بلشویک‌ها، 29 نفر از اس‌آرهای چپ و بقیه از احزاب کوچک بودند. همچنین کنگره روز 12 نوامبر را برای انتخابات مجلس مؤسسان تصویب نمود[1].

به این ترتیب بلشویک‌ها در مقابل احزاب مخالف توانستند در کمیته‌ی اجرایی شوراها اکثریت را به دست آورند و قدرت خود را تثبیت نمایند.

خود در بین دهقانان، ابتدا حاضر به همکاری با بلشویک‌ها شدند و شوراها را قبول داشتند ولی طولی نکشید که اس‌آرهای چپ با توسل به شیوه‌ی سنتی خود یعنی ترور، به مبارزه با بلشویک‌ها پرداختند و بسیاری از آنها در صفوف ضدانقلاب جای گرفتند و بر علیه شوراها به مبارزه مسلحانه پرداختند.
[1] Dmytryshyn, Ibid, P. 75.

اما احزاب مخالف با این شکست از پا در نیامدند و فردای آن روز ضمن ائتلاف با یکدیگر سازمانی را به نام «کمیته‌ی نجات میهن» به وجود آوردند که به مبارزه‌ی خود با بلشویک‌ها ادامه دهند. احزاب مؤتلفه در کمیته‌ی نجات میهن عبارت بودند از کادت‌ها، منشویک‌ها، اس‌آرهای راست که با حمایت از جانب بورژوازی و تماس با کشورهای خارجی مانند بریتانیا، فرانسه و آمریکا در صدد برآمدند کرنسکی را که احتمالاً در میان فرماندهان جبهه‌ها نفوذ داشت تقویت نمایند تا حکومت جدید شوراها را با یک کودتا ساقط نمایند.

کرنسکی که در شب پیروزی انقلاب از پتروگراد گریخته بود، در خارج از شهر در «اوستروو[1]» به مقر فرماندهی ژنرال کراسنوف[2] پناه برد و با گردآوری سپاهی اندک که بیش از چند صد قزاق نبود، قصد حمله به پتروگراد را نمود. قرار بر این بود که دانشجویان نظامی آموزشگاه‌های پتروگراد و مسکو دست به شورش زده و منشویک‌ها و اس‌آرها نیز در داخل پتروگراد به تظاهرات ضدبلشویکی بپردازند تا نیروهای کرنسکی — کراسنوف بتوانند از خارج پتروگراد حمله نموده و پایتخت را اشغال نمایند. هم چنین برخی از نیروهای موجود در جبهه نیز می‌بایستی با پیوستن به نیروی ضدانقلاب امکان

---

[1] Ostrov
[2] Pyotr Nikolayevich Krasnov

پیروزی را فراهم کنند.اما این توطئه با تمام تلاش نیروهای داخلی و خارجی با شکست مواجه شد. از طرف دیگر بلشویک‌ها که ایستگاه‌های راه آهن را در اختیار داشتند، حتی اجازه ندادند یک قطار عبور کند تا سربازان جبهه را به کمک کرنسکی برساند. ضمناً و به تدریج قزاق‌های فریب‌خورده کرنسکی از وی بریدند و حاضر به ادامه‌ی جنگ نگردیدند. عد م اطاعت سربازان ضدانقلابی و نرسیدن نیرو به کرنسکی همراه با شجاعت بی‌نظیر سربازان گارد سرخ سبب شد که توطئه‌ی مزبور پس از یک درگیری جزئی با شکست روبرو شود و در نتیجه کراسنوف دستگیر و کرنسکی با لباس مبدل ملوانی موفق به فرار شد. و پس از چندی به آمریکا گریخت و تا آخر عمر در آنجا اقامت گزید[1].

هم زمان با این وقایع بلشویک‌ها از ترس اینکه مبادا در مرکز فرماندهی ارتش در جبهه‌ها شورش‌هایی به وقوع پیوندد و برای اطمینان خاطر از طرف شورای کمیسرهای مردم به رئیس ستاد مشترک قوای روسیه، ژنرال دوخونین[2] دستور داده شد تا با آلمان‌ها در مورد مذاکرات صلح صحبت کند.

---

[1] برای شرح جزئیات این فرار حیرت‌انگیز رجوع شود به: میشل دوسن‌پیر، همان، جلد سوم، ص 107-9.

[2] Nikolay Nikolayevich Dukhonin

وی از این امر خودداری نمود و سبب شد شورای کمیسرهای مردم وی را از کار برکنار و کریلنکو را به جای وی منصوب نماید. دوخونین که در تلاش خود برای اعزام نیروهای جبهه به منظور کمک به کرنسکی ناکام مانده بود، بدون هیچ گونه اعتراض پست خود را از دست داد.

هنوز یک روز از پیروزی انقلاب نگذشته بود که احزاب مخالف که خود را در قدرت سهیم نمی‌دیدند، با انتشار نامه‌ای در روزنامه‌ی ارگان منشویک‌ها نوشتند:

«تازه بیست و چهار ساعت از پیروزی بلشویک‌ها گذشته است که الهه‌ی تاریخ، انتقام گیری از ایشان را آغاز کرده است ... آنها به هیچ وجه نمی‌توانند قدرت دولت را به دست بگیرند. این قدرت، همواره آنان را اغفال می‌کند زیرا خودشان را در خلأیی می‌بینند که خود آفریننده‌اش بوده‌اند. زیرا تنهایند، زیرا کارمندان و متخصصان دسته‌جمعی، از همکاری با آنان خودداری می‌کنند.[1]» این نامه در حقیقت بیانیه‌ی تحریک‌آمیزی بود که بورژوازی آن

---

[1] تاریخ مختصر جهان، همان، جلد چهارم، ص 25.

را برای خط دادن به کارکنان حکومت که ارگان‌های اجرایی را در دست داشتند و اغلب آنان خصوصیات زمان تزار را حفظ کرده بودند، منتشر نمود.

کمیته‌ی مرکزی حزب بلشویک که وجود روزنامه‌های آزاد و مخالف را مانع پیشرفت مقاصد خود می‌دید، بلافاصله فرمانی را صادر نمود که به موجب آن بلشویک‌ها حق کنترل کلیه‌ی مطبوعات را داشتند و از این طریق قادر بودند روزنامه یا ارگانی را که مخالف رژیم بود، توقیف یا تعطیل نمایند. چنین خشونتی یعنی توسل به زور آن هم در آغاز حکومت شورایی برای مردم خوش‌آیند نبود و احزاب مخالف نیز که روزنامه‌هایشان یکی پس از دیگری به وسیله‌ی حکومت جدید تعطیل می‌شد، دست به اعتراض و خشونت زدند.

موج خشونت و نارضایی‌ها در روزهای اول انقلاب که هر لحظه فزونی میافت، احتمال تشدید جنگ‌های داخلی را قوی‌تر می‌کرد؛ تا آنجا که نه تنها گروه‌های مخالف بلکه اعتراض برخی از بلشویک‌ها را نیز به دنبال داشت. به طور مثال رئیس شورای سراسری کمیته‌های راه‌آهن اولتیماتوم داد که اگر حکومت جدید حاضر به سازش با منشویک‌ها و اس‌آرها نگردد، کارکنان

راه‌آهن دست به اعتصاب خواهند زد[1]. این پیشنهاد بلافاصله مورد حمایت برخی از اعضای برجسته‌ی بلشویک‌ها مانند کامنوف، زینوویوف قرار گرفت. لنین به شدت در مقابل چنین موضعی ایستادگی نمودو سرانجام این رویارویی سبب شد که در هفته‌ی اول نوامبر 1917، پنج نفر از سران کمیته‌ی مرکزی حزب بلشویک به اسامی کامنوف، زینوویوف، ریکوف، میلیتون و نوگین از عضویت خود در کمیته‌ی مرکزی استعفا دهند سه نفر اخیر حتی از پست کمیسری خود در «شورای کمیسرهای مردم» نیزاستعفا دادند ـ و اولین حکومت جدید پس از انقلاب را فقط چند روز بعد از تشکیل دچار بحران نمودند.

لنین برای رفع بحران، این بار نه از طریق زور بلکه به توده‌ی مردم متوسل شد و در 5 نوامبر 1917 در نامه‌ای خطاب به مردم نوشت:

«رفقا، زحمتکشان، به یاد داشته باشید که حالا خود شما زمام امور دولت را در دست دارید. اگر شما متحد نشوید و زمام امور دولت را دردست نگیرید، هیچ کس به شما کمک نخواهد کرد. از این لحظه به بعد شوراهای شما، سازمان‌های مستقل دولتی و قانون گذاری با اختیارات کاملند. به گرد

---

[1] اسمیرنوف و دیگران، همان، جلد دوم، ص 39 (پانویس).

شوراهای خودتان متحد شوید. آنها را تقویت کنید. کارها را خودتان به دست گیرید و از پایه کارها را آغاز کنید و به انتظار کسی ننشینید.[1]» با اینکه این پیام مؤثر واقع شد و شوراها تلاش نمودند حاکمیت خود را مستحکم نمایند، در 12 نوامبر 1917 که اولین مجلس مؤسسان تشکیل شد، ضربه‌ی سنگینی به بلشویک‌ها وارد شد و آنها را متوجه نمود که فقط باید از طریق توسل به زور با مخالفین مبارزه نمود.

روز انتخابات مجلس مؤسسان که قبلاً به وسیله‌ی حکومت موقت روز 12 نوامبر تعیین و به وسیله‌ی کنگره سراسری شوراها تأیید شده بود[2] اولین و شاید آخرین انتخابات آزادی بود که بلشویک‌ها در آن دخالتی ننمودند و به همین علت نتیجه‌ی آن برای بلشویک‌ها خوش‌آیند نبود.

---

[1] Lenin, Collected works, Vol. 26, P 298.

2 - برای جزییات این موضوع رجوع شود به مقاله اینجانب در منبع زیر:

مهدی اشرفی : نگرش سیاسی به قوانین اساسی  اتحاد جماهیرشوروی سوسیالیستی: مجله دانشکده حقوق و علوم سیاسی دانشگاه تهران: شهریور ۱۳۶۰ شماره ۲۴ صفحات ۱۶۳ ـ ۱۸۸

«از 41,700,000 نفر رأی‌دهنده، 17,100,000 نفر از اس‌آرها(ی روسیه و اوکراین)، 9,800,000 نفر از بلشویک‌ها، 2,000,000 نفر از کادت‌ها، 1,360,000 نفر از منشویک‌ها و بقیه از احزاب کوچک دیگر بود.

موقعی که نتیجه‌ی انتخابات اعلام شد از 703 نماینده، تعداد 380 نفر متعلق به اس‌آرهای راست و میانه‌رو، 39 نفر از اس‌آرهای چپ 168 نفر از بلشویک‌ها، 18 نفر از منشویک‌ها، 17 نفر از کادت‌ها، چهل نفر از سوسیالیست‌های معروف و 77 نفر از نمایندگان اقلیت‌های مختلف بودند.[1]»

به این ترتیب در مجلس مؤسسان اس‌آرها اکثریت قابل توجهی را به دست آوردند. بلشویک‌ها موفقیت اس‌آرها را به این علت می‌دانستند که اولاً انقلاب مورد نظر آنها هنوز در مراحل ابتدایی بود و اهمیت آن کاملاً درک نشده بود و ثانیاً اس‌آرها توانسته بودند بااستفاده از بی‌سوادی و ناآگاهی دهقانان و با نفوذ در مناطق روستایی موقعیت خود را به عنوان یک حزب دهقانی تثبیت کنند ولی با این همه آنچه مسلم است این است که بلشویک‌ها در پتروگراد، مسکو و سایر نقاط صنعتی اکثریت را به دست آوردند در حالی که اس‌آرها

---

[1] Dmytryshyn, Ibid, P 76.

- لازم به ذکر است که ارقام فوق در منابع مختلف به میزان کمی تفاوت دارد و تعداد نمایندگان اس‌آرهای راست 370 نفر، اس‌آرهای چپ 40 نفر و بلشویک‌ها را 175 نفر قید کرده‌اند.

در مناطق روستایی از حمایت دهقانان برخوردار بودند. البته اشاره به این نکته ضروری است که با توجه به نسبت جمعیت روستایی به کارگران صنعتی — که حداقل پنج برابر بود — موفقیت بلشویک‌ها از نظر دور نبود. قشر عظیم دهقانان از نظر کمی بسیار قابل توجه بود و لنین نیز به اهمیت این قشر در پیشبرد انقلاب سوسیالیستی توجه داشت و به همین منظور الغای مالکیت اراضی را در رأس برنامه‌های خود قرار داده بود تا بتواند اعتماد توده‌های میلیونی دهقانان را جلب و آنها را به اتحاد با کارگران و سربازان تشویق نماید. چنین پیوندی به سادگی امکان‌پذیر نبود زیرا دهقانان با تصاحب زمین‌ها موافق بودند ولی از نظر ایدئولوژیک و کسب قدرت از اس‌آر‌ها سلب اعتماد نکرده بودند[1].

بلشویک‌ها با تجربه‌ای که در انتخابات فوق‌الذکر به دست آوردند، متقاعد شدند که نفوذ آنان در بین دهقانان ضعیف است و نیاز به تبلیغات وسیع‌تر و زمان بیشتری دارد. از این رو و برای رسیدن به نتایج فوری، یک بار دیگر متوسل به شیوه‌های تاکتیکی شدند؛ یعنی بلافاصله بعد از انتخابات مجلس

1 شارل بتلهایم، مبارزه طبقاتی در اتحاد شوروی - دوره‌ی اول: 1917-1923، ترجمه خسرو مردم‌دوست، تهران، انتشارات پژواک، تیرماه 1358، ص 88-89.

مؤسسان، کنگره‌ی فوق‌العاده‌ی سراسری نمایندگان دهقانان[1] را در پتروگراد بر پا نمودندو با ایجاد اختلاف بین اس‌آرها موفق شدند با اس‌آرهای چپ کنار بیایند و ضمن سازش با آنها به نوعی ائتلاف موقت دست یابند و در نتیجه سه نفر از اس‌آرهای چپ به عنوان کمیسرهای کشاورزی، دادگستری و پست‌وتلگراف وارد کابینه‌ی شورای کمیسرهای مردم شدند. سرانجام کنگره در نشست‌های مشترک با نمایندگان شوراهای کارگران و سربازان به این نتیجه رسیدند که کمیته‌ی اجرایی کنگره به نام «کمیته‌ی مرکزی اجرایی شوراهای کارگران، سربازان و دهقانان» نامیده شوند تا مقدمات اتحاد این اقشار مهم یعنی کارگران، دهقانان و سربازان فراهم شود[2].

همزمان با این وقایع تظاهرات ضدانقلابی به رهبری حزب کادت‌ها شکل می‌گرفت. آنها با حمایت از طرف بورژوازی و احزاب وابسته به آن، موفق شدند فعالیت خود را گسترش داده و حتی به مناطق صنعتی نیز رسوخ کردند و در اثر تماس با ژنرال کالدین[3] قصد داشتند با بسیج نیروهای ضد انقلاب دست به شورش بزنند. اس‌آرهای راست و منشویک‌ها نیز با چنین برنامه‌ای

---

[1] Extraordinary All-Russia Congress of Soviets of Peasant's Deputies
[2] اسمیرنوف و دیگران، همان، ص 49.
[3] General Alexei Maximovich Kaledin

مخالف نبودند. شورای کمیسرهای مردم برای در هم کوبیدن این توطئه و جلوگیری از فعالیت‌های ضدانقلاب در 28 نوامبر 1917 فرمانی را به تصویب رساند که به موجب آن حزب کادت‌ها دشمنان خلق معرفی شدند و دستور بازداشت رهبران این حزب به جرم فعالیت‌های ضد انقلابی صادر شد.

شوراهای کمیسرهای مردم همچنین برای استقرار حاکمیت شوراها، سازمان‌های محلی حکومت نظام قبلی را منحل و قدرت آنها را به شوراها محول نمود. سیستم دادگاه‌های قدیم جای خود را به «دادگاه‌های خلق» داد که قضّات آن به وسیله‌ی مردم و نظارت شوراها انتخاب می‌شدند. فعالیت پلیس تزاری تحت کنترل شوراهای محلی قرار گرفت و بالاخره در اوایل دسامبر 1917 شورای کمیسرهای مردم برای سرکوبی ضدانقلاب تصمیم به تشکیل «کمیسیون اضطراری سراسری روسیه برای سرکوب ضدانقلاب، خرابکاران و سودجویان[1]» گرفت و ریاست آن به یک انقلابی لهستانی به

---

[1] All-Russia Extraordinary Commission for the Suppression of Counter-Revolution, Sabotage and Profiteering

نام فلیکس درژینسکی[1] محول شد که این سازمان مبدل به هسته‌ی اولیه‌ی تشکیلات پلیس مخفی شوروی به نام «چکا[2]» گردید.

در فاصله انتخابات مجلس مؤسسان تا تشکیل آن که نزدیک به دو ماه به طول انجامید، علاوه بر اقدامات فوق که در جهت استقرار حاکمیت شوراها به عمل آمد، لنین به بررسی یکی از مهم‌ترین مشکلات موجود که هنوز

---


[1] Felix Edmundovich Dzerzhinsky

[2] چکا (Cheka) ابتدا در دسامبر 1917 به عنوان سازمان پلیس حکومت شوراها به منظور سرکوبی ضدانقلاب توسط شورای کمیسرهای مردم به وجود آمد. بعد از مدت کوتاهی تشکیلات و فعالیت آن گسترش یافت و ستاد مرکزی آن از پتروگراد به مسکو منتقل شد. کمی بیش از یک سال فعالیت و در فوریه 1918 چکا به صورت یک سازمان مخوف تروریستی برای مبارزه با مخالفین کمونیسم در آمد. پس از اعلام قانون «ترور سرخ» در سپتامبر 1918، چکا این اختیار را یافت که هر فرد مظنون را بدون محاکمه و مراحل دادگاه اعدام کند. چکا به تدریج از هدف اولیه خود منحرف و تبدیل به یک نهاد دائمی در حکومت شوروی شد که پس از یک سال، حداقل سی و یک هزار نفر برای آن کار می‌کردند. چکا دارای یک شاخه‌ی سیاسی مخفی برای مردم عادی و یک شاخه‌ی مخصوص برای کنترل بخش نظامی بود. همچنین این سازمان دارای بخش‌هایی برای کنترل ناآرامی‌های مذهبی و کمپ‌های کارگری بود. در روابط خارجی نیز، چکا فعالیت‌های جاسوسی داشت و خلاصه آن که در اواخر سال 1918 تقریباً هیچ موردی نبود که تحت کنترل چکا نباشد. در سال 1919 لنین اعلام کرد که به علت این که قدرت دشمنان شوروی در هم شکسته شده و خطری در جهت تغییر رژیم نیست و دیگر وجود چکا ضرورتی ندارد، از آنجا که این سازمان بسیار وسیع شده بود و در تمام شئون کشوری و لشکری نفوذ کرده بود، ظاهرا در سال 1922 چکا منحل شد اما اختیارات آن به سازمان دیگری تحت عنوان «کمیسیون سیاسی دولت» یا GPU (گ. پ. او) منتقل شد که در حقیقت دنباله‌ی فعالیت چکا را تعقیب نمود و در همان سال پس از تشکیل دولت اتحاد جماهیر شوروی به OGPU (أ. گ. پ. او)، در سال 1934 به نام GUGB (گ. او. گ. ب)، در سال 1941 به NKGB (ان. کا. گ. ب)، در سال 1946 به MGB (ام. گ. ب) و پس از مرگ استالین در سال 1953 به KGB (کا. گ. ب) تغییر نام یافت که تا امروز تحت همین نام به فعالیت‌های امنیتی، اطلاعاتی و جاسوسی اشتغال دارد. برای شرح کامل در این زمینه مراجعه نمایید به کتاب: John Barron, KGB: The Secret Work of Soviet Secret Agents, New York, Readers digest Press, 1974.

لاینحل باقی مانده بود یعنی تشکیل مجلس مؤسسان، پرداخت و طی مقاله‌ای تحت عنوان «تزهایی برمجلس مؤسسان[1]» نوشت که وجود عناصر مخالف بلشویک‌ها در مجلس مؤسسان باید از درجه‌ی اعتبار ساقط گردد و تحت حاکمیت شوراها قرار گیرد. او متذکر شد که: «سیبستم شوراها از سازمان‌های دموکراتیک و مجلس مؤسسان عالی‌تر است و مجلس بایستی قدرت خود را به کنگره‌ی شوراها تفویض نماید.» لنین حتی برای پیشبرد هدف خود مجلس مؤسسان را تهدید به انحلال نمود[2].

ولی با همه‌ی این تهدیدها، مجلس مؤسسان در روز مقرر یعنی 5 ژانویه 1918 (18 ژانویه 1918 بر اساس تقویم جدید) در زیر رگبار شدید انتقادات بلشویک‌ها در کاخ تائورید که به وسیله‌ی سربازان گارد سرخ محاصره شده بود، تشکیل و به وسیله‌ی سوردولوف افتتاح شد. در اولین جلسه بیانیه حقوق زحمتکشان و استثمارشوندگان که به وسیله‌ی لنین نوشته و قبلاً به تصویب کمیته‌ی اجرایی مرکزی شوراهای سراسری روسیه رسیده بود، قرائت و تقاضای تصویب آن شد. در قسمتی از این اعلامیه آمده است:

---

[1] Thesis's  on Constituent Assembley
[2] Wren. Ibid. P 554.

«1- بدین وسیله اعلام می‌دارد که روسیه «جمهوری شوراهای نمایندگان کارگران، سربازان و دهقانان» نامیده می‌شود و تمام قدرت مرکزی و محلی به این شوراها محول می‌گردد.

2- جمهوری شوراهای روسیه بر اساس اصل اتحاد آزادانه‌ی ملت‌های آزاد به عنوان فدراسیونی از جمهوری‌های ملی شوروی استقرار می‌یابد.[1]»

در این بیانیه همچنین به لغو مالکیت خصوصی زمین و انتقال آن به دهقانان، کنترل کارگران بر تولید و تشکیل شورای عالی اقتصاد، مالکیت دولت بر کارخانه‌ها، معادن، راه‌آهن و دیگر وسایل تولید، ملی کردن بانک‌ها، ایجاد ارتش سرخ، لغو بدهی‌های مربوط به دولت تزاری، حق خودمختاری ملیت‌ها و استقلال فنلاند و سیاست دولت شوروی در مورد صلح اشاره شده بود.

بیانیه‌ی فوق که در حقیقت از نظر بلشویک‌ها به منزله‌ی پیش‌نویس قانون اساسی شوروی محسوب می‌شد، در مجلس مؤسسان با استقبال روبرو نشد

---

[1] Lenin, Collected Works, Vol. 26 p. 423.

زیرا مجلس مؤسسان با پاره‌ای از موارد بیانیه موافق بود و حاضر به قبول کلیه مفاد از پیش نوشته شده‌ی آن نبود. لذا به دستور لنین در همان جلسه‌ی اول نمایندگان بلشویک‌ها به عنوان اعتراض از مجلس خارج شدند و به دنبال آنها نمایندگان اس‌آرهای چپ نیز به جانبداری از بلشویک‌ها جلسه را ترک نمودند.

بقیه‌ی نمایندگان در مجلس باقی ماندند و دستور مربوط به زمین را تصویب و روسیه را جمهوری فدرال دموکراتیک اعلام نمودند. وقتی جلسه تا اوایل صبح روز بعد ادامه داشت، ژلزیناکوف[1] که سربازان گارد سرخ را در اطراف کاخ تائورید فرماندهی می‌کرد، طبق دستور قبلی داخل مجلس شد و به ویکتور چرنوف که جلسه را اداره می‌کرد، گفت: «سربازان خسته‌اند و باید به خانه بروند.» مفهوم دیگر این عبارت تأسف‌انگیز، استفاده از قدرت برای پایان کار بود. جلسه به ناچار تعطیل و به روز بعد موکول شد. اما فردای آن روز وقتی نمایندگان به محل مجلس شتافتند، درها را بسته دیدند و به دستور کمیته‌ی اجرایی مرکزی کنگره سراسری شوراهای روسیه که در همان روز جلسه داشت، مجلس مؤسسان منحل اعلام گردید. به این ترتیب به

___________________________

[1] Anatoly gregorovich Zheleznyakov

عمر یک روزه‌ی مجلس مؤسسان خاتمه داده شد و به جای آن در همان محل سومین کنگره‌ی سراسری شوراهای نمالیندگان کارگران و سربازان که البته اکثریت داشتند، تشکیل و به فاصله‌ی کمی کنگره سراسری شوراهای نمایندگان دهقانان نیز تشکیل و پس از چند جلسه هر دو کنگره با هم متحد شدند و سومین کنگره‌ی شوراهای نمایندگان کارگران، سربازان و دهقانان یعنی همان چیزی که مورد نظر لنین بود، را به وجود آوردند و به نام حاکمیت شوراها، ابتکار عمل را در دست گرفتند.

لنین درباره اهمیت سومین کنگره‌ی شوراها و نقش آن در تثبیت قدرت شوراها، در جمع‌بندی که در آخرین جلسه‌ی کنگره نمود، اظهار داشت:

«رفقا قبل از این که کنگره‌ی سوم شوراها به پایان رسد، ما بایستی در نهایت بی‌طرفی به اهمیت حساس این کنگره که در تاریخ انقلاب جهانی و بشریت نقش داشته است، اشاره کنیم. زمینه‌های مسلمی وجود دارد که بگوییم سومین کنگره‌ی شوراها عصر جدیدی را در تاریخ جهانی گشوده است و آگاهی نسبت به اهمیت آن در این برهه از انقلاب جهانی رو به گسترش است. این کنگره با سازماندهی قدرت، دولت جدید را که به وسیله‌ی انقلاب اکتبر

پدید آمده و راه بنای آینده سوسیالیسم را برای تمام جهان و زحمتکشان تمام کشورها نشان داده است، تحکیم نموده است.[1]»

به این ترتیب بلشویک‌ها به یکی از مشکلات عمده‌ی خود که تشکیل پارلمان به سبک دموکراتیک بود، با توسل به زور و برای همیشه خاتمه دادند و این روش بدون این که با اعتراض شدید مردم روبرو شود، از همان ابتدا تکلیف مخالفان را روشن نمود و فصلی جدید در تاریخ حکومت شوروی گشوده شد. فصلی که می‌باید عقاید لنین درباره‌ی سوسیالیستی کردن شوروی بدون چون‌وچرا پیاده شود.

در ژانویه 1917 بلشویک‌ها گروه کوچکی بودند که به طور مخفی و غیرقانونی فعالیت می‌کردند و رهبران آنها یا در تبعید بودند، یا در زندان. لنین خود از تعقیب پلیس در امان نبود. یک سال بعد یعنی در ژانویه 1918 بلشویک‌ها در مسند قدرت قرار گرفتند و رهبران سیاسی بدون رقیب روسیه شدند. این پیروزی شاید برای خود لنین نیز غیرمترقبه بود تا جایی که در نامه‌ای به تروتسکی نوشت:

---

[1] Lenin Collected Work, Vol. 26T p. 479.

«می‌دانی، از تحت تعقیب بودن و مخفی زندگی کردن، ناگهان به قدرت رسیدن ... !Es schwindelt[1]»به هر حال کسب قدرت خالی از مسئولیت نبود و مشکلاتی در پیش داشت. تاریخ این فرصت را به او داد تا عقایدش را در بوته‌ی آزمایش گذارد.

---

[1] Leon Trotsky, My Life, New York, 1930, P. 337. Quoted by Merill Fainsod, How Russia is Ruled, London, Oxford University Press, 1953, P. 83.

# 2. خطوط اصلی عقاید لنین

یکی از امتیازات قابل توجه انقلاب روسیه این است که تاریخ فرصت مناسبی به رهبران آن داد تا مبانی و مسائل انقلاب را قبل ار این که به مرحله‌ی عمل درآید، مورد بررسی و تجزیه‌وتحلیل قرار دهند. این مبانی و مسائل در اثر بحث و فحص و انتقادات بسیار موافقین و مخالفین کاملاً پخته شده بود و به راه‌حل‌های مناسب منتج شده بود. سوسیالیست‌های معروف روسیه و در رأس آنها لنین که خود بیش از پانزده سال در مهاجرت بود قبل از اینکه به قدرت برسند،تقریباً تمام مسائل تئوریک و عملی انقلاب را مورد مطالعه قرار داده بودند. البته از آنجا که ماهیت انقلاب روسیه سوسیالیستی بود، خطوط اصلی برنامه مشخص بود اما تطابق اصول مارکسیسم بر اوضاع و احوال روسیه که به جای یک جامعه‌ی پیشرفته‌ی صنعتی مورد نظر مارکس و انگلس یک جامعه سنتی کشاورزی بود، مسئله‌ی بسیار مهمی بود که این امر را تاریخ روسیه مد یون لنین است و او بود که با نبوغ و تلاش بیش از حد خود انقلاب سوسیالیستی را به روسیه کشاند و به تئوری مارکس جان تازه‌ای بخشید. از این رو از همان لحظه‌ای که قدرت به دست بلشویک‌ها

افتاد، حداقل از این بابت نگرانی نداشتند که «چه بکنیم؟»! و از آنجا که لنین خود در رأس رهبری حکومت جدید قرار گرفت، مجدداً این فرصت را به دست آورد تا عقاید خود را علاوه بر بررسی و مطالعه به مرحله عمل نیز درآورد. با تمام این احوال نمی‌توان گفت چون برنامه‌ی سوسیالیستی کردن روسیه از قبل مطالعه و بررسی شده بود، کاملاً صحیح و واقع‌بینانه بود. وقایع و مشکلات بعد از انقلاب روسیه حداقل این را ثابت نمود که بین آنچه که لنین فکر می‌کرد با آنچه که در عمل به وقوع پیوست، تفاوت‌هایی وجود دارد. به عبارت دیگر تئوری‌های شیرین لنین در عمل به واقعیت‌های تلخ مبدل گردید که نه مارکس و انگلس و نه خود لنین انتظار آن را داشتند. ولی اشتباه ناشی از انتخاب روش غلط را نباید به حساب غلط بودن اصل تئوری گذاشت. آن چه لنین می‌اندیشید هرگز به مرحله‌ی عمل در نیامد که نیاز به بحثی جداگانه دارد.

در اینجا اشاره به خطوط اصلی عقاید لنین هرچند به طور فشرده، مورد نظر است تا حداقل پیوند «مارکسیسم» و «لنینیسم» روشن شود تا ضمن پی بردن به ایدئولوژی حکومت شوراها، نقش مؤثر لنین نیز مشخص گردد.

به طور خلاصه دیدگاه روسی مارکسیسم را اصطلاحاً «لنینیسم» می‌نامند که به عنوان کمونیسم قرن بیستم شامل خصوصیات ویژه‌ای است که ذکر آنها ضروری به نظر می‌رسد زیرا در تشکیل اولین حکومت سوسیالیستی بسیار مؤثر واقع شد. نباید اشتباه کرد که لنینیسم را چیزی جدا از مارکسیسم بدانیم و به همین ترتیب نیز نباید تصور شود که مارکسیسم یعنی «دگماتیسم[1]» در قبول تئوری مارکس. تلاش لنین در حقیقت گامی برای نشان دادن انعطاف پذیری تئوری مارکس و انگلس بود. به عبارت دیگر، مارکس و انگلس برای نخستین بار سوسیالیسم را از تخیل به علم تبدیل کردند و لنین سوسیالیسم علمی را از عرصه‌ی تئوری به عرصه‌ی عمل کشاند. البته در این تلاش شرایط عینی زمان و مکان بی‌تأثیر نبود. برای مثال دوره‌ی مارکس عصر سرمایه‌داری بود و حال آن که دوره‌ی لنین قرن امپریالیسم و انحصار بود. مارکس شاهد جنگ نبود ولی لنین تجربه‌ی جنگ جهانی اول را همراه داشت. مارکس به جوامع صنعتی می‌اندیشید و لنین جوامع سنتی و کشاورزی را نیز در نظر داشت و مواردی از این دست.

---

[1] دگماتیسم Dogmatism یا مکتب فلسفه‌ی جزمی به آیینی گفته می‌شود که نیاز به استدلال ندارد و باید اصول آن را بدون چون‌وچرا و استدلال پذیرفت. دگماتیست‌ها به شرایط زمان و مکان بی‌توجه‌اند و حقایق قبلی را غیرقابل تغییر می‌دانند و شرایط دگرگونی را قبول ندارند.

به عبارت ساده تر، از آنجا که مارکس در قرن نوزدهم زندگی می‌کرد و قسمت اعظم عمر خود را در انگلستان که در آن زمان پیشرفته ترین کشور سرمایه‌داری جهان بود، گذراند. لذا عقایدی که ابراز داشت منبعث از محیط زندگی وی بود و به همین علت متوجه شد که تکامل نیروهای مولد سرمایه‌داری با مناسبات تولید در تضاد قرار می‌گیرد و کشورهای صنعتی و پیشرفته به علت وجود طبقه‌ی کارگر و تضاد آن با سرمایه دار انقلاب سوسیالیستی صورت می‌گیرد. بر این اساس مارکس معتقد بود که کشورهای شرق به علت این که عقب مانده‌اند، قادر به انقلاب نیستند و این انگلستان و فرانسه هستند که ابتدا باید انقلاب سوسیالیستی در آنها به وقوع پیوندد. اما لنین که در قرن بیستم می‌زیست با اینکه ناچار شد نزدیک به پانزده سال از بهترین ایام عمر خود را در تبعید بگذراند و در جوامع صنعتی مورد نظر مارکس اقامت گزیند، ولی از جامعه‌ی سنتی و کشاورزی روسیه غافل نبود و روند تکامل انقلاب سوسیالیستی را در روسیه سریع تر از اروپا می‌دید، به اتحاد طبقه‌ی کارگر و دهقان اصرار می‌ورزید و تشکل آنان را در یک حزب منضبط برای به ثمر رساندن انقلاب سوسیالیستی اجتناب ناپذیر می‌دانست. با تمام این احوال عده‌ای معتقدند که لنین چیز تازه‌ای برای گفتن نداشت و نبوغ وی در توضیح و تفسیر عقاید مارکس بود. گرچه این گفته تا

حدی صحیح به نظر می‌رسد ولی با توجه به عبارات «مارکسیسم دگم نیست» و «لنینیسم یعنی مارکسیسم قرن بیستم» باید گفت مارکسیسم و لنینیسم هیچ یک به تنهایی کامل نیستند و بی‌جهت نیست که برای توجیه تئوری سوسیالیسم ترکیب هر دو واژه «مارکسیسم-لنینیسم» مورد استفاده قرار می‌گیرد.

اگرچه لنین خود متذکر شد که تئوری جدیدی را ارائه نداده است بلکه شیوه‌ی بی‌سابقه‌ی تحریف در عقاید مارکس وی را بر آن داشته است تا به منظور احیای آموزش‌های واقعی مارکس تلاش کند[1]، ولی به هر صورت ذکر خطوط اصلی عقاید لنین برای روشن شدن وجوه اشتراک و افتراق نظریات وی با مارکس ضروری به نظر می‌رسد که مختصراً به آن اشاره می‌گردد.

الف. تئوری تشکیل حزب: مارکس معتقد بود که روزی در جوامع صنعتی و پیشرفته که از نظر توسعه‌ی اقتصادی و تعداد کارگران در سطح بالایی هستند، انقلاب سوسیالیستی به وقوع پیوسته و طبقه‌ی کارگر به تنهایی بر علیه بورژوازی خواهد شورید. وی به جای تأکید بر احزاب کمونیست بیشتر

---

[1] لنین مجموعه‌ی آثار و مقالات، ترجمه‌ی محمد پورهرمزان، ناشر و محل ناشر نامعلوم، رساله‌ی «دولت و انقلاب» ص 519.

روی احزاب کارگری اصرار می‌ورزید. لنین در کتاب معروف خود تحت عنوان «چه باید کرد؟» نظریه‌ی فوق را تکمیل کرد و اظهار داشت که نه تنها در جوامع صنعتی بلکه در جوامع سنتی و کشاورزی نیز انقلاب به وقوع خواهد پیوست و دهقانان نیز نقش مهمی را ایفا می‌نمایند[1]. لنین از این حد نیز پا را فراتر نهاد و نظریه‌ی مارکس را در مورد فوق تا حدی رمانتیک خواند و اظهار داشت که حتی اتحاد طبقه‌ی کارگر و کشاورز هم کافی نیست و آنها نیز به تنهایی قادر به انقلاب نیستند. برای اینکه کارگران و دهقانان متحداً بتوانند سیستم سرمایه‌داری را منهدم کنند باید آنها را تعلیم داد و برای این منظور باید از وجود روشنفکران استفاده کرد. برای موفقیت در امر فوق، لنین اتحاد طبقات کارگر، کشاورز و روشنفکر را در قالب یک سازمان منضبط متمرکز به نام «حزب کمونیست» اجتناب ناپذیر می‌دانست.

---

[1] به عبارت دیگر لنین معتقد بود که شرایط قبل از انقلاب سوسیالیستی محدود به بالا بودن توسعه‌ی اقتصادی و وجود تعداد زیاد کارگر صنعتی نیست بلکه همان طور که زنجیر از ضعیف‌ترین حلقه پاره می‌شود، چنانچه تضادهای سیاسی و شرایط عینی در کشوری فراهم شود حتی ضعیف‌ترین کشورها نیز می‌توانند انقلاب سوسیالیستی نموده و از حلقه‌ی کشورهای امپریالیستی جدا شوند. موفقیت در این امر را لنین در خشونت سیاسی و مبارزه‌ی مسلحانه می‌داند. بنابراین لنین انتقال به دوره‌ی سوسیالیسم را که از نظر تئوری می‌باید به وسیله‌ی کارگران صنعتی صورت گیرد، در عمل به وسیله‌ی حزب کمونیست (حزب نخبگان) با اتحاد طبقات کارگران، دهقانان، سربازان و روشنفکران می‌دانست.

لنین حزب کمونیست را «پیشتاز طبقه‌ی کارگر» نامید و آن را بالاترین مرحله‌ی آگاهی برای کارگر خواند. وی معتقد بود که کارگران و دهقانان باید روز به روز در حزب به وسیله‌ی روشنفکران تعلیم و به طرف انقلاب هدایت شوند. از نظر او عضویت در حزب محدود و مخصوص کسانی است که انقلابی و معتقد به مارکسیسم بوده و برای انجام هر گونه فداکاری آماده باشند. کادر رهبری حزب نیز باید بر اساس اصل سانترالیسم دموکراتیک انتخاب شوند؛ به این ترتیب که انتخابات از پایین‌ترین رده‌ها شروع و مسائل قبل از تصمیم‌گیری در سطوح پایین مورد بحث قرار گیرند. ولی بعد از انتخاب کادر رهبری و اتخاذ تصمیم در مورد مسائل مختلف اجرای دستورات آنها برای سطوح پایین لازم‌الاجرا است و باید بدون چون‌وچرا اطاعت شوند. به این ترتیب لنین طرح حکومتی خود را بر مبنای انهدام سرمایه‌داری و ایجاد سوسیالیسم در قالب حزبی منضبط مرکب از انقلابیون حرفه‌ای که همان حزب کمونیست باشد، بنا نهاد. بر اساس عقاید لنین تمام افراد حزب باید تحت عناوین ذیل تعلیم ببینند: تئوریسین‌ها، تشکیلات‌چی‌ها، مروجین، مبلغ‌ها.

چهار گروه فوق از نظر لنین کاملاً با یکدیگر متفاوت‌اند. مثلاً تئوریسین‌ها که خط مشی حزب را بر اساس ایدئولوژی تعیین می‌نمایند، جای مخصوصی را در حزب اشغال می‌کنند. نعداد آنها خیلی کم است. تشکیلات‌چی‌ها وظایف

سازماندهی حزب را بر عهده دارند و بین مروجین و مبلغ‌ها به زعم لنین تفاوت عمده وجود دارد و آن این که مروجین واسطه‌ی انتقال مفاهیم و عقاید پیچیده و مشکل تئوریسین‌ها به افراد پایین‌تر هستند و حال آن که مبلغ یک پیغام‌دهنده معمولی حزب است که مفاهیم معمولی را توجیه می‌کند. مبلغ می‌تواند حتی حامل پلاکاردها و شعارهای حزبی باشد تا مردم لحظه به لحظه در جریان وقایع حزب قرار گیرند. عقاید لنین در مورد حزب دگرگونی عظیمی در روسیه ایجاد نمود و همچنان که دیدیم شکاف عظیمی در حزب سوسیال دموکرات روسیه به وجود آورد. مدل لنین در مورد تشکیل حزب کاملاً روشن و متفاوت از آن چیزی بود که مارکس به آن اشاره کرده بود. مارکس و انگلس برای انتقال جامعه به سوسیالیسم تأکید بر نقش طبقه‌ی کارگر (پرولتاریا) داشتند در حالی که لنین تاکید روی انقلابیون حرفه‌ای متشکل از گروه‌های مختلف و معتقد به ایدئولوژی مارکسیسم در قالب یک حزب نوین و منضبط داشت که در آن روشنفکران هدایت طبقه‌ی کارگر و دهقان را عهده‌دار بودند.

ب. تئوری امپریالیسم: لنین برخلاف مارکس و انگلس شاهد جنگ جهانی اول بود. جنگی که وی تلاش نمود آن را از دیدگاه ماتریالیسم تاریخی بررسی نماید.

به نظر لنین جنگ جهانی نه تنها موازنه‌ی قدرت را در هم ریخت بلکه تلاش فوق‌العاده‌ای بود که کشورهای سرمایه‌داری را به دلیل تضاد منافع به جان یکدیگر انداخت. در دوره‌ی مارکس سرمایه‌داری به شکل رقابت آزاد مطرح بود ولی لنین شاهد عصر سرمایه‌داری به شکل انحصاری بود که بدون شک در توجیه تئوری امپریالیسم مؤثر واقع گردید. به طوری که برداشت‌های عینی که لنین از سرمایه‌داری انحصاری داشت و مارکس از آن محروم بود، سبب گردید که لنین به عنوان بهترین مفسر امپریالیسم شناخته شود و نظریات وی در این زمینه که متکی به آمار و ارقام بود به صورت سیستماتیک فرموله شود.

لنین در رساله‌ی معروف و عامه فهم خود به نام «امپریالیسم به مثابه بالاترین مرحله‌ی سرمایه‌داری[1]» مراحل تکامل سرمایه‌داری را به سوی امپریالیسم به روشنی بیان می‌کند و معتقد است که «امپریالیسم مرحله‌ی انحصاری سرمایه‌داری است.» که به طور خلاصه شامل پنج مرحله‌ی زیر است:

---

[1] Imperialism, The Highest Stage of Capitalism

اول: تمرکز تولید و سرمایه به آن چنان مرحله‌ی عالی تکامل می‌رسد که با ایجاد انحصار در زندگی اقتصادی نقش قاطعی بازی می‌کند.

دوم: پیدایش بانک‌ها، کارتل‌ها، تراست‌ها و سندیکاها به دست سرمایه‌داران و انحصارگران برای تجمع ثروت و اعمال مالکیت بر صنعت که به این وسیله قدرت را در دست خود قبضه نموده و سرمایه‌ی غیر فعال خود را از طریق شبکه‌ی بانکداری و غیره به سرمایه‌ی فعال و سودآور تبدیل می‌کنند. در این مرحله سرمایه بانکی با سرمایه صنعتی جمع می‌شوند و الیگارشی مالی را به وجود می‌آورند.

سوم: مرحله‌ی صدور سرمایه و کالا به خارج از کشور که بسیار مهم است و از صفات مشخصه امپریالیسم برای کسب منافع بیشتر است. هنگامی که نیروی کارگر به کالا تبدیل می‌شود، توسعه‌ی مبادله در داخل کشور و به خصوص در عرصه‌ی بین‌المللی صورت می‌گیرد و سرمایه‌ی مالی دام خود را برای به دست آوردن مواد خام و کارگر ارزان در سراسر جهان می‌گستراند.

چهارم: اتحادیه‌های انحصاری سرمایه‌داران تبدیل به کارتل‌های جهانی شده و بازارهای جهانی را بین خود تقسیم می‌کنند. در این مرحله مسائل منطقه‌ی نفوذ و بالاخره استعمار مطرح می‌شوند.

پنجم: تقسیم کشورهای جهان از طرف بزرگترین دول سرمایه‌داری جهان به پایان می‌رسد. به عبارت ساده‌تر، لنین نتیجه می‌گیرد که امپریالیسم آن مرحله‌ای از تکامل سرمایه‌داری است که در آن انحصارها و سرمایه‌ی مالی سیادت به دست آورده، صدور سرمایه اهمیت فوق‌العاده‌ای کسب نموده و تقسیم جهان از طرف تراست‌های بین‌المللی آغاز گردیده و تقسیم تمام اراضی جهان از طرف بزرگترین کشورهای سرمایه‌داری به پایان رسیده است.

این مراحل می‌تواند از نظر اقتصادی مشخصات امپریالیسم را بیان کند. بنا به گفته لنین کشورهای سرمایه‌داری ناگزیر به این سیر تکاملی هستند ولی از نظر سیاسی چون ماهیت سرمایه‌داری بر اساس سودجویی بیشتر است، مسلماً تقسیم جهان به سادگی صورت نخواهد گرفت و انتقال از تقسیم مسالمت‌آمیز به تقسیم غیرمسالمت‌آمیز یا قهرآمیز می‌انجامد. در حقیقت منظور اصلی لنین از ارائه تئوری امپریالیسم این است که ثابت کند صدور

سرمایه از کشورهای معظم سرمایه‌داری به کشورهای توسعه نیافته که صاحب مواد خام و کارگر ارزان هستند «استعمار» را به دنبال خواهد داشت که در شکل تصاحب سرزمین‌های جدید بروز خواهند کرد.

وقتی که تمام مستعمرات تقسیم شد دیگر محلی در جهان باقی نمی‌ماند و فقط تقسیم مجدد جهان مطرح می‌شودکه این مرحله به سادگی امکان‌پذیر نیست و با فشار نظامی و نهایتاً با جنگ توأم خواهد بود. یعنی کشورهای سرمایه‌داری به خاطر تضاد منافعی که بین خودشان در تقسیم مجدد جهان برایشان پیش می‌آید، به جنگ کشانده می‌شوند. در چنین وضعیتی است که مبارزه‌ی طبقاتی به کمک کشورهای استعمارزده در صحنه‌ی بین‌المللی می‌آید و علیه قدرت‌های امپریالیستی مبارزه‌ی شدید خود را آغاز می‌کنند و تضاد منافع کشورهای امپریالیستی نیز به این امر کمک نموده و سرانجام مبارزه به نفع کشورهای مستعمره پایان می‌یابد و بر اساس همین تجزیه و تحلیل است که لنین نتیجه‌ی قطعی می‌گیرد تا زمانی که کشورهای سرمایه‌داری در جهان وجود دارند، بروز جنگ نیز اجتناب‌ناپذیر است که این نتیجه‌گیری تحت عنوان تئوری «اجتناب‌ناپذیری جنگ[1]» توسط لنین بیان گردیده است.

---

[1] Inevitability of War

ج. تئوری دیکتاتوری پرولتاریا: نقش سیاسی طبقه‌ی کارگر بعد از وقوع انقلاب به وسیله‌ی مارکس و انگلس در قالب دیکتاتوری پرولتاریا به منظور تداوم انقلاب سوسیالیستی مورد توجه بود که لنین آن را تبدیل به مبارزه‌ی قهرآمیز حزب کمونیست کرد. حزبی که می‌باید عهده‌دار انهدام جامعه‌ی طبقاتی و مبارزه با ضدانقلابیون باشد و به هیچ گروه یا حزب دیگر اجازه‌ی فعالیت ندهد. در حقیقت لنین شکل سازمانی تئوری دیکتاتوری پرولتاریا را عملاً در قالب حزب کمونیست می‌دانست و این بدان معنا نبود که حزب فقط محل تجمع کارگران باشد. بلکه با توجه به مفهوم کار و کارگر که در قانون اساسی شوروی به آن اشاره شده ، حزب محل تجمع بهترین‌ها یا نخبگانی است که کار می‌کنند.

انتقادات بسیاری بر تئوری دیکتاتوری پرولتاریای لنین در قالب حزب بیان شده که از آن جمله می‌توان به نظریات هربرت مارکوز[1]، میلوان جیلاس[2]، آندره ساخاروف[3] و دیگران در این زمینه رجوع کرد که جملگی معتقدند دیکتاتوری پرولتاریا هرگز از تئوری به عمل در نیامد و جای آن را طبقه‌ی

---

[1] Herbert Marcuse
[2] Milvan Djilas
[3] Andere Sakharov

جدیدی به نام بوروکرات‌های حزبی گرفت که از امتیازات ویژه‌ی اجتماعی برخوردارند و با توده‌ی کارگر بسیار فاصله دارند.

د. انعطاف‌پذیری تاکتیک: یکی از نکات قابل توجه در نظریات لنین انعطاف‌پذیری تاکتیک است که وی با توجه به شرایط عینی جامعه و مشکلات عملی در تاکتیک توصیه می‌کند. وقتی که شرایط برای تغییرات مورد نظر فراهم نشده باشد به تعویق انداختن اقدامات در کوتاه مدت ــ بدون این که هدف اصلی فراموش شود ــ از نظر لنین امری ضروری است. در عمل نیز وقتی لنین بعد از انقلاب با خطرات کشورهای امپریالیستی مواجه گردید، موقتاً برای نجات شوروی هدف اصلی کمونیسم را که مبارزه پیگیر و بی‌امان برای واژگونی سرمایه‌داری بود، کنار گذارد و به قراردادهای صلح با قدرت‌های بزرگ تن در داد و یا برای نجات اقتصاد ورشکسته‌ی کشور طرح سیاست اقتصادی نوین نِپ[1] را ارائه داد که نمونه‌هایی از انعطاف‌پذیری تاکتیکی لنین است. به دنبال همین سیاست بود که لنین طرح همزیستی مسالمت‌آمیز با کشورهای سرمایه‌داری را به عنوان تاکتیک برای رسیدن به

---

[1] New Economy Policy (NEP)

- این طرح دربخش جداگانه ای به تفصیل خواهد آمد.

هدف اصلی عنوان کرد که بعدها در سیاست خارجی شوروی بسیار مورد توجه قرار گرفت.

یکی از بهترین کارهای لنین در رابطه با مسائل تاکتیکی، رساله‌ی معروف وی تحت عنوان «چپ‌روی در کمونیسم، بیماری کودکانه[1]» است که در سال 1920 برای حفظ منافع کمونیست‌های اروپایی که به عنوان تاکتیک پارلمانهای بورژوازی را توصیه می‌کردند، به رشته‌ی تحریر درآمد.

هـ. انتقال به کمونیسم: عقاید لنین در مورد ورود به دوره‌ی سوسیالیسم و انتقال به کمونیسم تیز تحت شرایط جامعه‌ی روسیه شکل خاصی به خود گرفت. به جای دوره‌ی کوتاه مدت برای انتقال به سوسیالیسم که به وسیله‌ی انگلس بیان شده بود، لنین معتقد به یک دوره‌ی بلند مدت برای این انتقال می‌باشد که در این دوره نه تنها باید تغییرات اساسی در مناسبات اجتماعی صورت گیرد بلکه زیربنای اقتصاد نیز باید برای سوسیالیسم آماده گردد که لنین این مسئله را به صورت عامه فهم به این شکل بیان کرد: «کمونیسم یعنی قدرت شوراها به علاوه‌ی الکتریفیکاسیون[2]»

---

[1] "Left Wing" in Communism, An Infantile Disorder
[2] Communism is Soviet Power Plus Electrification.

اشارات لنین درباره‌ی روابط مالکیت، مدیریت اقتصادی، نقش اتحادیه‌های تجاری، مشوق‌های اقتصادی، حدود و ثغور فشار و ترور و همچنین نقش، وظیفه و روش‌های کار حزب که نتیجتاً جهت‌های مختلفی به کمونیسم داد، دوره‌ی انتقال به کمونیسم را بسیار طولانی و نامشخص می‌کرد. با این که شوروی بسیاری از مسائل فوق را پشت سر گذاشت ولی هرگز وارد مرحله کمونیسم نشدعلیرغم این که برخی معتقدند که شوروی از زمان خروشچف به بعد وارد مرحله‌ی کمونیسم شد.

ولی آن چه مسلم است ایده‌آل مارکس در قالب مفاهیمی چون «به هر کس به اندازه‌ی کارش» در مرحله‌ی سوسیالیسم یا «به هر کس به اندازه‌ی احتیاجش» در مرحله کمونیسم، نتوانست در شوروی ضابطه‌ی انتقال جامعه از سوسیالیسم به کمونیسم قرار گیرد و عملا این کشور به جای رفتن به سوی جامعه‌ی بی‌طبقه و بی‌قدرت نمودن دولت، به سوی جامعه‌ی طبقاتی و دخالت شدید و هرچه وسیع‌تر دولت در کلیه‌ی امور پیش رفت. به همین علت از ابتدای امر برخی از مارکسیست‌ها و در رأس آنها روزا لوگزامبورگ لهستانی پاره‌ای از عقاید لنین از جمله تئوری حزب کمونیست وی را به شدت مورد انتقاد قرار داده‌اند.

# 3. صلح به هر قیمت!

یکی از فوری‌ترین مسائل حکومت جدید شوراها که همه چیز را تحت‌الشعاع قرار داده بود و کشور را به ویرانی و نابودی کشانده بود، مسئله‌ی ادامه‌ی جنگ جهانی اول بود که خسارات سنگینی به شوروی چه از نظر نیروی مادی و چه از نظر معنوی وارد ساخته بود.

وقتی که بلشویک‌ها به قدرت رسیدند، ارتش کشورهای خارجی به ویژه آلمان و اتریش در مرزهای شوروی مستقر بودند و ارتش سرخ که تازه پاگرفته بود و می‌رفت تا جانشین ارتش از هم گسیخته‌ی تزار گردد، به اندازه‌ی کافی نیرو و تجهیزات برای نبرد با ارتش خارجی نداشت. به علاوه تا زمانی که جنگ وجود داشت، امکان سازندگی برای کشور نبود و حتی می‌توان گفت پی‌آمدهای ناشی از جنگ آن قدر برای شوروی گران تمام شده بود که نه تنها تزار و حکومت موقت را در خود بلعیده بود، بعید به نظر نمی‌رسید که ادامه‌ی آن موجودیت حکومت جدید شوراها را نیز مورد تهدید قرار دهد. لنین چنین خطری را احساس کرده بود و یک روز پس از پیروزی انقلاب در 26 اکتبر 1917 در گزارشی به دومین کنگره‌ی سراسری شوراها خاطرنشان ساخت که مسئله‌ی صلح، مسئله حادی است؛ مسئله‌ی دردناک

روز که هیچ گونه نفعی برای مردم زحمتکش ندارد. این جنگ که بزرگترین جنایت بر علیه بشریت است نباید به خاطر تقسیم کشورهای ضعیف و مغلوب بین کشورهای قوی ثروتمند ادامه یابد[1].

زمانی که بلشویک‌ها به قدرت رسیدند، جنگ چهارمین سال خود را طی می‌کرد. میلیون‌ها نفر روسی کشته شده بودند و میلیون‌ها سرباز نیز در جبهه‌ها سرگردان بودند که چه کنند. شکست‌های پیاپی ارتش روسیه در جبهه‌ها، کمبود تجهیزات و مواد غذایی و پوشاک، فقدان فرماندهی واحد و منظم و عدم اطاعت سربازان از رده‌های بالا همگی دالّ بر این بود که خاتمه دادن به جنگ و حتی صلح به هر قیمت برای شوروی مسئله‌ای حیاتی بود.

از این رو حکومت جدید شوروی اعلام کرد که با هر گونه دیپلماسی مخفی درباره‌ی صلح مخالف است و همه چیز باید با اطلاع مردم باشد و این به آن معنا بود که قراردادهای پنهانی تزار و حکومت موقت که با کشورهای امپریالیستی بسته شده بودند، فاقد اعتبار و ارزش است. مضافاً این که کلیه‌ی قراردادهای مخفی در مورد جنگ علناً انتشار یافت تا مردم در جریان امر قرار گرفته و به ماهیت امپریالیستی آن پی ببرند. پس از آن که این مانور

---

[1] Lenin, Collected works, Vol. 26, P. 249-250.

سیاسی انجام گرفت، شورای کمیسرهای مردم با برکناری دوخونین – فرمانده کل قوا – از پست خود که از دستور آغاز مذاکرات صلح خودداری کرده بود، رأساً اقدام به فرستادن یادداشت‌های متعد د به کشورهای مختلف برای شروع مذاکرات صلح نمود. اما کشورهای امپریالیستی مانند آمریکا، انگلیس، فرانسه و ایتالیا نه تنها پاسخ مثبت به یادداشت‌های شوروی ندادند بلکه از شناسایی و برقراری رابطه با حکومت جدید نیز خودداری نموده و تلاش‌های گسترده‌ای را برای سرنگونی رژیم جدید آغاز کردند که در قسمت مربوط به «دخالت کشورهای امپریالیستی» توضیح داده خواهد شد.

پیشنهاد صلح شوروی اگرچه مورد موافقت کشورهای امپریالیستی قرار نگرفت، توجه افکار عمومی در کشورهای اروپایی، آسیایی و آمریکایی به حمایت از پیشنهاد شوروی جلب شد و حتی در آلمان، فرانسه و برخی کشورهای دیگر تظاهراتی از طرف طبقات زحمتکش به نفع شوروی بر پا شد که طی آن از کشورهای درگیر خواسته شده بود به جنگ خاتمه داده شود.

در 14 نوامبر 1917 آلمان و متحدانش به حکومت شوروی اطلاع دادند که برای شروع مذاکرات صلح آماده هستند. آلمان نه به خاطر پاسخ به افکار

عمومی یا دلسوزی برای شوروی بلکه به دلایل زیر که از هر جهت به نفع آن بود پیشنهاد صلح شوروی را پذیرفت:

1. قوای آلمان هنگام شروع مذاکرات در خاک شوروی بود و با پیروزی‌هایی که به دست آورده بود قادر به تحمیل هر گونه شرایط به شوروی بود.

2. با انعقاد قرارداد صلح، موقتاً نیروهای ارتش آلمان در جبهه‌ی شرق آزاد می‌شدند و آلمان می‌توانست با انتقال این نیروهای قابل توجه به جبهه‌های غربی در مقابل کشورهای آنتانت موقعیت خود را تقویت نماید.

3. با به دست آوردن قسمت قابل توجهی از خاک روسیه، آلمان می‌توانست موقعیت سیاسی و اقتصادی خود را تحکیم کند.

اظهار تمایل آلمان به گفتگو برای صلح که ضمناً نوعی آتش‌بس یا صلح موقت بود، به شدت مورد استقبال شوروی قرار گرفت و اولین دور مذاکزات بین شوروی از یک طرف و کشورهای متحد (آلمان، اتریش-مجارستان، بلغارستان و ترکیه) از طرف دیگر در محلی به نام برست لیتووسک[1]

---

[1] Brest-Litovsk

واقع در شرق لهستان یعنی جایی که مرکز فرماندهی جبهه‌ی شرقی آلمان قرار داشت، در 20 نوامبر 1917 آغاز گردید.

ریاست نمایندگی آلمان در مذاکرات صلح را وزیر خارجه‌ی آن کشور بارون کولمان1 و ژنرال ماکس هوفمان2 اتریش — مجارستان را وزیر خارجه کنت ژرنین3 بلغارستان را نخست‌وزیر آن کشور رادوسلاووف4 و ترکیه را وزیر اعظم طلعت پاشا5 به عهده داشتند.

ریاست نمایندگی شوروی را ابتدا یکی از بلشویک‌های قدیمی به نام آدولف یوفی6 و در اواخر دسامبر تروتسکی به عهده داشتند. در هیئت نمایندگی شوروی یک نفر کارگر، یک نفر ملوان و یک نفر کشاورز که نشان دهنده نظام جدید شوروی بودند، در مذاکرات صلح شرکت کردند.

در هفته‌های اول مذاکرات پیشرفتی حاصل نشد. زیرا آلمان خواستار جدا شدن قسمت عظیمی از خاک روسیه بود که در اشغال داشت. نمایندگان

---


[1] Baron Richard Von Kühlmann
[2] General Carl Adolf Maximillian Hoffmann
[3] Count Ottokar Von Czernin
[4] Vasil Hristov Radoslavov
[5] Mehmed Talaat Pasha
[6] Adolph Abramovich Joffe

شوروی با اصل حق خود مختاری موافق بودند ولی با مداخله‌ی آلمان در قسمت‌های اشغالی توافقی نداشتند. آلمان اصرار داشت که تمام لهستان، قسمت اعظم نواحی بالتیک و قسمتی از روسیه سفید را که در اشغال داشت، همچنان در اختیار داشته باشد. شوروی در بن‌بست عجیبی قرار گرفته بود. قبول پیشنهادات آلمان بسیار خفت آور بود و به روحیه‌ی وحدت و عرق میهن‌پرستی مردم روسیه بسیار لطمه می‌زد. از طرف دیگر عد م قبول پیشنهادات آلمان نیز یعنی ادامه‌ی جنگی که موجودیت حکومت جدید بلشویکی را در معرض خطر بسیار جدی قرار می‌داد. لنین که انعقاد قرارداد صلح را امری موقتی می‌دانست، موجودیت حکومت جدید برایش بیشتر مطرح بود و نگرانی نداشت که برای آن قیمت سنگینی بپردازد. اگر حکومت جدید سوسیالیستی مانند تزار و حکومت موقت سرنگون می‌شد، سرنوشت انقلاب به کجا می‌انجامید؟ بنابراین برای لنین و حکومت جدید واقعاً مسئله‌ی بودن یا نبودن مطرح بود. اما توجیه این مطلب کار آسانی نبود؛ به خصوص که انقلاب تازه متولد شده بود و دست‌های قوی مخالفین داخلی و خارجی درصد د خفه کردن آن بودند.

پیشنهادات ظالمانه و یک‌جانبه‌ی آلمان در مورد صلح خشم مخالفین را برانگیخت و دشمنان بلشویک‌ها را بار دیگر به فعالیت وا داشت. کادت‌ها،

منشویک‌ها و اس‌آرها متفقاً فریاد می‌زدند که با امضای قرارداد صلح بلشویک‌ها «روسیه را به آلمان می‌فروشند». این احزاب مخالف از مردم می‌خواستند با نشان دادن روحیه‌ی میهن‌پرستی برای حفظ سرزمین مادری با آلمان‌ها به جنگ ادامه دهند. با این نوع فعالیت به وضوح روشن بود که احزاب مخالف قصد داشتند جمهوری شوروی را مجدداً به جنگ با آلمان‌ها برانگیزند تا حکومت شوراها به زور سرنیزه‌ی آلمان‌ها واژگون شود[1].

این مخالفت حتی به داخل حزب بلشویک نیز کشانده شد و علاوه بر این که موضوع پیشنهاد صلح با آلمان‌ها در سطوح پایین حزب مورد انتقاد قرار گرفت، در سطح رهبری حزب نیز مقاومت‌هایی بر علیه تمایلات لنین در مورد قبول شرایط قرارداد صلح با آلمان‌ها نیز به عمل آمد. کمیته‌ی مرکزی حزب در موضع‌گیری نسبت به پیشنهاد صلح به سه جناح تقسیم شد:

1. لنین و حامیان او که طرفدار صلح بودند.

2. کمونیست‌های چپ[2] به رهبری بوخارین که خواستار جنگ انقلابی بر علیه آلمان بودند.

[1] کاراسیوف و دیگران، همان، جلد دوم، ص 55.
[2] کمونیست‌های چپ Left-Communists گروهی از بلشویک‌ها بودند که در اوایل سال 1918 به وجود آمدند و در جریان قرارداد صلح برست-لیتوسک اظهار وجود نمودند. آنها

3.  تروتسکی و طرفداران وی که خواستار فرمول « نه صلح، نه جنگ»

بودند.

در 8 ژانویه 1918 سه نظریه فوق در کنفرانس حزبی بلشویک‌ها در پتروگراد به بحث گذاشته شد و در نتیجه به پیشنهاد بوخارین 32 رأی، برای تروتسکی 16 رأی و برای لنین 15 رأی داده شد. در 11 ژانویه کمیته‌ی مرکزی حزب بلشویک پیشنهاد تروتسکی را با 9 رأی موافق در مقابل 7 رأی مخالف تصویب کرد و در 28 ژانویه تروتسکی نتیجه ی فرمول خود را به آلمان‌ها ابلاغ و بلافاصله برست- لیتوسک را ترک نمود[1]. به عیارت دیگر تروتسکی نظر خود را که به تصویب کمیته‌ی مرکزی حزب رسیده بود به عنوان نظر دولت شوروی به آلمان‌ها به این ترتیب اعلام کرد که شوروی قرارداد صلح را امضا نخواهد کرد ولی جنگ را متوقف و ارتش شوروی را از جبهه‌ها مرخص خواهد کرد.

---

با این که می‌دانستند جمهوری جوان شوروی به هیچ وجه امکان و توانایی ادامه‌ی جنگ را ندارد، معهذا اصرار می‌کردند که کشور باید به جنگ با آلمان‌ها ادامه دهد. رهبری جناح افراطی یا چپ بلشویک با نیکلای بوخارین بود که بلشویک‌های سرشناس دیگری چون رادک، پیاتاکوف و دیگران وی را حمایت می‌کردند. تروتسکی نیز این گروه را حمایت می‌کرد.

[1] Dmytryshin, Ibid, P. 83.

چنین اقدامی سبب شد که آلمان دست از متارکه‌ی جنگ برنداشت وبا تقویت عملیات نظامی در 18 فوریه 1918 دست به یک تهاجم وسیع بزند و ارتش از هم پاشیده‌ی شوروی که قدرت مقابله با ارتش آلمان را نداشت به سادگی امکان پیشرفت ارتش آلمان را فراهم نمود و سرزمین‌های پهناور دیگری از خاک شوروی به تصرف آلمان‌ها درآمد. قوای آلمان تا آنجا پیشروی کرد که موقعیت پایتخت حکومت شوراها یعنی پتروگراد به مخاطره افتاد و موجودیت اولین کشور سوسیالیستی که هنوز بیش ار سه ماه و نیم از عمرش نگذشته بود، به شدت مورد تهدید و سقوط قرار گرفت و در حقیقت قصد کشور امپریالیستی آلمان و مخالفین داخلی نیز همین بود که با ادامه‌ی جنگ حکومت جدید شوروی سقوط کند. این لحظه‌ی حساس و مشکل در تاریخ شوروی بسیار سرنوشت‌ساز بود. بلشویک‌ها با شعار «میهن سوسیالیستی در خطر است» بار دیگر با بسیج کارگران و سربازان جوان در قالب ارتش سرخ قدرت رزمی خود را نشان دادند و با تشکیل دستجات مقاومت در مقابل ارتش آلمان که تا بیخ و بن مسلح بود و می‌رفت تا با سقوط حاکمیت شوراها در پتروگراد تمام خاک شوروی را زیر سلطه خود درآورد، آن چنان شجاعت و

جسارتی نشان دادند که موفق شدند حمله‌ی آلمان‌ها را در پسکوف[1] و ناروا[2] قبل از پیشروی به پتروگراد دفع نمایند. این روز پیروزی یعنی 23 فوریه 1918 که باعث شکست آلمان‌ها و نجات کشور گردید، «روز ارتش سرخ» نامیده شد.

اما لنین به خوبی واقف بود که چنین پیروزی موقت و ضعیفی هرگز نمی‌تواند مبنای ادامه‌ی جنگ قرار گیرد و هر آن احتمال داشت که ارتش آلمان با تقویت قوا تار و پود حکومت اولین کشور سوسیالیستی جهان را در هم ریزد. از این رو نه تنها روی عقیده قبلی خود که انعقاد پیمان صلح با آلمان‌ها بود، تأکید مجدد نمود بلکه کمیته‌ی مرکزی حزب را تهدید به استعفا نمود و متذکر شد که «مسئله‌ی صلح برای شوروی، مسئله‌ی مرگ و زندگی ملت است. صلح امکان می‌دهد که انقلاب به هر قیمتی حفظ شود و شوروی مجال نفس کشیدن داشته باشد.[3]» در همین موقعیت بود که لنین به عنوان تاکتیک، نرمشی در تئوری اجتناب‌ناپذیری جنگ بین کاپیتالیسم و سوسیالیسم نشان داد و گفت: «همزیستی مسالمت‌آمیز بین کشورها با سیستم‌های مختلف

---

[1] Pskov
[2] Narva
[3] Wren, Ibid, P. 555.

اجتماعی امکان پذیر و ضروری است؛ و این واقعیت عینی است که حکومت شوروی را مجبور به امضای قرارداد صلح می‌کند.[1]» لنین استدلال می‌کرد که شوروی راه دیگری ندارد و شرایط صلح هرچه باشد باید برای بقای انقلاب پذیرفته شود. پیشنهاد لنین مبنی بر پذیرفتن شرایط صلح آلمان سرانجام در کمیته‌ی مرکزی حزب بلشویک با 7 رأی موافق در برابر 4 رأی مخالف و چهار نفر غایب مورد موافقت قرار گرفت و نتیجه‌ی این تصمیم فوراً به برلین مخابره شد. وقتی جواب آلمان در 23 فوریه دریافت شد، شرایط و درخواست‌هایشان شدیدتر از گذشته بود. رأی نهایی برای قبول شرایط آلمان در کمیته‌ی مرکزی اجرایی شوراها 116 موافق در مقابل 85 مخالف و 26 نفر غایب بود[2]. به این ترتیب و علیرغم مخالفت‌های شدید «کمونیست‌های چپ» و تروتسکیست‌ها، کمیته‌ی مرکزی حزب، کمیسرهای مردم و کمیته‌ی اجرایی سراسری شوراها شرایط صلح را مورد تأیید قرار دادند.

تروتسکی که خود از مخالفان طرح صلح با آلمان‌ها بود، از امضای قرارداد صلح خودداری و به جای وی و به نمایندگی از طرف شوروی

<br>

---

[1] کاراسیوف و دیگران، همان، ص، ص 55.

[2] Dmytryshyn, Ibid, P. 83.

سوکولنیکوف[1] در سوم مارس 1918 قرارداد صلح را امضا نمود. وی بدون اینکه متن قرارداد را بخواند، آن را امضا کرد و تأکید نمود که این صلح دیکته شده است، نه صلحی که مذاکره شده باشد[2].

به موجب قرارداد صلح برست۔ لیتووسک ، شوروی کلیه‌ی متصرفاتی را که بیش از دو قرن به دست آورده بود به سادگی از دست داد. بر اساس اسناد قرارداد صلح، حکومت شوروی موافقت نمود که استقلال گرجستان، اوکراین و فنلاند را از خاک خود به رسمیت بشناسد ولی عملاً این نواحی تحت نفوذ آلمان بودند. لهستان، لیتوانی[3]، لتونی[4] و استونی[5] مستقیماً تحت کنترل آلمان قرار گرفتند.

بلشویک‌ها همچنین جزایر آلاند[6] را در بالتیک تخلیه نمودند. کشورهای متحد با آلمان نیز به نوبه‌ی خود از قرارداد فوق بهره‌ای داشتند. ترکیه شهرهای قارص، اردهان و باتوم را که چهل سال پیش از دست داده بود،

---

[1] Grigori Yakovlovich Sokolnikov
[2] Wern, Ibid, P. 555.
[3] Lithuania
[4] Latvia
[5] Estonia
[6] Aaland Islands

تصرف نمود و بسارابیا[1] به تصرف رومانی درآمد. روی هم رفته امضای قرارداد صلح برست- لیتووسک سبب شد که شوروی جمعاً بیش از دو میلیون کیلومترمربع از خاک خود را با 62 میلیون نفر جمعیت یعنی تقریباً نصف کل جمعیت کشور از دست بدهد. نواحی از دست رفته قبل از انقلاب تقریباً 32 درصد زمین‌های حاصل‌خیز و قابل‌کشت روسیه بود که 26 درصد خطوط راه‌آهن، 33 درصد کارخانجات و 75 درصد منابع زغال‌سنگ و آهن روسیه را در برداشت. زندانی‌های جنگی را معاوضه نمودند و قرار شد که تبلیغات مخالف را بر علیه یکدیگر متوقف نموده و روابط اقتصادی بین دو کشور را توسعه دهند[2]. جمهوری شوروی همچنین به عهده گرفت که غرامت جنگ را به آلمان بپردازد.

چنین قراردادی بسیار ظالمانه و یکطرفه بود و گویا تاریخ قصد داشت انتقام توسعه‌طلبی روسیه را که در طول سالیان دراز با اشغال سرزمین‌های ملت‌های ضعیف وسعت خود را به چند صد برابر رسانده بود، به یکباره بگیرد. ولی لنین کسی نبود که راضی به چنین معامله‌ای با تاریخ شود و قدرت نبوغ و پیش‌بینی وی در مورد صلح برست- لیتووسک بار دیگر

---

[1] Bessarabia
[2] Dymitryshyn, Ibid, P. 83.

مخالفین وی را به اعجاب واداشت. لنین در توجیه استدلال های خود اگرچه پیمان صلح را «صلح زشت و بدنما[1]» نامید ولی خواری و خفت آن را به دو دلیل زیر قبول کرد:

1. «بدون صلح، انقلاب در کشور نابود می‌شد.»

2. «پیمان مزبور به هر حال جنبه‌ی موقت داشت و لنین مطمئن بود که انقلابی شبیه به انقلاب روسیه در آلمان به وقوع خواهد پیوست و بدیهی است که آلمان سوسیالیست سرزمین‌های از دست رفته را به روسیه‌ی سوسیالیست پس خواهد داد. حتی اگر انقلابی هم در آلمان روی نمی‌داد، متفقین سرانجام آلمان را شکست می‌دادند و روسیه می‌توانست سرزمین‌های از دست رفته‌ی خود را از طریق قراردادهای عمومی صلح پس بگیرد.»

در نوامبر 1918 یعنی تقریباً 9 ماه بعد از انعقاد قرارداد صلح برست-لیتووسک، پیش‌بینی لنین به وقوع پیوست و امپراتوری آلمان با یک انقلاب ساده سقوط نمود. اگرچه در اثر تغییر رژیم در آلمان قرارداد صلح برست-

---

[1] Obscene Peace

لیتووسک نیز لغو شد، تسلط مجدد شوروی بر سرزمین‌های مشمول قرارداد سال‌ها به طول انجامید.

سه روز پس از انعقاد قرارداد صلح، در 6 مارس 1918 هفتمین کنگره‌ی حزب بلشویک در پتروگراد تشکیل شد و با این که پیش‌نویس اولیه‌ی صلح برست‌ـ لیتووسک امضا شده بود، کمونیست‌های چپ و تروتسکیست‌ها دست از مخالفت بر نداشتند و مجدداً به انتقاد از نظریات لنین پرداختند. لنین در کنگره اظهار داشت: « دوران پیروزی هفته‌های اول انقلاب به پایان رسیده است و اینک زمانی است که باید با حقایق تلخ از طریق مسلح شدن و کار کردن روبرو شویم.[1]» وی مجدداً دلایل خود را برای قبول قرارداد صلح تکرار کرد و گفت: «کشور ما یک کشور کشاورزی است، به وسیله‌ی جنگ متلاشی شده است ... ما ارتش نداریم و ما مجبوریم در کنار کشورهای غارتگری زندگی کنیم که تا دندان مسلحند ... انقلاب جهانی به سرعتی که ما انتظار داریم به وقوع نخواهد پیوست ...[2]» لنین شخصاً گفت که او حاضر است قرارداد صلحی صد درجه بدتر از این را هم امضا کند[3]. در کنگره‌ی

---

[1] E. H. Carr. Ibid, P. 52.
[2] Ulam, Ibid, P. 72.
[3] Ulam, Ibid, P. 72.

هفتم 104 نماینده از طرف 145 هزار عضو حزب شرکت کرده بودندکه 46 نماینده رأی قطعی و 58 نماینده رأی مشورتی داشتند. توضیح این که در این زمان تعداد اعضای حزب کمتر از 270 هزار نفر بود ولی سازمان‌های حزبی مناطقی که تحت اشغال آلمان‌ها بودند، فرصت فرستادن نماینده به کنگره را نداشتند. سرانجام پیشنهادات لنین در مورد قطعنامه‌ی صلح با 30 رأی موافق در مقابل 12 رأی مخالف و 4 رأی ممتنع به تصویب رسید و قرارداد صلح برست- لیتووسک به وسیله‌ی کنگره تأیید شد. در کنگره‌ی هفتم علاوه بر تأیید قطعنامه‌ی صلح بنا به پیشنهاد لنین تصمیم گرفته شد که از آن پس نام حزب به «حزب کمونیست بلشویک» تغییر یابد[1].

پس از پایان کار کنگره عملاً مفاد صلح برست- لیتووسک به مرحله‌ی اجرا درآمد و حکومت شوراها به علت موقعیت جدید جغرافیایی و احساس خطری که از جانب مرزهای جدید می‌شد در 11 مارس 1918 تصمیم گرفت پایتخت کشور را از پتروگراد به مسکو انتقال دهد. چند روز بعد از این انتقال چهارمین کنگره‌ی فوق‌العاده‌ی سراسری شوراها در پایتخت جدید تشکیل و

---

[1] تاریخ حزب کمونیست (بلشویک) اتحاد شوروی، همان، ص 55-354.

قطعنامه‌ی صلح برست- لیتووسک با اکثریت عظیمی یعنی 784 رأی موافق در مقابل 261 رأی مخالف مورد تأیید قرار گرفت.

به این ترتیب «صلح» که یکی از وعده‌های اصلی حکومت جدید بود با قیمت بسیار گزافی به مردم شوروی داده شد و حکومت شوراها با خروج از جنگ فرصتی یافت تا نفس بکشد و با زنده ماندن مجال اجرای برنامه‌های سوسیالیستی را به دست آورد. ضمناً در ماجرای صلح برست- لیتووسک لنین پیروزمندانه در برابر مخالفین خود یعنی کمونیست‌های چپ و تروتسکیست‌ها ایستاد. ارتش سرخ جان گرفت و برای مبارزه با دخالت‌های خارجی و شورش‌های داخلی آماده شد.

# 4. مداخله‌ی کشورهای امپریالیستی

با انعقاد قرارداد صلح برست- لیتووسک بین شوروی و آلمان و متحدانش بلافاصله شوروی دچار مصیبت دیگری شد که خطرش کمتر از ادامه‌ی جنگ جهانی اول نبود. آلمان که در پرتو قرارداد صلح به امتیازات ارزنده‌ای دست یافته بود، اینک با آزاد کردن قوای خود از جبهه‌ی شوروی و گسیل آنها به جبهه‌ی غربی جنگ خطر جدی برای فرانسه و متفقین آن محسوب می‌شد. آمریکا، بریتانیا و فرانسه که آلمان را دشمن مشترک خود می‌دانستند، امضای قرارداد برست- لیتووسک را به رسمیت نشناختند و آن را وسیله‌ای برای تجاوز بیشتر آلمان می دانستند. کشورهای امپریالیستی به دلایل زیر از انعقاد صلح برست- لیتووسک ناخرسند بودند:

1. از نظر نظامی. آلمانها با آزاد کردن نیروهای خود در جبهه‌ی شرقی (شوروی)، آنها را به جبهه‌ی غربی جنگ در فرانسه گسیل داشتند که این امر به تقویت نیروهای آلمان بر علیه متفقین کمک فراوانی می‌کرد.

2. از نظر اقتصادی. با انعقاد قرارداد صلح بیش از دو میلیون کیلومترمربع زمین از شوروی تحت نفوذ خود در آورده بودکه قسمت اعظم آن حاصلخیز و سرشار از منابع طبیعی بود که این امر می‌توانست از نظر صنعتی و تأمین مواد غذایی برای آلمان‌ها بسیار نافع باشد.

3. از نظر سیاسی- اقتصادی. با انعقاد قرارداد صلح شوروی مجال تنفس برای ساختن اولین کشور سوسیالیستی جهان را به دست می‌آورد. متفقین به هیچ وجه تمایلی به ادامه‌ی حیات رژیم نوخاسته‌ی سوسیالیستی که با منافع آنها در تضاد بود، نداشتند و بدشان نمی‌آمد که آن را در نطفه خفه کنند. زیرا رژیم جدید شوراها به سرمایه‌گذاری و منافع عظیم کشورهای امپریالیستی در شوروی شدیداً لطمه زده بود[1].

---

[1] لازم به ذکر است که از نظر سیاسی رژیم نوبنیاد شوروی به قدری مورد نفرت برخی از کشورهای غربی بود که وینستون چرچیل که در آن زمان وزیر جنگ کابینه‌ی بریتانیا بود، در اظهاراتش خطاب به سایر اعضای دولت، لنین را به «غولی تشبیه کرد که از مناره‌ی جمجمه‌ها به پایین میخزد» و از دولت انگلستان اکیداً خواست با دخالت در روسیه «بلشویسم را در نطفه خفه کند» (هاریت وارد، همان کتاب ص 137). از نظر اقتصادی این نکته قابل ذکر است که فرانسه به تنهایی بین سال‌های 1917-1887 بیش از شانزده میلیارد فرانک در روسیه سرمایه‌گذاری کرده بود که با روی کار آمدن حکومت سوسیالیستی کلیه‌ی سرمایه‌گذاری‌های خارجی ملی گردید.

به دلایل فوق کشورهای امپریالیستی غرب تصمیم گرفتند که علناً در شوروی دست به مداخله‌ی نظامی بزنند تا به هدف‌های خود نائل گردند. به این ترتیب قبل از این که شوروی مجال تنفس یابد، در چنگال کشورهای امپریالیستی دیگری که به مراتب خطرنا ک تر از آلمان بودند اسیر شد. بریتانیا، آمریکا و فرانسه که در دسامبر 1917 در مورد تهاجم نظامی به شوروی به توافق رسیده بودند و سهم خود را از مناطق اشغالی قبلاً تعیین کرده بودند، در مارس 1918 نیروهای خود را در بندر مورمانسک[1] واقع در شمال شوروی پیاده نمودند و پس از تصرف بندر مزبور، بندر آرخانگل[2] را نیز به تصرف خود درآوردند. بهانه‌ی دیگری را که کشورهای امپریالیستی برای تصرف این دو بندر آوردند، ظاهراً قابل توجیه بود. به این معنا که در زمان جنگ کشورهای متفق مقدار قابل توجهی اسلحه و مهمات در دو بندر فوق پیاده کرده بودند تا با کمک شوروی جلوی نفوذ آلمان‌ها را بگیرند. وقتی که قرارداد صلح برست- لیتووسک به مرحله‌ی اجرا در آمد، بنادر دریای بالتیک، سیاه و فنلاند به دست آلمان‌ها افتاد و در چنین موقعیتی بنادر مورمانسک و آرخانگل در معرض خطر حمله‌ی آلمان‌ها قرار گرفت

---

[1] Murmansk
[2] Archangel

و کشورهای متفق از ترس اینکه مبادا اسلحه و مهمات بنادر مزبور به دست آلمان‌ها یا حتی بلشویک‌ها بیفتد، اقدام به تصرف آنها نمودند. گرچه این دلیل از نظر نظامی قابل توجیه بود ولی دلیل سیاسی اشغال بنادر فوق به مراتب مهم‌تر بود. کشورهای امپریالیستی غرب با تصرف این نواحی قصد داشتند برای همیشه به حکومت اولین کشور سوسیالیستی جهان خاتمه دهند[1]. انگلیسی‌ها و فرانسوی‌ها پس از تصرف بنادر مورمانسک و آرخانگل با حمایت از شورش «گارد سفید» که به وسیله‌ی عناصر ضد انقلاب در مقابل «گارد سرخ» تشکیل شده بود، حاکمیت شوراها را برچیدند و شمال روسیه موقتاً از حاکمیت بلشویک‌ها خارج و به دست عناصر ضدانقلاب افتاد.

در چهارم آوریل 1918 ژاپن پس از به وجود آوردن یک صحنه‌ی ساختگی یعنی کشتن دو نفر ژاپنی در بندر ولادی‌ووستوک[2]، به بهانه‌ی حفظ جان اتباع خود بندر مزبور را تصرف نمود و پس از مدت کوتاهی نیروهای بریتانیا، فرانسه، ایتالیا و آمریکا نیز برای تقویت نیروهای ژاپنی در ولادی‌ووستوک پیاده شدند[3]. در این ناحیه نیز ژاپنی‌ها با حمایت از شورش گارد سفید حاکمیت

---

[1] در اواخر سال 1918 تعداد نیروهای کشورهای متفق در بنادر شمالی شوروی بالغ بر پانزده هزار نفر می‌گردید که تجهیزات نظامی کافی و مناسب در اختیار داشتند.

[2] Vladivostok

[3] لازم به ذکر است که هنگام انعقاد قرارداد صلح برست- لیتووسک بیش از هفتاد هزار نفر سرباز ژاپنی در سیبری وجود داشت و ژاپن از همین نیرو برای اشغال نظامی استفاده

شوراها را برانداختند و قدرت به دست ضدانقلاب افتاد. ژاپنی‌ها نه تنها ولادی‌ووستوک و شمال ساخالین[1] بلکه قسمت اعظم شرق سیبری و دریاچه‌ی بایکا‌ل[2] را نیز تصرف کردند.

آلمان‌ها نیز که اوضاع را آشفته دیدند، در آوریل 1918 به امتیازات قرارداد برست- لیتووسک اکتفا نکردند و برای اینکه از تاخت و تاز کشورهای امپریالیستی عقب نمانند، نیروهای خود را تحت فرماندهی ژنرال گولتز[3] روانه‌ی فنلاند نمود و پس از در هم کوبیدن شورش کارگران سوسیالیست فنلاندی حاکمیت فنلاند سفید را تثبیت نمود و کمی بعد نیروهای خود را به داخل اوکراین نفوذ داد تا جایی که تمام منطقه را تحت کنترل خود گرفت و اعتراض شوروی مبنی بر عدول آلمان‌ها از مفاد قرارداد صلح به جایی نرسید. آلمان‌ها همچنین با کمک ضدانقلاب داخلی نواحی دن، کریمه، جمهوری‌های بالتیک و قسمتی از روسیه‌ی سفید را تحت کنترل خود درآوردند.

اشغال نظامی مداخله‌گران خارجی به وسیله‌ی شورش سپاه چکـواسلوواکی تکمیل شد. «این نیرو لشکر شصت هزار نفری موسوم به لشکر چکـواسلاوواک مرکب از افسران و سربازان ارتش اتریش-مجارستان بود که در جریان جنگ جهانی اول به اسارت روس‌ها درآمده بودند. پس از امضای پیمان برست- لیتووسک، دولت شوروی به نفرات لشکر چکـواسلوواک اجازه داد از طریق ولادی‌ووستوک به وطن خود باز گردند. نمایندگان متحدین توانستند فرماندهی لشکر را تطمیع کنند و با همدستی او، سربازان را به یک شورش ضدشوروی تشویق کنند. شورش در روز 25 می 1918 آغاز شد و بلافاصله سراسر منطقه‌ی راه‌آهن ماورای سیبری را از پنزا[1] تا ولادی‌ووستوک در بر گرفت و در همه‌ی این منطقه قطارهای مملو از سربازان لشکر چکـواسلواک در مسیرشان به سوی بندر محل عزیمت پراکنده شدند. بیش از صد هزار تفنگ و دیگر سلاح‌های گوناگون از ایالات متحده‌ی آمریکا به این سربازان رسانده شده بود.

شورش لشکر چکـواسلواک موجب قیام کولاک‌ها در منطقه‌ی ولگا، اورال و سیبری شد. در فاصله‌ی رود ولگا و ساحل اقیانوس آرام همه‌ی شوراها

---

[1] Penza

سرنگون شدند. دولت‌های ضدانقلابی در سامارا[1]، اومسک[2] و یکاترینبورگ[3] ظاهر شدند و کارخانه‌های سرمایه‌داران و املاک زمین‌داران را به ایشان بازگرداندند. ده ساعت کار روزانه برای کارگران تعیین شد. دسته‌های تنبیهی مردم را در شهروروستا وحشت‌زده کردند و دولت‌های قلابی به تشکیل ارتش برای جنگ با شوراها پرداختند.[4]»

در قسمت آذربایجان و ماورای قفقاز شوروی که زمانی در اثر عدم لیاقت حکمرانان ایران و از طریق توسل به زور به اشغال روس‌ها درآمده بود، نیروهای بریتانیایی در پاییز 1918 به سادگی در آنجا نفوذ کردند و با برانگیختن احساسات ناسیونالیستی مردم این مناطق توانستند باکو را اشغال نمایند و با تقویت اس‌آرها و منشویک‌های محلی قدرت شوراها را سرنگون نموده و نیروهای گارد سفید را بر آذربایجان حاکم نمودند. خشونت در این منطقه به درجه‌ای رسید که نیروهای مخالف در مقابل «ترور سرخ» دست به «ترور سفید» زدند و با حمله به مراکز حزب بلشویک، رهبران حکومت شوروی در آذربایجان و از آن جمله برخی از رجال برجسته حزب از قبیل

---

[1] Samara
[2] Omsk
[3] Yekaterinburg

[4] تاریخ مختصر جهان، همان، ج چهارم، ص 31.

شاهومیان[1]، جاپاریدزه[2]، عزیزبیگوف[3]، فیولتوف[4] و زوین[5] را بازداشت نمودند و در روز بیستم سپتامبر 1918 بیست و شش تن از کمیسرهای باکو را به بیرون شهر بردند و بدون محاکمه تیرباران کردند. مداخله‌گران امپریالیستی در آذربایجان و ماورای بحر خزر حکومت ضدانقلابی «مساوات‌چی‌ها[6]»، در گرجستان منشویک‌ها و در ارمنستان «داشناک‌ها[7]» را که همگی گروه‌های کوچک ضد بلشویکی بودند، تقویت و تحکیم نمودند[8] تا کلاً حاکمیت شوراها را سرنگون سازند.

به این ترتیب حکومت مرکزی اولین کشور سوسیالیستی جهان از همه طرف مورد تهدید کشورهای امپریالیستی که علناً شوروی را اشغال نظامی کرده بودند، قرار گرفت. کشورهای امپریالیستی دست به غارت و کشتار می‌زدند و فضایی از وحشت و ترور سراسر کشور را فراگرفته بود. بسیاری از سران حزب به دست عناصر ضدانقلاب داخلی با کمک نیروهای خارجی

---

1 Stepan Georgevich Shahumyan
2 Prokofy "Alyosha" Aprasionovich Dzhaparidze
3 Meshadi Aziz-bey oghlu Azizbekov
4 Ivan Timofeevich Fioletov
5 Yakov Davidovich Zevin
6 National Equality
7 Dashnaks (Dashnaktsutyun)
8 تاریخ حزب کمونیست اتحاد شوروی، همان، ص 339.

ترور شدند. تقریباً سه چهارم خاک کشور در اشغال نظامی نیروهای دشمنان خارجی و داخلی بود. حمل و نقل مواد خام برای صنایع به کلی فلج شده بود و سوخت و مواد اولیه غذایی به شهرها نمی‌رسید. چهره‌ی سیاه قحطی نمایان شده بود و گرسنه‌گی و تیفوس جان مردم را تهدید می‌کرد. سفیران کشورهای آمریکا، فرانسه و بریتانیا به طور مداوم با عناصر ضدانقلاب داخلی در تماس بودند تا حکومت جدید بورژوازی را برپا کنند. در تابستان 1918 لاکهارت[1] سرکنسول بریتانیا در مسکو، نولان[2] سفیر فرانسه و فرانسیس[3] سفیر آمریکا در مسکو با کمک تروریست‌های ضدانقلاب طرح کودتایی را از طریق بازداشت سران حکومت بلشویک‌ها و قتل لنین تأیید نمودند[4].

این طرح به دست اسآرهای راست به مرحله‌ی اجرا درآمد‌و در 29 ژوئن 1918 وولودارسکی[5] کمیسر امور مطبوعاتی در پترزبورگ ترور شد.

در 30 اوت 1918 وقتی که لنین در یک کارخانه‌ی صنعتی در کرانه‌ی رود مسکوا سخنرانی خود را باجمله‌ی «برای ما راه دیگری نیست، پیروزی یا مرگ» به پایان رسانید، هنگام خروج مورد اصابت سه گلوله‌ی زهرآلود

---


[1] Sir Robert Hamilton ("R.H.") Bruce Lockhart
[2] Joseph Noulens
[3] David Rowland Francis
[4] کاراسیوف و دیگران، همان، ج دوم، ص 66.
[5] Moisei Markovich Goldstein (later V. Volodarsky)

زن جوانی به نام فانی کاپلان[1] که به وسیله‌ی شخصی به نام نوویکوف[2] همراهی می‌شد، قرار گرفت. گلوله‌ها با بازوی چپ و گردن لنین اصابت کرد که اگرچه فوراً مورد مداوا قرار گرفت و بهبودی یافت، اثرات زخم‌های وارده بعد از چند سال منجر به مرگ وی شد.

در عصر روزی که لنین ترور شد، اوریتسکی[3] رئیس پلیس مخفی پتروگراد نیز به ضرب گلوله‌ی یک جوان دانشجوی مدرسه‌ی نظام به نام کانگیسر[4] از پای درآمد. ضاربین کلیه‌ی سوءقصدهای فوق از اس‌آرهای راست بودند که به وسیله‌ی عوامل خارجی حمایت و هدایت می‌شدند.

مهاجمین خارجی با حمایت بورژوازی آشکارا از اس‌آرها و منشویک‌ها حمایت می‌کردند و با تشکیل «گاردهای سفید» کنترل شهرها را به دست می‌گرفتند. در تابستان 1918 عوامل ضدانقلاب داخلی و خارجی در بیست و سه شهر روسیه مرکزی شورش به پا کردند و عوامل اس‌آرهای چپ نیز میرباخ[5] سفیر آلمان در مسکو را ترور نمودند تا با تیره شدن روابط بین آلمان و شوروی مجدداً جنگ بین دو کشور آغاز شود. «وقایع روسیه‌ی

---

[1] Fanny Yefimovna Kaplan (Feiga Haimovna Roytblat)
[2] Novikov
[3] Moisei Solomonovich Uritsky
[4] Leonid Akimovic Kannegisser
[5] Wilhelm Graf von Mirbach-Harff

شوروی در 1918 به جهانیان نشان داد که هدف اصلی ضدانقلاب داخلی که به وسیله‌ی سرمایه‌داران، بانکداران، زمین‌داران، ژنرال‌ها، منشویک‌ها، اس آرهای چپ و راست، کولاک‌ها و بورژواهای ملی نمایان می‌شدند و ضد انقلاب خارجی که به وسیله‌ی کشورهای امپریالیستی غربی نمایان می‌شدند، واژگون نموده حکومت شوراها بود تا به جای آن حکومت فئودال‌ها و سرمایه‌داران را برای استثمار کارگران و کشاورزان روی کار آورند.[1]»

مداخله‌ی نظامی کشورهای امپریالیستی به قصد نابود کردن حکومت شوراها به سادگی خاتمه نیافت و در سال 1918 تعداد نفرات اعزامی آنها شامل سربازان و افسران به سیصد هزار نفر بالغ می‌گردید که با نیروهای ضد انقلابی داخلی قدرت قابل توجهی به حساب می‌آمدند.

این مداخله‌ی مسلحانه که تا سال 1920 به طول انجامید، مردم شوروی را در وضعیتی قرار داد که مسئله‌ی مرگ و زندگی برای آنها مطرح شد. از مارس 1918 تا مارس 1920 یعنی سه سال تمام شوروی به علت مبارزه با ضدانقلاب داخلی و خارجی وارد دوره‌ای شد که در تاریخ شوروی به دوره‌ی «جنگ‌های داخلی» و «کمونیسم جنگی» معروف است.

---

[1] کاراسیوف و دیگران، همان، ج دوم، ص 66.

# 5. جنگهای داخلی

به همان اندازه که «تزهای آوریل» لنین در 1917 رهنمودهای ارزندهای برای انقلاب اکتبر در بر داشت؛ «تزهای آوریل» 1918 وی نیز برای نجات شوروی از چنگ دشمنان خارجی و داخلی نیز مؤثر واقع گردید. لنین بلافاصله پس از انعقاد قرارداد صلح برست- لیتووسک با ارزیابی اوضاع داخلی و خارجی و به منظور مبارزه با ضدانقلاب و ایجاد پایههای اقتصاد سوسیالیستی و تحکیم مبانی ایدئولوژی و قدرت سیاسی شوروی در آوریل 1918 طی دستورالعمل مفصلی تحت عنوان «وظایف فوری حکومت شوراها[1]» نوشت:

«برای ادارهی موفقیتآمیز کشور به جز توانایی اقناع اکثریت مردم به صحت برنامهها و به جز توانایی پیروز شدن در جنگ داخلی، توانایی سازمان دادن عملی نیز لازم است. این دشوارترین وظیفه است زیرا مطلب بر سر آن است که به عمیقترین ارکان زندگی دهها و دهها میلیون نفر یعنی به ارکان اقتصادی زندگی آنان، به شیوهی نوین سازمان داده شود و این سپاسآورترین وظیفه است. زیرا فقط پس از انجام این این وظیفه (در خطوط

---

عمده و اساسی آن می‌توان گفت که روسیه نه تنها جمهوری شوروی بلکه جمهوری سوسیالیستی شده است.[1]»

لنین در تزهای خود[2] پس از تشریح شرایط بین‌المللی و اوضاع داخلی کشور وظایف کارگران را در امور تولید برای ساختمان اقتصادی سوسیالیسم روشن نموده و مردم را برای مبارزه‌ی جدی بر علیه بورژوازی و مداخله‌ی کشورهای امپریالیستی دعوت نمود و وعده داد که جمهوری شوروی می‌تواند به مبارزه و رقابت کشورهای امپریالیستی و وقوع انقلاب در کشورهای پیشرفته امیدوار باشد.

وعده‌ی لنین در زمینه‌ی مبارزه‌ی کشورهای امپریالیستی بر علیه یکدیگر بی‌اساس نبود زیرا با این که کشور شوروی از همه طرف در اشغال ارتش‌های بیگانه بود ولی بین کشورهای اشغال‌کننده به خاطر تضاد منافع اتفاق نظر نبود. مثلاً وقتی رزمناو بروکلین[3] متعلق به آمریکا، رزمناوهای

---

[1] لنین، مجموعه‌ی آثار و مقالات، ترجمه‌ی محمد پورهرمزان (ناشر و، محل و تاریخ انتشار نامعلوم)، ص 606.
[2] برای اطلاع از شش تز مهم لنین درباره‌ی «وظایف فوری حکومت شوراها» مراجعه شود به کتاب: Lenin on the Soviet State Apparatus, Moscow, Progress publishers, 1975, p. 149-152.
[3] USS Brooklyn

ایواشی[1] و آساهی[2] متعلق به ژاپن و رزمناو سافولک[3] متعلق به بریتانیا در بنادر شرقی شوروی پهلو گرفتند، فرانسه و بریتانیا پیشنهاد کردند که ابتدا مداخله‌ی نظامی به وسیله‌ی ژاپن صورت گیرد ولی آمریکا از ترس اینکه مبادا بعداً ژاپن تبدیل به قدرت و رقیب غیرقابل کنترل در خاور دور درآید، با این پیشنهاد موافق نبود. ژاپن نیز که به این امر واقف بود، پیش‌دستی کرد و نیروهای نظامی خود را در ولادی‌ووستوک پیاده نمود و به این ترتیب اولین کشوری بود که مداخله‌ی نظامی در شوروی را آغاز نمود. این گستاخی از نظر آمریکا دور نماند و دشمنی این دو کشور را تشدید نمود. به علاوه بین آلمان و متحدانش (ترکیه، اتریش و مجارستان) از یک طرف و فرانسه و بریتانیا از طرف دیگر مبارزه و رقابت وجود داشت که از مجموع تمام این رقابت‌ها، لنین انتظار داشت که به نفع شوروی بهره برداری نماید. به این ترتیب لنین مطمئن بود که اشغال نظامی شوروی به وسیله‌ی کشورهای امپریالیستی دوام چندانی نخواهد داشت ولی حمایت کشورهای بیگانه از ضدانقلاب داخلی خطری بود که لنین آن را بسیار جدی می‌دانست و همین امر سبب شده بود که بعد از انقلاب اکتبر، نیروهای مخالف دامنه‌ی

---

<sup>1</sup> Battleship Iwashi
<sup>2</sup> Battleship Asahi
<sup>3</sup> HMS Suffolk

فعالیت‌های خود را گسترش دهند و تقریباً تمام شهرها را به آشوب و ناامنی بکشند تا حکومت شوراها را فلج سازند. بر این اساس بود که لنین اعلام خطر کرد و کارگران، سربازان، دهقانان و حتی متخصصین، ژنرال‌ها و افسران نظامی ارتش تزار را دعوت به پیوستن به ارتش سرخ نمود تا یک جنگ میهنی بر علیه دشمنان داخلی و خارجی به راه اندازد. در این نبرد حزب کمونیست بلشویک شوروی نیز به یاری لنین شتافت و اعلام کرد که کشور به منزله‌ی «اردوگاه جنگی» است و زندگانی اقتصادی، فرهنگی و سیاسی کشور بر پایه‌ی جنگ قرار دارد. شعار معروف «میهن سوسیالیستی در خطر است» و «همه چیز برای جنگ» بار دیگر طبقات زحمتکش را به صفوف مبارزه کشاند و صدها هزار نفر کارگر و دهقان و سرباز که انقلاب سوسیالیستی را در معرض نابودی می‌دیدند به ارتش سرخ پیوستند و تحت فرماندهی تروتسکی خود را برای جنگ داخلی تجهیز نمودند.[1]

---

[1] تروتسکی پس از امتناع از امضای قرارداد صلح برست- لیتووسک در اوایل 1918 از پست کمیسری وزارت خارجه استعفا داد و در مارس 1918 یه سمت کمیسر نیروهای نظامی و رئیس شورای عالی جنگ انتخاب شد که در این سمت خد مات ارزنده‌ای به ارتش سرخ نمود. وی به عنوان سازمان‌دهنده اصلی ارتش سرخ شناخته شده که توانست اعتبار و موقعیت قابل‌توجهی برای ارتش سرخ به دست آورد و در جنگ‌های داخلی پیروزی‌های پی‌درپی برای ارتش کسب نماید. نیروهای ارتش سرخ هنگام تصدی تروتسکی حدود پانصد هزار نفر در سال 1918 به یک میلیون و کمی بعد به سه میلیون و در اوایل 1920 یعنی همزمان با پایان دوره‌ی کمونیسم جنگی به پنج میلیون نفر بالغ گردید.

بار دیگر مردم شوروی به جنگ کشانده شدند. اما این جنگ نه برای سقوط رژیم بود و نه برای توسعه‌طلبی، نه جنگ جهانی و نه جنگی برای انقلاب. بلکه جنگی به مراتب حساس‌تر از جنگ‌های گذشته بود و با نهایت خشونت به خاطر «بودن» و «زیستن» صورت می‌گرفت. جنگ داخلی که به علت وقایع بعد از انقلاب اکتبر اجتناب ناپذیر به نظر می‌رسید و برای حکومت جوان شوروی جنبه‌ی حیاتی داشت، در حقیقت خود شامل سه جنگ مشخص بود:

1. جنگ بر علیه عوامل رژیم گذشته که اغلب به وسیله‌ی ژنرال‌های ارتش تزار بر پا می‌شد و به وسیله‌ی کشورهای خارجی حمایت می‌گردید تا با سرنگونی رژیم نوخاسته‌ی شوروی مجدداً قدرت به چنگ بورژوازی بیفتد. کادت‌ها، منشویک‌ها و اس‌آرها که احزاب لیبرال – بورژوازی بودند، در این جبهه متحد شدند و با تشکیل «ارتش سفید» درگیری‌های شدیدی با «ارتش سرخ» به وجود آوردند و اغلب شورش‌ها و ترورهای داخلی توسط عوامل این جبهه صورت می‌گرفت.

2. جنگ بر علیه مداخله‌گران بیگانه که خاک شوروی را غاصبانه به اشغال نظامی درآورده بودند و علاوه بر این که مرزهای شوروی

مورد تهدید و تهاجم ارتش کشورهای امپریالیستی شامل آلمان، آمریکا، فرانسه و بریتانیا بود، نیروهای چکواسلواکی، رومانی و ارتش خودمختار اوکراین نیز تحت حمایت کشورهای امپریالیستی امنیت داخلی و خارجی کشور را به مخاطره انداخته بودند. جنگ داخلی در این جبهه به صورت جنگ میهنی درآمد که هدف آن بیرون راندن اشغالگران از مرزهای شوروی و دفاع از سرزمین پدری بود.

3. جنگ بر علیه رقبای داخلی به منظور تثبیت قدرت بلشویک‌ها و حفظ حکومت شوراها. هدف جنگ داخلی در این جبهه از بین بردن کلیه‌ی مخالفین به منظور تحکیم قدرت حزب کمونیست و فرمانروایی مطلق و بدون رقیب حکومت جدید شوراها بود.

پیوند نیروهای خارجی و داخلی سبب شده بود که شوروی به خاطر حفظ موجودیت کشور سوسیالیستی با تمام قوا و با نهایت خشونت به سرکوبی ضدانقلاب داخلی بپردازد. عامل سرکوبی در این جریان جنگ‌های داخلی «ارتش سرخ» و پلیس مخفی «چکا» بودند که در رأس آنها دو تن از انقلابیون افراطی یعنی تروتسکی و درژینسکی قرار داشتند که هر دو نفر با قابلیت‌هایی که از خود در این پست نشان دادند، نهادهای فوق را به اوج قدرت رساندند. پیوستن داوطلبانه‌ی کارگران و سربازان به ارتش سرخ که حاضر بودند برای دفاع از انقلاب خود تا پای مرگ بجنگند را نیز نباید از نظر دور داشت. جنگ‌های داخلی شوروی که بلافاصله پس از انقلاب

اکتبر آغاز و حدوداً سه سال به طول انجامید، یکی از مهمترین مسائل حکومت شوراها بود که تقریباً کلیه‌ی مسائل دیگر را تحت‌الشعاع قرار داده بود زیرا با وجود شورش‌های داخلی و آشوب‌هایی که به وسیله‌ی ضدانقلاب بر پا می‌شد، حکومت قادر به انجام هیچ کاری نبود.

ارتش سرخ برای مقابله با ضدانقلاب که در داخل کشور هریک برای خود ارتشی داشتند، مجبور بود در جبهه‌های زیر بجنگد:

1. ارتش قزاق به فرماندهی ژنرال کراسنوف در سواحل ولگا.

2. نیروهای چک‌واسلواکی و گاردهای سفید که از سوی شرق شهر مسکو را مورد تهدید قرار می‌دادند.

3. ارتش روسیه‌ی سفید در مناطق اوکراین به فرماندهی ژنرال پتلیورا[1].

4. ارتش کولچاک[2] در نواحی شرقی که به وسیله‌ی فرانسه و بریتانیا تقویت می‌شد.

5. ارتش ژنرال دنیکین[3] در نواحی جنوب که توسط کشورهای متفق تقویت می‌شد.

---

[1] Symon Vasylyovych Petliura
[2] Alexander Vasilyevich Kolchak
[3] Anton Ivanovich Denikin

6. ارتش ژنرال یودنیچ[1] که با حمایت انگلیسی‌ها از غرب کشور شهر پتروگراد را تهدید می‌کرد.

7. ارتش ژنرال رانگل[2] در نواحی جنوب غربی که با کمک بریتانیا جانشین ارتش دنیکین و یودنیچ شد.

8. نیروهای اعزامی بیگانه و گاردهای سفید به فرماندهی ژنرال میلر[3] که از سوی شمال به حرکت درآمده بودند.

9. نیروهای لهستان که از ناحیه‌ی اوکراین خاک شوروی را مورد تهاجم قرار می‌دادند.

10. نیروهای مداخله‌گر و گاردهای سفید در ترکستان و ماورای قفقاز نیز در تدارک حمله بودند.

11. نیروهای ژاپنی در نواحی خاوردور که مرزهای جنوب شرقی شوروی را تهدید می‌کردند.

---

[1] Nikolai Nikolayevich Yudenich
[2] Pyotr Nikolayevich Wrangel
[3] Yevgeny-Ludvig Karlovich Miller

برای مقابله با نیروهای پراکنده‌ی فوق، ارتش سرخ که قادر نبود در تمام جبهه‌ها بجنگد، ناچار شد که نیروهای خود را با توجه به اولویت و خطراتی که هرچه بیشتر حکومت مرکزی را تهدید می‌کرد بسیج نماید.

ژنرال کراسنوف که یک بار در طرح کودتای خود با کرنسکی شکست خورده بود و به وسیله‌ی بلشویک‌ها دستگیر شده بود، پس از این که قول داده بود که دست از فعالیت‌های ضدانقلابی بردارد، از زندان آزاد شد. ولی ژنرال کراسنوف که در ارتش تزاری پرورش یافته بود به وعده‌ی خود عمل نکرد و با جمع‌آوری قزاق‌ها در ماه اوت 1918 مجدداً شهر تزاریتسین را مورد تهاجم قرار داد که ارتش سرخ در این ناحیه به رهبری استالین با دفاع سرسختانه‌ای که از این شهر نمود، موفق شد نیروهای کراسنوف را شکست داده و آنها را تا سواحل رودخانه‌ی دن وادار به فرار نماید. ارتش کراسنوف در اوایل سال 1919 با شکست نهایی به کلی منهدم شد و شهر تزاریتسیت بعدها به علت فداکاری‌های استالین در دفاع از این شهر استالینگراد نامیده شد.

نیروهای چک‌واسلواکی و گاردهای سفید که از شرق کشور حمله‌ی خود را شروع نمودند با اشغال راه‌آهن سیبری به ولادی‌ووستوک و به کمک

313

نیروهای متفق با تصرف چند شهر در ناحیه‌ی سیبری قصد نهایی حمله‌ی خود را متوجه مسکو برای سرنگونی حکومت شوراها نمودند. ارتش سرخ در ماه‌های سپتامبر و اکتبر 1918 با اعزام نیروهای معتقد به انقلاب به جبهه‌ی شرقی نه تنها توانست شهرهای تصرف شده را از چنگ چک‌ها خارج سازد بلکه نیروی چک‌ها را تا کوه‌های اورال به عقب راند و مانع پیشروی آنها به طرف پایتخت شد.

موفقیت در دوجبهه‌ی فوق باعث تقویت روحیه‌ی نیروهای ارتش سرخ شد و آمادگی آنها را برای ادامه‌ی جنگ‌های داخلی تا محو کامل نیروهای ضدانقلاب چند برابر نمود.

در جبهه‌ی اوکراین ارتش سرخ موفقیت چندانی نداشت زیرا بر اساس قرارداد صلح برست لیتووسک نواحی مذبور از خاک شوروی جدا و مستقل شده بود و آلمان‌ها در این ناحیه نفوذ خود را حفظ کرده بودند و ضمناً نیروهای سفید ضد روسی در این ناحیه به فرماندهی ژنرال پتلیورا به اندازه کافی برای دفاع از مواضع خود قوی بودند. ولی با وقوع انقلاب در آلمان در نوامبر 1918 و سقوط امپراتوری قیصر ویلهلم دوم[1] قرارداد برست-

---

[1] Kaiser Frederick William Victor Albert of Prussia

لیتووسک لغو شد و با این که انقلاب فوق به نحوی که لنین پیش‌بینی می‌کرد از نوع سوسیالیستی نبود، همین دگرگونی فرصت مناسبی را در اختیار شوروی قرارداد تا سرزمین‌های از دست داده را باز یابد. با لغو قرارداد برست- لیتووسک علاوه بر این که شوروی از پرداخت غرامت جنگی امتناع ورزید، با کشاندن جنگ داخلی به اوکراین، تلاش خود را برای رهایی نواحی استونی، لتونی و روسیه سفید آغاز نمود و موفق شد با به رسمیت شناختن حق خودمختاری مناطق مزبور، آنها را به صورت جمهوری‌های مستقل شوروی مجدداً ضمیمه‌ی خاک شوروی نماید. این امر به سادگی صورت نگرفت و جنگ داخلی در این نواحی به علت مداخله‌ی کشورهای خارجی سال‌ها به طول انجامید.

یکی دیگر از خطرناک ترین نیروهای ضدانقلاب ارتش کولچاک در جبهه‌ی خاور بود. دریاسالار کولچاک که از افسران عالی‌رتبه‌ی تزاری بود، با کمک کشورهای مداخله‌گر در سیبری سر به شورش برداشت و خود را «فرماندهی عالی ارتش روسیه» نامید و نظامیان ناراضی را دعوت به همکاری نمود. اغلب نیروهای ضدانقلابی روسیه به کولچاک پیوستند و افراد ارتش وی به صد و بیست و پنج هزار نفر بالغ گردید. در بهار 1919 قوای کولچاک به آرامی نواحی اورال سیبری را به تصرف درآورد و با حرکت

به طرف نواحی شمال غربی قصد داشت به نیروهای انگلیسی در آرخانگل بپیوند د تا با حمایت آنها به پیشروی خود برای سقوط مسکو ادامه دهد. کولچاک علاوه بر آن که از همکاری بریتانیا برای سرنگونی رژیم شوروی برخوردار بود، کشورهای متفق ترتیبی داده بودند تا فرماندهی وی از طریق مجاری دیپلماتیک در کنفرانس صلح پاریس[1] به رسمیت شناخته شود. در این جبهه نیز ارتش سرخ به فرماندهی میخائیل فرونزه[2] وارد عمل شد و با مقاومت‌های پیاپی که نمود، نه تنها موفق شد مانع پیوستن نیروهای کولچاک به انگلیسی‌ها شود بلکه با به وجود آورد ن نیروهای پارتیزانی مرکب از کارگران و دهقانان، ارتش کولچاک را در معرض شکست قرار داد.

---

[1] کنفرانس صلح پاریس در ژانویه 1919 با شرکت 27 کشور درگیر در جنگ جهانی اول تشکیل شد تا به قراردادهای صلح و غرامت‌های جنگی رسیدگی نماید. ویلسون رئیس‌جمهور آمریکا، لوید جرج نخست‌وزیر انگلستان، کلمانسو نخست‌وزیر فرانسه و آرلاندو نخست‌وزیر ایتالیا از گردانندگان اصلی این کنفرانس بودند. طرح تشکیل «جامعه‌ی ملل» ویلسون نیز در همین کنفرانس به تصویب رسید. این کنفرانس که نتایج آن در «پیمان ورسای» گنجانیده شد، یکی از نشست‌های معروف تاریخ است. کشورهای غالب آلمان مغلوب را به محاکمه کشانده بودند بدون این که به نماینده این کشور اجازه‌ی شرکت در کنفرانس را دهند. رژیم جدید شوروی را هم نه به رسمیت شناختند و نه مایل به شرکت نماینده‌ی آن در کنفرانس بودند. در این کنفرانس آلمان محکوم به پرداخت غرامات سنگین جنگی و چند کشور از جمله فنلاند، استونی، لتونی، لیتوانی، چکواسلواکی، لهستان، یوگسلاوی و رومانی را در اروپای شرقی مستقل اعلام نمودند تا جلوی نفوذ کمونیسم را بگیرند. به علت شرایط ناعادلانه پیمان صلح، آلمان زیر بار غرامت نرفت، شوروی مناطق مستقل‌شده‌ی خاک خود را پس گرفت و حتی در سال‌های بعد که جامعه‌ی ملل شکست خورد، یکی از مهمترین دلایل آن شرکت ندادن آلمان و شوروی در همین کنفرانس بود.

[2] Mikhail Vasilyevich Frunze

نیروهای مداخله‌گر امپریالیستی که از کولچاک مأیوس شدند، بلافاصله به جبهه‌ی جنوب روی آوردند و با تقویت نیروهای ژنرال دنیکین که فردی لایق تر از کولچاک بود، امکانات پیشروی وی را در اوکراین فراهم نمودند. دنیکین پس از تصرف بندر نووروسیسک[1] در دریای سیاه و نواحی شمال قفقاز، حمله‌ی خود را متوجه بندر اودسا[2] و شهرهای خارکوف[3] و کیف[4] نمود و با تصرف آنها و تشکیل «ارتش داوطلب» مرکب از افسران سابق تزاری و قزاق‌ها موفق به تصرف اورل[5]، تولا[6] و وورونژ[7] در چهارصد کیلومتری مسکو گردید. نیروهای متفق با تشکیلات نظامی کافی که در اختیار او گذاشتند، وی را تشویق به حمله به مسکو نمودند. ژنرال دنیکین در اکتبر 1919 با نیروی صد و شصت هزار نفری خود به طرف مسکو پیشروی کرد. همزمان با این پیشروی ارتش کوچک دیگری به نام «ارتش سوم سفید» به فرماندهی ژنرال یودنیچ تشکیل شد. نیروهای وی که تعدادشان به بیست هزار نفر می‌رسید، با کمک انگلیسی‌ها سر به شورش برداشتند. ژنرال نودینیچ پس از عبور

---

<sup>1</sup> Novorossisk
<sup>2</sup> Odessa
<sup>3</sup> Kharkov
<sup>4</sup> Kiev
<sup>5</sup> Orel
<sup>6</sup> Tula
<sup>7</sup> Voronezh

از استونی و تصرف چند شهر کوچک موفق شد که نیروهای خود را در صد کیلومتری پتروگراد مستقر سازد. به این ترتیب حکومت جوان شوروی مواجه با دو جبهه در جنوب و غرب کشور شد که به ترتیب مسکو و پتروگراد یعنی مراکز اصلی قدرت شوراها، را مورد تهدید قرار می‌دادند.

کولچاک که وضعیت را چنین دید، موقتاً به نفع دنیکین دست از فعالیت برداشت و در اثر شکستی که خورده بود، عقب‌نشینی کرد و مجبور شد که مقر فرماندهی خود را در شهر اومسک در نواحی اورال انتخاب نماید.

ارتش سرخ که در موقعیت خطرناکی قرار گرفته بود، با سرعت به بسیج نیروها پرداخت تا شهر مسکو یا مقر حکومت کشور سوسیالیستی را از سقوط نجات دهد. «حزب کمونیست ضمن فراخواندن مردم برای متوقف کردن ارتش دنیکین، بیش از 25 هزار کمونیست را تجهیز کرد و به جبهه فرستاد. کومسومول[1] به نوبه‌ی خود 21 هزار عضو و اتحادیه‌های کارگری 35 هزار کارگر را به جبهه فرستادند. سربازان جنوبی در ماه اکتبر دست به حمله‌ی متقابل زدند و جنگ خونین و سنگینی

---

[1] کومسومول Komsomol یا اتحادیه جوانان کمونیست The Young Communist Leauge (Y.C.L.) در اکتبر 1918 به وسیله‌ی حزب کمونیست موجودیت یافت تا کادرهای جوان حزبی را که بین 14 تا 28 ساله بودند به ایدئولوژی، انضباط حزبی و سازماندهی آشنا نموده و از آنها در جاهای مناسب استفاده نماید. کومسومول به سرعت گسترش یافت و دارای تشکیلات وسیعی شد. سازمان فوق موفق شد در اولین سال تأسیس خود با چهل و پنج مرکز بیش از هشتصد هزار نفر عضو جذ ب کند و نقش مؤثری در جریان جنگ‌های داخلی شوروی ایفا نماید.

در اورل و ووررنژ آغاز شد و بهترین لشگرهای دنیکین در همین جنگ متلاشی شدند. ارتش سرخ در 20 اکتبر 1919 شهر اورل و در 24 اکتبر شهر ووررنژ را تسخیر کرد. جبههی گاردهای سفید تماماً از هم پاشید و رو به فرار گذاشت و سواره نظام شوروی نیز به فرماندهی بودیونی[1] به تعقیب نفرات آن پرداخت. ارتش دنیکین تا مارس 1920 به طور مفتضحانهای شکست خورد و بقایای آن به کریمه عقبنشینی کرد. دنیکین به خارج گریخت و فرماندهی را به ژنرال رانگل سپرد.[2]»

این پیروزی برای ارتش سرخ بسیار غرورآفرین بود و سبب تحکیم قدرت بلشویکها شد. وقتی قوای سرخ از جبههی جنوب آسودهخاطر شد، توجه خود را به ناحیهی شمال روسیه برای سرکوبی شورش یودنیچ معطوف داشت. فرماندهی ارتش سرخ در ناحیهی شمال را برای دفاع از پتروگراد، تروتسکی شخصاً به عهده گرفت.

ژنرال یودنیچ با استفاده از موقعیت درگیری ارتش سرخ در جبههی جنوب، موفق شد در 16 اکتبر 1919 با اشغال شهر گاتچینا[3] به پنجاه کیلومتری پتروگراد برسد. نیروهای ارتش سرخ تحت هدایت تروتسکی در اواخر سال 1919 موفق شدند که ارتش ژنرال یودینیچ را شکست داده و آنها را مجبور به عقبنشینی نمایند.در فوریه 1920 قوای یودنیچ به کلی تارومار شد و خود وی نیز مجبور به فرار شد.

---

[1] Semyon Mikhailovich Budyonny
[2] تاریخ مختصر جهان، همان، ج چهارم، ص 40-41.
[3] Gatchina

پس از شکست ژنرال دنیکین و ژنرال یودینیچ، پارتیزان‌های سیبری نیز که فعالانه بر علیه نیروهای ژنرال کولچاک می‌جنگیدند، موفق شدند در ژانویه 1920 ارتش کولچاک را مجبور به تسلیم نمایند. ژنرال کولچاک به دست انقلابیون دستگیر و پس از محاکمه در دادگاه انقلابی ایرکوتسک[1]، تیرباران شد.

با شکست پیاپی ژنرال‌ها کشور های متفق نیز که از مقابله‌ی «ارتش سفید» با «ارتش سرخ» ناامید شده بودند، با خاتمه‌ی جنگ اول جهانی و چون دلیلی برای مداخله‌ی نظامی خود در شوروی نمی‌دیدند، در ژانویه 1920 قوای خود را از مناطق اشغالی شوروی خارج کردند ولی دست از توطئه بر نداشتند. نیروهای پراکنده‌ی ژنرال‌های شکست‌خورده به امید پیروزی این بار به ارتش ژنرال رانگل در کریمه ـ واقع در غرب کشور ـ پیوستند تا یک بار دیگر بخت خود را بیازمایند. در مارس 1920 کشتی‌های انگلیسی حدود سی هزار نفر از افراد ژنرال دنیکین را به کریمه انتقال دادند تا به ارتش ژنرال رانگل بپیوندند.

لازم به یادآوری است که هم زمان با این انتقال، نیروهای ژنرال میلر که بین هفت تا هشت هزار نفر بودند و با کمک انگلیس‌ها در بندر آرخانگل در انتظار بودند تا به ارتش ژنرال‌های شکست خورده کمک کنند، پس از وقایع فوق از هم پاشیده شد و آرخانگل نیز از دست دشمن خارج شد.

________________________________________

[1] Irkutsk

ژنرال رانگل که بعد از شکست ژنرال‌های همقطارش از جریان وقایع درس عبرت نگرفته بود، این بار از ناحیه‌ی جنوب غربی کشور با باقیمانده‌ی افراد ارتش‌های شکست‌خورده‌ی سابق که روحیه‌ی مناسبی برای جنگ نداشتند ولی مهارت کافی در خرابکاری و غارت داشتند، حمله‌ی خود را آغاز نمود و کریمه را به تصرف خود درآورد. وی پس از استقرار نیروهای خود که تعداد آنها به هفتاد هزار نفر می‌رسید، شروع به وضع مقررات و ارائه‌ی برنامه‌ای به نفع کشاورزان نمود.

در اوت 1920 فرانسه بدون دادن تجهیزات جنگی به رانگل رضایت خود را از موقعیت وی اعلام کرد که از نظر روحی تا حدودی باعث دلگرمی رانگل گردید.

هم‌زمان با آغاز عملیات ژنرال رانگل، یکی از شدیدترین و تقریباً آخرین بحران جنگی شوروی در دوره‌ی لنین آغاز شد که به به «جنگ روس و لهستان» معروف است. در بهار 1920 قدرت‌های غربی که پس از سال‌ها تلاش و تحمیل هزینه‌های سنگین برای نگهداری نیرو در خاک شوروی به منظور سقوط رژیم، متوجه شدند که تلاش آنها بیهوده و رژیم بلشویک‌ها ماندنی است. از این رو ضمن فراخواندن نیروهای خود از خاک شوروی، کمک‌های نظامی و آذوقه به ارتش‌های سفید ضدانقلاب داخلی را نیز قطع کردند و به این نتیجه رسیدند که باید با رژیم جدید سوسیالیستی از راه مسالمت‌آمیز وارد مذاکره شوند. بر این اساس قراردادهای

دوجانبه بین شوروی و اوکراین و فنلاند بسته شد ولی در مورد لهستان توافقی

حاصل نشد.

قدرت‌های بزرگ در کنفرانس صلح پاریس برای حل مشکل مرزی شوروی و

لهستان، طرحی را پیشنهاد کردند که به نام «خط کرزن[1]» معروف شد. بر اساس

طرح فوق، پیشنهاد شده بود که لهستانی‌ها در جنوب خط و غیر لهستانی‌ها در شرق

خط سکونت گزینند. به عبارت دیگر حدّ روس‌های سفید و لهستانی‌ها به وسیله‌ی

«خط کرزن» تعیین می‌شد که در ضمن مرز جدید شوروی و لهستان نیز به حساب

می‌آمد. روس‌ها با طرح فوق موافق بودند ولی حکومت لهستان به آن تمایلی نداشت

و خواستار سهم بیشتری بود شوروی که پیروزی‌های متعددی در تمام جبهه‌های

جنگ داخلی به دست آورده بود، حاضر نشد به پیشنهاد لهستان وقعی بگذارد و این

امر سبب شد که نیروهای لهستانی به فرماندهی دیکتاتور لهستانی مارشال

پیلسودسکی[2] که از ضدبلشویک‌های بنام بود، در اویل ماه می 1920 پس از عبور

از اوکراین و دنیپر[3]، شهر کیف را به تصرف درآورد. ارتش سرخ در این ناحیه

به فرماندهی بودینی، طی نبردهای سنگین سرانجام موفق شد ارتش پیلسودسکی را

---

[1] خط کرزن Curzon Line ابتدا در سال 1920 به وسیله‌ی لوید جرج نخست‌وزیر موقت انگلستان مطرح و به وسیله‌ی لرد کرزن، وزیر امور خارجه‌ی وقت بریتانیا طراحی شد و به نام وی معروف گردید. این خط اوکراینی‌ها و روس‌های سفید را از لهستان جدا می‌کرد و در حقیقت مرز جدید شوروی و لهستان محسوب می‌شد.

[2] Jozef Klemens Pilsudski

[3] Dniper

تا نواحی جنوبی لهستان عقب براند. هم زمان با این موفقیت گروهی دیگر ار افراد ارتش سرخ تحت فرماندهی توخاچوفسکی[1] که فقط بیست و هفت سال داشت، از ناحیه‌ی شمالی لهستان دست به حمله‌ی تهاجمی زد و با پیشروی خود شهر ورشو – مرکز لهستان - را مورد تهدید و سقوط قرار داد. لهستان که در موقعیت خطرناکی قرار گرفت، وحشت کشورهای متفق را برانگیخت و فرانسه و انگلستان مجدداً شوروی را تهدید به مداخله‌ی نظامی نمودند. شوروی تهدید آنها را ندیده گرفت ولی اعلام کرد که حاضر به مذاکره درباره‌ی صلح با لهستان است. شوروی که پیروزی را در تمام جبهه‌ها به دست آورده بود و تقریباً کلیه‌ی شورش‌های ضدانقلابی را سرکوب کرده و قابلیت‌وتوانایی خود را برای دفاع از انقلاب سوسیالیستی نشان داده بود، بد ش نمی‌آمد از پیروزی اخیر خود در لهستان استفاده کند و حکومت شورایی را در آنجا نیز به آزمون گذارد. لذا ابتکار عمل صلح را در دست گرفت و پیشنهاد نمود که حاضر است مناطقی بیشتر از آنچه که در «خط کزرن» آمده بود را به لهستان واگذار کند به شرطی که در ورشو جمهوری شوراها اعلام شود. لهستانی‌ها این پیشنهاد را رد کردند و مجدداً د امنه‌ی جنگ بین شوروی و لهستان بالا گرفت.

این بار پیلسودسکی از کشورهای متفق غرب تقاضای کمک کرد و موفق شد نه تنها سلاح‌های مدرن انگلیسی و فرانسوی را به دست آورد بلکه فرانسه علاوه بر

---

[1] Mikhail Nikolayevich Tukhachevsky

دادن تجهیزات نظامی، یک هیئت نظامی به ریاست ژنرال ماکسیم ویگاند[1] را روانه‌ی لهستان نمود تا به حکومت لهستان کمک نماید. از طرف دیگر ژنرال پیسلودسکی با حمایت ژنرال رانگل دست به یک ضد حمله‌ی شدید زد که طی آن موفق شد نیروهای ارتش سرخ را تا داخل خاک شوروی عقب براند. متعاقب این واقعه و در نیمه‌ی اکتبر 1920، پیمان صلح موقتی بین شوروی و لهستان به امضا رسید که به «قرارداد ریگا[2]» معروف شد. به موجب قرارداد فوق، قسمتی از اوکراین غربی و روسیه‌ی سفید به اشغال لهستان درآمد و این کمی بیشتر از آنچه بود که در طرح «خط کرزن» پیش‌بینی شده بود. با امضای قرارداد فوق، حدود چهار و نیم میلیون نفر روس تحت نفوذ لهستان قرار گرفتند[3].

---


[1] Maxime Weygand

[2] Treaty of Riga


[3] به نظر می‌رسید که حکومت شوروی پس از آن همه پیروزی‌های پی‌درپی و به خصوص شکست اولیه‌ای که به نیروهای لهستان وارد آورد، زیر بار امضای قرارداد صلح ریگا نرود. اگر به گفته‌ی لنین توجه شود که می‌گفت امپریالیست‌ها قصد دارند با دو دست ــ یکی لهستان و دیگری ژنرال رانگل ــ جمهوری شوروی را خفه کنند، استنباط می‌شود که پس از سرکوبی ارتش‌های مختلف ژنرال‌های ضد انقلاب، شوروی ادامه‌ی جنگ را صلاح نمی‌دانست و تقاضاهای مکرری برای صلح با لهستان و ژنرال رانگل نموده بود زیرا تجربه‌ی صلح برست لیتوسک به آنها آموخته بود که صلح موقت به عنوان تاکتیک خطری ندارد و ثانیاً اگر سازندگی اقتصاد داخلی کشور به تعویق می‌افتاد، به مراتب بیشتر از ادامه‌ی جنگ خطرناک بود. از این رو با توجه به وضعیت داخلی شوروی که سه سال بعد از انقلاب را مرتباً دستخوش جنگ‌های داخلی بود، ضرورت توقف جنگ احساس می‌شد و بلشویک‌ها باید در نقطه‌ای آن را قطع می‌کردند و جنگ لهستان و روسیه این فرصت را به آنها داد. لازم به تذکر است که در سال 1939 شوروی موفق شد مناطقی را که طبق قرارداد ریگا به لهستان داده بود، مجدداً به تصرف درآورد.

هم زمان با این جریانات نیروهای ارتش سرخ در جبهه‌ی جنوبی به فرماندهی میخاییل فرونزه در مقابل نیروهای ژنرال رانگل شجاعت بی‌نظیری نشان دادند و پس از چندین نبرد سنگین که منجر به کشته شدن بیش از ده هزار نفر از افراد ارتش سرخ شد، سرانجام باقیمانده‌ی لشگرهای ارتش سفید ژنرال‌ها شکست خورد و «آخرین پایگاه ضدانقلاب روسیه برچیده شد و قدرت شوروی از نو در شبه‌جزیره‌ی کریمه برقرار شد.[1]»

پیروزی ارتش سرخ در کریمه سبب شد که به کلی امید نیروهای سفید قطع شود. پس از شکست ارتش رانگل، بلافاصله نزدیک به صد و پنجاه هزار افراد نظامی و غیرنظامی که ضدانقلاب بودند و در ارتش سفید خدمت می‌کردند به وسیله‌ی کشتی‌های فرانسوی به بندر امنی در کنستانتینوپل[2] (استامبول) انتقال داده شدند که بعداً به تدریج به عنوان مهاجرین روسی عازم آمریکا و اروپا شدند.

با خروج نیروهای بیگانه از شوروی، شکست ارتش‌های سفید و پیمان صلح با لهستان، نیروهای ضد انقلاب در ترکستان تنها و بدون حامی باقی ماندند و ارتش سرخ پس از یک سلسله نبرد با فئودال‌های محلی توانست حاکمیت خود را در

---

[1] تاریخ مختصر جهان، همان، ج چهارم، ص 42.

[2] Constantinople

گرجستان، آذربایجان و ارمنستان تثبیت نماید و به ناآرامی‌های آسیای میانه که به تحریک انگلیس‌ها صورت می‌گرفت، خاتمه دهد.

آخرین مرحله‌ی جنگ داخلی شوروی که کمی به طول انجامید، نبرد با نیروهای ژاپنی بود که با استقرار در خاور میانه و در شرق دریاچه‌ی بایکال با کمک نیروهای سفید در ساخالین و نواحی سیبری مشکلاتی ایجاد کرده بودند. ارتش سرخ پس از سرکوبی این نیروها، آنها را وادار کرد در اواخر اکتبر 1922 خاک شوروی را ترک کنند و در نتیجه جمهوری شوراها در خاور دور نیز موجودیت و حاکمیت خود را اعلام کرد.

سرانجام پس از هشت سال دوره‌ی جنگ، خون‌ریزی و کشتار به خاطر جنگ جهانی اول، انقلاب، جنگ‌های داخلی، ترورهای سفید و سرخ، مداخله‌ی کشورهای امپریالیستی در روسیه و قربانی شدن میلیون‌ها نفر روسی بالاخره صلح به سرزمین شوروی بازگشت. صلحی که برای آن بهای گزافی پرداخت شد ولی انقلاب روسیه حفظ شد. جمع‌بندی از دوره‌ی بسیار مشکل و خطرناک جنگ‌های داخلی شوروی در زمان لنین این سوال را برمی‌انگیزد که چرا نیروهای توطئه‌گر امپریالیستی و ارتش‌های ضدانقلاب داخلی که با هم متحد شده بودند و تجهیزات نظامی مدرن و نیروهای کافی در اختیار داشتند، با تمام امکانات، مغلوب جمهوری جوان شوروی شدند که نه ارتش سرخ آن سر و سامان یافته بود و نه حاکمیت سیاسی و اقتصادی آن پا گرفته بود. دلایلی که برای پرسش فوق می‌توان ارائه داد، عبارتند از :

1. افراد ارتش سرخ با اعتقاد کامل می‌دانستند برای چه می‌جنگند و این امر به آنها نیرو و توان می‌داد. «در جنگ اراده برای پیروز شدن غالباً مهمتر از برتری از حیث نفرات و اسلحه است و کارت برنده‌ی ارتش سرخ نیز همین بود. سربازان سرخ احساس می‌کردند که سهمی در پیروزی دارند، در حالی که سربازان سفید می‌جنگیدند تا قدرت و ثروت را بار دیگر نصیب ژنرال‌های خود کنند. علاوه بر این سفیدها مخلوطی از افراد ناهماهنگ بودند. هدف مشترک و رهبری واحدی نداشتند و اگر کمک دولت‌های خارجی چون بریتانیا، فرانسه، آمریکا و ژاپن به ارتش‌های سفید نبود، سرخ‌ها می‌توانستند به آسانی آنها را شکست دهند.[1]»

2. سفیدها هرگز برنامه‌ای برای آینده شوروی نداشتند تا توده‌ی ملت را راضی نمایند لذا از پشتیبانی ملت برخوردار نبودند. از آغاز جنگ داخلی تا به آخر، سفیدها هرگز با تغییرات اساسی و انقلابی در روسیه موافق نبودند و می‌خواستند کارگر و کشاورز را همچنان در استثمار نگهدارند ولی سرخ‌ها با برنامه‌های انقلابی خود ادعای رهایی و آزادی کارگر و کشاورز را برای رسیدن به حقوق واقعی خود داشتند.

---

[1] هاریت وارد، قدرت‌های جهانی در قرن بیستم، ترجمه‌ی جلال رضایی‌راد، تهران، بنگاه ترجمه و نشر کتاب، 1360، ص 136.

3. سفیدها با تاکید روی روسیه‌ی یکپارچه و متحد، هرگز حاضر به رسمیت شناختن حقوق ملیت‌های مختلف نبودند در حالی که سرخ‌ها از ابتدا استقلال مناطق غیر روس را به رسمیت شناختند.

4. سرخ‌ها از رهبری واحد برخوردار بودند که به روسیه عشق می‌ورزید حال آن که سفیدها با رهبری پراکنده که به وسیله‌ی کشورهای خارجی حمایت می‌شدند، عامل وحدت را ضعیف کرده بودند و هر یک برای خود نغمه‌ای ساز می‌کردند.

دلایل فوق که هر یک به نوبه‌ی خود در پیروزی بلشویک‌ها بی‌تأثیر نبود، بدون شک از نظر داخلی مهم و قابل توجه‌اند ولی از فعل و انفعالات بین‌المللی نیز که تصادفاً در طول دوره‌ی جنگ‌های داخلی شوروی تاریخ را به نفع انقلاب سوسیالیستی و در نتیجه پیروزی بلشویک‌ها تغییر داد، نباید غافل شد.

هنگامی که بلشویک‌ها سرگرم جنگ‌های داخلی و تثبیت موقعیت خود بودند، از نظر بین‌المللی وقایعی اتفاق افتاد که در پیروزی سرخ‌ها بسیار ارزنده و مؤثر بود. از آن جمله در سه کشور اروپای شرقی (لهستان، چکواسلواکی و مجارستان) و هم چنین در عثمانی رژیم‌های امپراتوری سقوط کرد و سبب شد که مرزهای شوروی از چنگ نیروهای خارجی آزاد گردد و در نتیجه ارتش سرخ در نواحی بالتیک و دریای سیاه تقریباً بدون درگیری شدید، موفق به تثبیت حاکمیت خود شد.

از جمله وقایع خارجی دیگری که به نفع شوروی تمام شد، انقلاب‌هایی بود که در فنلاند، رومانی، یوگسلاوی، آلمان، اتریش و ... رخ داد و با تشکیل دولت‌های ملی و روشن شدن مرزها، اختلافات برون مرزی شوروی به حداقل ممکن تنزل یافت.

در طول جنگ‌های داخلی شوروی، جهان در برابر واقعیت‌هایی قرار گرفت که به خصوص برای کشورهای غربی تکان‌دهنده بود. نه تنها موج انقلاب‌ها در اروپا به شدت اوج گرفت و رژیم‌های سلطنتی یکی بعد از دیگری سقوط کردند و نوعی دموکراسی غربی در مقابل مارکسیسم شروع به رشد کرد، بلکه در خود آلمان نیز علاوه بر این که نظام بیسمارکی متلاشی شد، در آوریل 1919 و در اثر فشار جناح‌های چپ یک حکومت شبه شوروی در مونیخ روی کار آمد که دوام نیاورد. در حقیقت حرکت فوق تمرینی برای پیروی از مدل «سوسیالیسم ملی[1]» بود که به انحراف کشیده شد.

---

[1] ناسیونالیسم ملی National Socialism در حقیقت ملهم از ایدئولوژی حزب کارگران سوسیالیست ملی کارگران آلمان (NSDA) National-Socialist German Workers Party است که در 1919 هیتلر به عنوان هفتمین عضو در آن پذیرفته شد. حزب فوق در سال 1920 یک برنامه‌ی بیست و پنج ماده‌ای ارائه داد که طی آن تعدیل ثروت، از بین بردن واسطه‌ها، ملی کردن تراست‌ها و کمپانی‌ها و غیره پیش‌بینی شده بود. این حزب در ابتدای امر با شکست مواجه شد. ولی بعداً که حزب در اثر تلاش هیتلر به قدرت رسید، از ایده‌ی اصلی خود کاملاً منحرف شد و با پیش کشیدن مسئله‌ی برتری نژادی تبدیل به سازمانی بسیار خطرناک در دست رژیم فاشیستی آلمان گردید.

در مجارستان دیکتاتور بلا کوهن[1] به نفع شوروی قدرت را در دست گرفت. در اروپای غربی، با این که در جنگ پیروز شده بودند و اتحاد کشورهای آنتانت پابرجا بود، اوضاع به نفع انقلابیون شوروی در تغییر بود تا جایی که کشورهای غربی وحشت خود را از نفوذ سوسیالیسم ابراز داشتند.

در ژانویه 1919 پرچم سرخ در گلاسکوی اسکاتلند به اهتزاز درآمد و چپگراهای انگلیسی امید داشتند که پرچم سرخ بر فراز کاخ باکینگهام[2] نیز برافراشته شود. حکومت انگلیس که خود درگیر شورش‌های ایرلند، مصر و هندوستان بود، نمی‌دانست در مقابل تبلیغات کمونیست‌ها چه عکس‌العملی نشان دهد. در فرانسه نخست‌وزیر کلمانسو مورد سوءقصد یک آنارشیست قرار گرفت و زخمی شد. هم زمان با این واقعه کارگران فرانسوی متشکل شدند تا جنگ طبقاتی را از طریق اعتصاب آغاز نمایند. در سال 1919 «فدراسیون تجارت فرانسه» اول ماه مه را که روز کارگر را در بر می‌گرفت، اعلام تعطیلی عمومی نمود تا جمهوری فرانسه را متوجه قدرت متحد طبقه‌ی کارگر نماید. در رژه‌های محلی پرچم‌های سرخ حمل می‌شد. در پاریس زد وخوردهای خونین به وقوع پیوست و برای تابستان 1919 پیشنهاد شد که کارگران انگلستان، فرانسه و ایتالیا هم زمان دست به اعتصاب عمومی بزنند.

---

[1] Béla Kun (Kohn)
[2] Buckingham Palace

در ایتالیا مانند آلمان که محل برخورد جناح‌های چپ و راست بود، هر لحظه احتمال انقلاب می‌رفت. سوسیالیست‌های ایتالیایی اعتصابات کارگران صنایع را رهبری می‌کردند و برای منافع طبقه‌ی کارگر، انتقال قدرت به دست کارگران را مطرح می‌کردند.

این فعل و انفعالات در اروپا تنها نتیجه‌ی تبلیغات کمونیستی نبود بلکه مردم این کشورها که صبورانه سختی‌های جنگ اول جهانی را تحمل کرده بودند، دیگر حاضر به گذشت نبودند و حتی پیروزی در جنگ نیز نتوانست آنان را آرام کند زیرا دولت‌هایشان در اثر جنگ زیر بار قرض‌های سنگین رفته بودند و گرانی، بیکاری و افزایش مالیات‌ها هزینه‌ی زندگی را سرسام‌آور کرده بود. هم چنین استقلال و اتحاد کشورهای اروپایی نیز در جنگ به مخاطره افتاده بود.

حتی در ایالات متحده‌ی آمریکا که باعث پیروزی متحدین خود شده بود و تا حدودی از برخوردهای مستقیم دور بود، اوضاع اقتصادی بسیار نگران کننده بود. در 1919 بیش از چهار میلیون کارگر آمریکایی تهدید به اعتصاب کردند و در فوریه 1919 اتحادیه‌های کارگری در شهر سیاتل[1] واقع در شمال غربی آمریکا کارگران را دعوت به اعتصاب کردند و در همان ماه طرفداران شوروی در واشنگتن پیروزی کمونیست‌ها را جشن گرفتند.

---

[1] Seattle

در سپتامبر 1919 دو حزب کمونیست در شیکاگو به وجود آمد که موفق شدند با اعلام اعتصاب کارگران صنایع فولاد، شخصی را به نام ویلیام فوستر[1] به عنوان رهبر کمونیست‌های آمریکایی معرفی کنند و مسئله‌ی مبارزات کمونیستی به قدری جدی شد که دادستان‌کل آمریکا، میشل پالمر[2]، علیه کمونیست‌ها اعلام جرم کرد.

ناآرامی‌های جهان در خاور دور به کشورهای چین و ژاپن نیز سرایت کرد. در چهارم مه 1919 وقتی که اعلام شد کنفرانس صلح پاریس موفق به محکوم کردن تجاوز ژاپن به چین نشده است، تظاهرات خشونت‌باری در چین به وقوع پیوست که به نام «جنبش چهارم مه» معروف شد. رهبری این جنبش را دانشجویان به عهده داشتند. طولی نکشید که حرکت ناسیونالیستی چینی‌ها تبدیل به تشکیل حزب کمونیست چین شد.

همه‌ی وقایع فوق در طول جنگ‌های داخلی شوروی به وقوع پیوست. به نظر می‌رسید که تاریخ به یاری کمونیست‌ها شتافته، جهان یک باره در حال تغییر و دگرگون شدن بوده و هر اندازه که اوضاع داخلی شوروی علیه حکومت نوبنیاد سوسیالیستی در تلاطم بود، در صحنه‌ی بین‌المللی و به خصوص در کشورهای

---


[1] William Foster
[2] Mitchell Palmer

اروپای غربی و شرقی و چین، جنبش‌های سوسیالیستی در جهت نفع شوروی در حال شکل گرفتن بود.

اگرچه رهبران دنیای غرب راه حل را در تشکیل «جامعه‌ی ملل» دیدند، از آنجایی که شالوده‌ی این سازمان بر مبنای عدالت و حق نبود و کشورهای غربی به خاطر حفظ منافع خود آن را بر پا نموده بودند، این تلاش نتوانست به موفقیت نائل گردد و زمینه‌ی بین‌المللی را برای تشنجات بیشتر آماده کرد.

نهایتاً شوروی در طول این جریانات نجات یافته بود. از سال 1914 تا 1922 کشورهای امپریالیستی از طرق مختلف تلاش کردند تا هم از وقوع انقلاب سوسیالیستی در شوروی و هم از موجودیت و شکل‌گیری این رژیم جلوگیری کنند. اما تلاش‌های آنها سرانجام با شکست مواجه شد و جمهوری جوان شوروی به عنوان اولین کشور سوسیالیستی جهان فرصت یافت تا اظهار وجود کند.

# 6. سیاست کمونیسم جنگی

در سال‌های اول پس از انقلاب، گرچه تمام مسائل شوروی تحت‌الشعاع جنگ‌های داخلی قرار گرفت و مبارزه با کشورهای امپریالیستی برای ادامه‌ی حیات در صدر برنامه‌های حکومت شوراها قرار داشت، مسائل اقتصادی کشور ــ به خصوص با توجه به مبانی اقتصاد سوسیالیستی که حکومت جدید باید در رفع آن اقدام می‌نمود ــ آن چنان حاد بود که اگر توجه فوری به آن نمی‌شد امکان مبارزه با ضدانقلاب داخلی و کشورهای مداخله‌گر امپریالیستی میسر نمی‌گردید.

در اوایل تابستان 1918 یعنی تقریباً شش ماه پس از انقلاب اکتبر، در اثر کارشکنی کولاک‌ها و سرسختی کشاورزان که حاضر نبودند وضعیت خود را با برنامه‌های رژیم جدید مطابقت دهند، بحران غذایی کشور به درجه‌ای رسید که قحطی شدید ملت را تهدید می‌کرد. مردم در اثر جهالت برای به دست آوردن غذا گلوی یکدیگر را می‌فشردند و به نظر می‌رسید نه تنها حکومت از نظر سیاسی تهدید به نابودی شده است بلکه مردم نیز از نظر اقتصادی، در اثر گرسنگی، کمبود ارزاق و مایحتاج عمومی در آستانه‌ی مرگ قرار دارند.

در چنین شرایطی مخالفین و احزاب بورژوازی با کمک فئودال‌های محلی و کمک‌های خارجی با تمام قوا می‌کوشیدند تا بی‌لیاقتی حکومت جدید را در حل مشکلات ملموس و عینی ثابت نموده و خود قدرت را در دست گیرند. کشورهای امپریالیستی نیز با هدف از پا درآوردن حکومت جدید شوراها شوروی را در

محاصره‌ی نظامی و اقتصادی قرار دادند. جنگ‌های داخلی که به سرعت گسترش می‌یافتند نیز آرامش و امنیت کشور را آن چنان به مخاطره انداخته بودند که امکان هر نوع اقدامات اصلاحی را برای حکومت ناممکن می‌ساخت.

از طرف دیگر، لنین متوجه شد نه تنها ایجاد پایه‌های اقتصاد سوسیالیستی که می‌بایست تغییرات اساسی در مناسبات تولید به وجود آورد کار ساده و کوتاه مدتی نیست و دولت سوسیالیستی نوبنیاد شوروی به تنهایی نمی‌تواند آن را انجام دهد بلکه این کار باید با مشارکت فعالانه‌ی کارگران و کشاورزان به وقوع پیوندد و تحولات بنیادی در بخش کشاورزی و صنعت به وجود آید. لنین هم چنین با توجه به خطرات کشورهای امپریالیستی به ویژه میلیتاریسم آلمان و اتریش و شورش‌های ژنرال‌های ضدانقلاب که موجودیت اولین کشور سوسیالیستی جهان را تهدید می‌کردند، کشور را در موقعیتی بسیار حساس یافت. به طوری که در اواسط تابستان 1918 لنین اعلام کرد که بحرانی‌ترین لحظه‌ی انقلاب که مسئله‌ی ادامه‌ی حیات حکومت را مطرح می‌سازد، فرا رسیده است.

در چنین وضعیتی، لنین و حکومت نوبنیاد ش به یک نتیجه رسیدند و آن اینکه به علت وخامت اوضاع، نه امکان اصلاحات در شرایط عادی وجود داشت و نه فرصتی برای تشریح جامعه سوسیالیستی، تا حمایت قشر عظیم جامعه‌ی شوروی که بی‌سواد بودند، برای اجرای برنامه‌های حکومت جلب شود. سرانجام جمهوری جوان شوروی برای رهایی از بحران به شیوه‌ای متوسل شد که از دیدگاه سوسیالیسم واقعی

چندان خوشایند نبود. به این ترتیب شیوه‌ی توسل به «خشونت» و «زور» برای اجرای برنامه‌های ضربتی حکومت عنوان «سیاست کمونیسم جنگی» گرفت.

سیاست کمونیسم جنگی در حقیقت یک برنامه‌ی ضربتی بود که از مارس 1918 تا مارس 1921 با توجه به واقعیت‌های عینی جامعه‌ی شوروی در سه سال اول انقلاب یعنی اوج بحران جنگ‌های داخلی و مداخله‌ی نظامی-اقتصادی کشورهای امپریالیستی به منظور مبارزه با ضدانقلاب و تجهیز نیروهای مادی و معنوی کشور، به مرحله اجرا درآمد.

هدف نهایی برنامه‌ی کمونیسم جنگی این بود که ضمن رفع مشکلات ضروری و فوری کشور در کوتاه مدت، امکانی به وجود آید که اتحاد شوراها با دیکتاتوری پرولتاریا در مقابل بورژوازی که سعی می‌کرد امتیازات و انحصارات گذشته را در دست داشته باشد، حفظ شود و زمینه برای اجرای برنامه‌های بلند مدت فراهم گردد.

بر اساس اهداف سیاست کمونیسم جنگی، ابتدا حکومت شوروی تمام فعالیت‌های بانکی را ملی اعلام کرد و کنترل امور مالی کشور به دست دولت افتاد. سپس صنایع حمل و نقل و به تدریج مؤسسات بزرگ صنعتی و به دنبال آنها فابریک‌ها و مؤسسات کشاورزی ملی اعلام شدند و به تصرف دولت درآمدند و برای اداره‌ی آنها ارگانی

به نام «شورای عالی اقتصاد ملی[1]» تأسیس شد که ضمناً مسئولیت کنترل و نظارت بر تولید مؤسسات ملی‌شده نیز بر عهده ارگان مزبور گذاشته شد.

در طول دوره‌ی کمونیسم جنگی، کلیه‌ی صنایع مادر ملی شدند و در مؤسسات صنعتی و تولیدی کوچکتر مانند کشاورزی، بانکی، تعاونی، حمل‌ونقل و غیره، شوراهای کارگری به نفع حکومت ابتکار عمل را در دست گرفتند. تکلیف مالکیت از همان ابتدای تشکیل حکومت شوراها روشن شد؛ اگرچه برنامه‌ی تقسیم زمین سبب د رگیری شدید بین دهقانان و کولاگ‌ها شد ولی نهایتاً املاک کولاگ‌ها بین کشاورزان تقسیم گردید. اما تنها این تقسیم کافی نبود زیرا فقط سبب انتقال زمین از مالکان بزرگ به خرده‌مالکان شد و هدف اصلی کشاورزی سوسیالیستی که توسعه‌ی کشاورزی اشتراکی یا به عبارت دیگر تولیدات جمعی بود، عملی نگردید. برای احراز این امر، دولت نه تنها باید وسا یل تولید را در اختیار دهقانان قرار می‌داد بلکه از نظر روحی نیز باید آنان را با فواید کار جمعی و تشکیل کمون‌ها آماده می کرد. به اعتقاد لنین رسیدن به چنین مرحله‌ای نیاز به زمان داشت تا از طریق تأمین تراکتور، اجرای برنامه‌ی الکتریفیکاسیون (برق‌رسانی) و جاده سازی، امکانات اساسی برای اشتراکی نمودن کشاورزی فراهم شود. اجرای چنین برنامه‌ای به سادگی امکان‌پذیر نبود و کشاورزان هرگز به اجرای برنامه‌های اشتراکی روی خوش نشان نمی‌دادند. مشکل‌ترین کار حکومت شوراها برای سازندگی اقتصادی

---

کشور در بخش کشاورزی بود که در اثر مقاومت منفی کشاورزان و آماده نبودن آنها برای اجرای برنامه‌های سوسیالیستی، امیدی به موفقیت نبود.

در بخش صنعتی برنامه‌ی کمونیسم جنگی به سرعت پیش می‌رفت. علاوه بر تسلط و کنترل دولت بر صنایع بزرگ که به یاری کارگران به سرعت عملی شد، برنامه‌ی ملی کردن مؤسسات صنعتی حتی به آنجا رسید که شرکت‌هایی که بیش از پنج کارگر داشتند در صورت فعالیت مکانیزه، ملی شدند و تجارت خصوصی به کل ممنوع اعلام گردید. با چنین برنامه‌ای، تمرکز و نظارت شدید دولت در کلیه‌ی امور اقتصادی، سیاسی، نظامی و حتی اجتماعی آغاز گردید و لنین سعی داشت این امر را با کمک شوراها و بر اساس اصل سانترالیسم دموکراتیک به مرحله‌ی اجرا درآورد.

شعار معروف «هر کس کار نکند، نمی‌خورد» در قالب برنامه‌ی کمونیسم جنگی پیاده شد و هدف اصلی این شعار، حرکت تمام نیروها برای بنای ساختمان سوسیالیسم شوروی بود. حزب کمونیست شوروی در راه گذر به سوسیالیسم از هیچ تلاشی مضایقه نکرد و مهم‌ترین وظیفه‌ی حزب در طول دوره‌ی کمونیسم جنگی، از پا در آوردن مخالفینی بود که حتی در داخل حزب به شدت با برنامه‌های لنین مخالفت می‌کردند.

در هشتمین کنگره حزب کمونیست شوروی که از 18 تا 23 مارس  1919 در مسکو بر پا شد، 301 نماینده با حق رأی قطعی شرکت داشتند که از طرف بیش از سیصد هزار نفر اعضای حزب انتخاب شده بودند. ضمناً در کنگره‌ی مزبور 102 نماینده با رأی مشورتی شرکت داشتند[1]. در این کنگره برنامه‌ی حزب کمونیست برای بنای ساختمان سوسیالیستی کشور به تصویب رسید و با توجه به همین برنامه بود که خطوط اصلی سیاست کمونیسم جنگی مشخص گردید.

در کنگره‌ی هشتم، لنین پس از تشریح موقعیت کشورهای امپریالیستی در زمینه‌ی سیاست خارجی، متذکر شد که ادامه‌ی حیات کشور شوروی در کنار کشورهای امپریالیستی غیرقابل‌تصور است. در پایان کار، یکی از این دو باید پیروز شود. اما تا آن زمان، امکان برخوردهای متعدد و وحشتناک اجتناب‌ناپذیر است. به عقیده‌ی لنین، تا زمانی که کشور شوروی برای شکست دشمنان قسم‌خورده‌ی خود به اندازه‌ی کافی قوی نشده باشد، شیوه‌ی مناسب مبارزه با آنها استفاده از تضادهای موجود بین کشورهای سرمایه‌داری خواهد بود[2].

در زمینه‌ی سیاست داخلی، تلاش عمده‌ی حزب بیشتر معطوف به جذب کشاورزان میانه‌حال بود که می‌توانستند نقش فعالی در تولید ایفا کنند؛ به شرطی که به طرف

---

[1] تاریخ حزب کمونیست (بلشویک) اتحاد شوروی، همان، ص 377.
[2] Schapiro, Ibid, P. 195-196.

کولاگ‌ها کشانده نشوند. از این رو کنگره‌ی هشتم رئوس سیاست اقتصاد روستایی

کشور را در دوره‌ی کمونیسم جنگی به شرح ذیل اعلام نمود:

1. از بین بردن پراکندگی مزارع (ایجاد سوخوزها[1]).

2. تأمین بذر اصلاح شده و کود شیمیایی برای کشاورزان.

3. اصلاح پرورش دام.

4. گسترش آموزش و اطلاعات کشاورزی.

5. دادن کمک‌های کشاورزی به کشاورزان.

6. تأمین وسایل و ابزار کشاورزی در فروشگاه‌ها.

7. تأسیس بنگاه‌های وام‌دهنده و ایجاد مزارع عملی و نمونه.

8. بهبود و اصلاح زمین‌های کشاورزی.

در کنار برنامه‌ی فوق، تأسیس مزارع بزرگ شورایی، کمک به شرکت‌های تعاونی، مبارزه‌ی همه‌جانبه با کولاگ‌ها و نفوذ شبکه‌های حزبی درمناطق روستایی نیز پیش‌بینی شده بود[2].

---

[1] سووخوز Sovkhoz به معنی اقتصاد دسته‌جمعی است که اصطلاحاً به موسسه‌ی کشاورزی سوسیالیستی دولتی در شوروی گفته می‌شود. در این نوع مؤسسات همه چیز در مورد کشاورزی – از زمین گرفته تا وسایل تولید و محصولات – در اختیار دولت است. سووخوز مانند یک کارخانه‌ی صنعتی است که مدیر آن از طرف دولت تعیین می‌شود و در آن کارگران کشاورز حقوق‌بگیر دولت هستند.

[2] Dmytryshyn, Ibid, P. 103.

مصوبات کنگره‌ی هشتم حزب کمونیست در حقیقت نه تنها خط دهنده‌ی برنامه‌ی کمونیسم جنگی بلکه سند معتبری برای بنای جامعه‌ی جدید شوروی بر معیار ارزش‌های سوسیالیستی به حساب می‌آید که با اولویت دادن به برنامه‌ی کشاورزی هدف جذب کشاورزلن و اتحاد آنان با پرولتاریا را دنبال می‌کرد. البته کار آسانی نبود و علاوه بر مقاومت‌هایی که از طرف کشاورزان در رابطه با برنامه‌های فوق ابراز می‌شد و این تصور را برای کشاورز به وجود آورده بود که دیگر «اختیاری از خود ندارد و همه چیز متعلق به دولت است» و از این رو تن به کار نمی‌داد، در داخل حزب نیز کشمکش‌های فراوانی به وجود آمد که منجر به جناح‌بندی‌های متعدد در سطوح بالای حزب گردید. مهم‌ترین این جناح‌ها یکی «کمونیست‌های چپ» و دیگری «تروتسکیست‌ها» بودند که لنین به شدت با آنها مبارزه نمود و برنامه‌ی کمونیسم جنگی را با سرسختی تمام به پیش برد.

با تمام خشونت انقلابی که در قالب کمونیسم جنگی اعمال می‌شد، این برنامه مانع آن نشد که لنین از کارکنان زمان تزار به خصوص مدیران و متخصصین فنی استفاده نکند. لنین برای ایجاد پایه‌های اقتصاد سوسیالیستی مهم‌ترین عامل را وحدت ملیت‌ها و حل مشکلات آنها می‌دانست و برای اجرای برنامه‌ی فوق ارتش را مهم‌ترین عامل تحکیم قدرت به حساب می‌آورد. از این رو، با اینکه ارتش تزاری از هم گسیخته بود، لنین برای تشکیل ارتش سرخ افسران دوره‌ی تزار را که در حقیقت از دشمنان

وی محسوب می‌شدند، به خدمت فراخواندو از وجود آنان استفاده کرد؛ بدون آن که به آنها امکان فعالیت‌های ضدانقلابی دهد.

این اقدام لنین یعنی به کارگیری افسران دوره‌ی تزار، باعث نارضایتی و خشم گروهی از افسران ارتش سرخ شد که در سال 1919 با تشکیل جناحی به نام «اپوزیسیون نظامی[1]» به مخالفت با سیاست لنین برخاستند. «این اپوزیسیون با اجرای انضباط آهنین در ارتش و استفاده از تجربه‌ی کارشناسان نظامی سابق مخالفت ورزیده طرفدار شیوه های پارتیزانی اداره ارتش وجنگ بود»[2]

نظیر همین مخالفت‌ها در بخش‌های دیگر نیز ابراز می‌شد. در رابطه با بوروکراسی حزب در سال 1920 جناحی به نام «اپوزیسیون سانترالیست دموکراتیک[2]» تشکیل شد که از سیاست لنین در مورد تمرکز قدرت در حزب کمونیست انتقاداتی نمود و دست به اعتصاباتی نیز زد که هیچ نوع موفقیتی کسب نکرد. در بخش صنایع نیز جناحی تحت عنوان «اپوزیسیون کارگری[3]» به وجود آمد که در سال‌های 21 - 1920 به نقش محدود و بی‌اهمیت کارگران صنایع در

---

[1] Military Opposition

- تاریخ حزب کمونیست اتحاد جماهیر شوروی ؛ همان؛ صفحه ۳۵۷

[2]

[2]Democratic Centeralist Opposition

[3]Worker's Opposition

حزب، گسترش بوروکراسی و سیاست استفاده از تکنسین‌ها و مدیران بورژازی انتقاد و اعتراض نمود[1] که تلاش این جناح نیز به جایی نرسید.

لنین که در جهت تحقق برنامه کمونیسم جنگی مخالفت جناح‌ها را امری جدی تلقی می‌کرد، به شدت با جناح‌بندی به مبارزه پرداخت و در کنگره‌ی نهم حزب که در مارس 1920 گشایش یافت و 554 نماینده از طرف بیش از ششصد هزار عضو حزب کمونیست در آن شرکت کردند، ضمن ارائه‌ی برنامه‌ی دراز مدت اقتصاد ملی، به بخش صنایع، مسئله‌ی حمل و نقل و برنامه‌ی الکتریفیکاسیون اولویت خاص داد و تقویت آن‌ها را برای بنای ساختمان اقتصاد سوسیالیستی کشور بسیار ضروری دانست. لنین در همین کنگره به شدت از جناح‌هایی که با وی مخالفت می‌کردند، انتقاد کرد و جناح «سانترالیست دموکراتیک» را به کلی بی‌اعتبار نمود.

مخالفت اپوزیسیون نظامی به سادگی خاتمه نیافت و دامنه‌ی آن به شورش مسلحانه‌ی ملوانان پایگاه دریایی کرونشتات در مارس 1920 انجامید که به شدت به وسیله‌ی ارتش سرخ سرکوب شد.

---

[1] John S. Reshetar Jr, The Soviet Polity: Government and Politics in the USSR, New York, Dodd, Mead + Company, 1971, P. 153.

اعتصابات و شورش‌های پراکنده در سه سال اول انقلاب در حقیقت یک عکس‌العمل طبیعی در مقابل دوران بسیار حساس و خطرناکی بود که حکومت شوراها را وادار به خشونت و دیکتاتوری کرده بود و جناح‌های اپوزیسیون که زمانی خود از مبارزان انقلاب به حساب می‌آمدند، نمی‌توانستند سیاست زور و فشار حزب را به خصوص در زمینه‌های اقتصادی تحمل کنند.

برنامه‌ی کمونیسم جنگی لنین گرچه ضرورت زمانی داشت، در پایان کار نتیجه مطلوبی نداشت. زیرا حکومت را که از نظر سیاسی و برای رفع مشکل متوسل به استفاده از «زور» می‌شد، مورد سوال قرار می‌داد و علاوه بر این کشور را در وضعیتی بسیار بحرانی قرار داده بود. چنان که در آغاز سال 1921 میزان تولیدات صنایع فقط 14.3 درصد نسبت به سال 1913 بود. کارخانه‌های مواد سوختی، آهن، فولاد و صنایع مهندسی تقریباً به حال تعطیل درآمده بود. میزان تولید مواد غذایی به نصف سطح تولید سال 1913 کاهش یافته بود. تولید پنبه تقریباً 95 درصد، شکر 91.7 درصد، نمک 71.5 درصد و کبریت 85.7 در مقایسه با قبل از جنگ کاهش یافته بود و این تقلیل در تمام موارد وجود داشت[1].

در طول برنامه کمونیسم جنگی، دهقانان در برابر کمونیسم مقاومت می‌کردند و حاضر به تولید اضافی نبودند. زیرا دولت مازاد تولید آنها را بدون پرداخت هیچ

---

[1] رجوع شود به : کاراسیوف و دیگران، همان، جلد دوم، ص 96.

گونه وجهی مصادره می‌کرد. لذا دهقانان فقط به اندازه‌ای تولید می‌کردند که تکافوی خوراک خودشان را بنماید. نتیجه‌ی این مبارزه‌ی منفی این شد که در سال 1921 به دلیل خشکسالی طولانی و بدی وضع محصول، میلیون‌ها روس از شدت بی‌غذایی در آستانه‌ی مرگ قرار گرفتند و در سال‌های 1921-22 علی‌رغم کمک‌های بین‌المللی و کوشش‌های دولت شوروی پنج میلیون نفر بر اثر گرسنگی از پای درآمدند[1].

به نارضایی و عدم همکاری دهقانان با دولت، شورش‌های پراکنده‌ی کارگری را نیز باید اضافه کرد. به علت کمی دستمزد و هزینه‌ی سنگین زند گی، کارگران قادر به ادامه‌ی کار نبودند. قبل از برنامه‌ی کمونیسم جنگی به علت کمبود غله «به کارگران مسکو و پتروگراد هر دو روز یک بار 50 گرم نان داده می‌شد. روزهایی بود که به کلی نان هم نمی‌دادند ...[2]»

با اجرای برنا مه‌ی کمونیسم جنگی، با این که یک سال بعد یعنی در اوایل سال 1919 سهم کارگران از تولید بیشتر شده بود، به هر کارگر روزی حدود نیم کیلو نان، از کالاهای ضروری از قبیل شکر، نمک و کره هر کدام نیم کیلو در ماه و گوشت یا ماهی حدود دو کیلو و نیم در ماه در مسکو و پتروگراد داده می‌شد[3].

---

[1] هاریت وارد، همان، ص 138.
[2] تاریخ حزب کمونیست (بلشویک) اتحاد شوروی، همان، ص 370.
[3] Wren, Ibid, p. 562.

سهمیه‌ی فوق برای کارگران و خانواده‌هایشان کافی نبود و گرسنگی به اندازه‌ای آنان را رنج می‌داد که بسیاری شهرها را ترک می‌کردند و به روستاها می‌رفتند تا چیزی برای خوردن پیدا کنند. غذا و سایر کالاهای جیره بندی شده به اندازه کافی در بازار آزاد وجود داشت اما قیمت‌ها به قدری بالا بود که حتی طبقه‌ی متوسط قدرت خرید آن را نداشت و گرچه احتکار و گران‌فروشی غیرقانونی بود، دولت یارای مبارزه با آن را نداشت.

در سال 1920 دولت قانونی را به تصویب رساند که به موجب آن کالاهایی که در مراکز دولتی توزیع می‌شد، از هزینه‌ی حمل و نقل معاف بودند. همچنین تلاش شد تا ارزش پول به عنوان واسطه‌ی مبادله‌ی کالا از بین برود و مباد له‌ی کالا با کالا برقرار شود. حتی حقوق‌ها به صورت کالا و خدمات داده می‌شد و آب، برق، خدمات پستی و ایاب و ذهاب مجانی اعلام شد. با وجود همه‌ی این امتیازات، در نتیجه کمبود کالا و کاهش تولید، این برنامه برای دولت هزینه‌ی سنگینی ایجاد می کرد و اضافه برآن بازسازی خسارت‌های ناشی از جنگ‌های داخلی و جهانی به سادگی امکان‌پذیر نبود. نزدیک بیست میلیون روس در اثر جنگ و بیماری‌های کشنده مثل حصبه جان خود را از دست دادند و کمبود نیروی فعال مشکل بزرگی محسوب می‌شد. در ماه‌های سپتامبر و اکتبر 1918 قوانینی به تصویب رسیده بود که به خاطر کمبود نیروی انسانی و کاهش تولیدات کشور، به آژانس‌های استخدامی اجازه داد که همه‌ی افراد را بدون توجه به حرفه‌شان به کار اجباری وادار و در

صورت خودداری، آنان را از دریافت غذا و کالا محروم کنند. تمام اتباع روس به استثنای آنان که زیر شانزده و بالای پنجاه سال بودند و افرادی که ناقص، زخمی یا مریض بودند، می‌باید به کار اجباری گمارده شوند و این اقدامات همگی در جهت تحقق شعار «هرکس کار نکند، غذا نمی‌خورد» بود.

با تمام خشونتی که برای اجرای برنامه‌ی کمونیسم جنگی اعمال می‌شد ولی نتیجه‌ی روزبه روز آن جز ویرانی، بیکاری و گرانی بیشتر چیز دیگری نبود. در مناطق کشاورزی کاهش زمین‌های زیرکشت به سطح تولیدات کشاورزی لطمه‌ی شدیدی می زد. در پایان دوره‌ی کمونیسم جنگی در قفقاز بیش از 25 درصد، در سیبری 50 درصد و در برخی مناطق بین 70 تا 80 درصد زمین‌های قابل کشت در اثر مقاومت کشاورزان بهره‌برداری نمی‌شد[1]. نارضایی از برنامه‌ی کمونیسم جنگی به مناطق کارگری نیز سرایت کرده بود و به صورت بیکاری یا کم‌کاری و در برخی موارد خرابکاری نمایان می‌شد و گاهی کارگران دست به اعتصاب می زدند. در مناطق نظامی نیز دامنه‌ی نارضایی گسترش یافت و برخی از مبارزان انقلاب اکتبر خود دست به قیامی در پایگاه کرونشتات زدند. «این افراد در انقلاب اکتبر نقش عمده‌ای داشتندو جزء قهرمانان سرخ به حساب می‌آمدند. ولی سه سال طولانی کمونیسم دوران جنگ بردباری آنها را کاهش داده بود. آنها می‌پرسیدند این

---

[1] Dmytryshyn. Ibid, P.110.

چه جور کشور کارگری است که هر بلشویکی برای خودش یک پا تزار است و هر کارگر دهقان و سربازی باید اطاعت کند؟ چیزی که اکنون آنها می‌خواستند این بود: «شوراها باشند، کمونیست‌ها نباشند» ولی این فریادها و نعره‌ها فایده نداشت. به قهرمان‌های سرخ فرمان داده شد که تسلیم شوند «وگرنه آنها را مثل کبک سرخواهند برید». بلشویک‌ها چنین آدم‌هایی بودند.[1]»

دولت شوروی نه تنها شورش ملوانان و سربازان کرونشتات را با خشونت سرکوب کرد بلکه با پیاده کردن برنامه‌ی «ترور سرخ» به شدت با هر نوع حرکت مخالف حکومت مقابله می‌کرد. بسیاری از افراد سازمان پلیس مخفی تزار «اوخرانا[2]» در سازمان پلیس مخفی لنین «چکا» به کار گرفته شدند تا مخالفت‌ها و ناآرامی‌ها سرکوب شود.

بعد از سه سال خشونت و خون‌ریزی، لنین متوجه شد که ادامه‌ی برنامه‌ی کمونیسم جنگی به صلاح کشور نیست و نمی‌تواند پاسخگوی مشکلات اقتصادی کشور باشد. لنین احساس کرد که با سرکوب نمودن شورش‌های داخلی و پیروزی‌های ارتش سرخ در راندن دشمنان از خاک روسیه، زمان آن رسیده است که دست به یک سری تغییرات اساسی و برنامه‌های استراتژیکی بزند. شکست برنامه‌ی کمونیسم جنگی گرچه لنین را متوجه اشتباه خود نمود اما توجیهی که معمولاً ااز این برنامه می‌شود

---

[1] هاریت وارد، همان، ص ۱۳۸.

[2] Okhrana

سعی در تبرئه کردن حکومت جوان شوروی در آن زمان دارد و این که سیا ست کمونیسم جنگی تنها راه نجات کشور در مقابل تهاجم خارجی و جنگ‌های داخلی بوده است. «کمونیسم جنگی مرحله‌ی اجتناب‌ناپذیر رشد انقلاب سوسیالیستی نبود. این سیاست که مداخله‌ی نظامی خارجی و خرابی کشور آن را ایجاد کرده بود جنبه‌ی موقت داشت. در آن مرحله، این سیا ست یگانه سیاست ممکن بود و درستی خود را نیز کاملاً نشان داد. ولی نادرست است تصور شود که کمونیسم جنگی همان راه سوسیالیسم است. لنین بعدها ضمن تذکراین که باید کمونیسم جنگی را جزء خدمات حاکمیت شوروی دانست، گفت: ولی آن چه ضرورت کمتری ندارد ، تشخیص اندازه‌ی واقعی این خدمت است.کمونیسم جنگی اجبار ناشی از جنگ و خرابی بود و جوابگوی وظایف اقتصادی پرولتاریا نبود و نمی‌توانست باشد. این یک تد بیر موقت بود.[1]»

به هر حال آنچه که مسلم است، برنامه کمونیسم جنگی با توجه به واقعیت‌های عینی جامعه‌ی شوروی از هدف‌های اصلی خود منحرف شد و پس از سال‌ها جنگ و خون ریزی، لنین به این نتیجه رسید که باید از دخا لت دولت - به خصوص در زمینه‌ی اقتصادی - کاسته شود. وی متقاعد شد که باید به کشاورزان و صاحبان صنایع کوچک این شانس و امکان را داد که از خود خلاقیت نشان دهند و به تولید تشویق شوند. لنین دریافت که کشور بیش از حد در معرض خرابی قرار گرفته است

_______________________________

[1] تاریخ حزب کمونیست اتحاد شوروی، همان، ص 350.

و دولت هم قادر به تغییر یکباره‌ی مناسبات تولید در کارخانه‌ها و مزارع نیست تا اقتصاد سوسیالیستی را به سرعت پیاده کند. وی اعلام کرد: «مادامی که به اندازه کافی سوخت، مواد و حبوبات در انبارهای بزرگ صنایع نداشته باشیم و ماشین‌های فرسوده‌ی کارخانه‌ها را با ماشین‌های نو عوض نکنیم و تراکتور و برق‌رسانی گوئل رو[1] را به حد کافی تأمین ننماییم، دخالت شدید دولت در امور اقتصادی بی‌نتیجه است.»

بر اساس تجربه‌ی فوق، لنین در مارس 1921 دستور توقف برنامه‌ی کمونیسم جنگی را داد و به منظور تشویق صاحبان صنایع کوچک و کشاورزان برای تولید بیشتر، اقدام به ارائه‌ی برنامه‌ی اقتصادی هفت‌ساله (1928-1921) نمود که به نام برنامه‌ی «سیاست اقتصادی نوین» یا «نپ» معروف است.

---

[1] طرح گوئل رو «Goelro» یا برنامه‌ی برق‌رسانی «الکتریفیکاسیون» در سال 1920 به وسیله‌ی لنین پیشنهاد و کمیسیون دولتی برق‌رسانی مأمور اجرای آن شد. به موجب این طرح برق می‌باید به سراسر کشور شوروی رسانده شود تا از طریق آن بخش صنایع و کشاورزی بتواند ضمن فعال شدن، بازدهی بیشتری داشته باشد.

# 7. سیاست اقتصادی نوین (نپ)

شکست سیاست کمونیسم جنگی خللی در اعتقاد اکثر رهبران حزب کمونیست مبنی بر این که مسائل باید از طریق تمرکز، کنترل، فرامین و خشونت بیشتر حل شود وارد نیاورد اما لنین با ارزیابی مسائل به این نتیجه رسیده بود که ادامه‌ی برنامه‌ی کمونیسم جنگی دیگر به صلاح کشور نیست، زیرا هم مردم از نظر روانی قادر به تحمل و ادامه‌ی وضع نبودند و هم دولت از نظر سیاسی بی‌اعتبار شده بود و هم این که کشور از نظر اقتصادی در معرض ورشکستگی و ویرانی بود. تنها در بعد نظامی بود که برنا مه‌ی کمونیسم جنگی مؤثر واقع شد و رژیم با برپا کردن یک جنگ میهنی و اعتقادی موفق به دفع حمله‌های ضد انقلاب داخلی و قوای مهاجم خارجی شده بود و همین موفقیت اخیر برای لنین بسیار بااهمیت بود و باعث نجات کشور از چنگال مرگ شده بود. در پایان برنامه‌ی کمونیسم جنگی یعنی مارس 1921، لنین احساس کرد با سرکوبی شورش‌های داخلی و دفع تهاجم کشورهای امپریالیستی زمان تنفس فرا رسیده است. زمانی که به حساب لنین دیگر رژیم جا افتاده بود و موجودیت آن مورد تهدید نبود. اکنون حکومت میبایست با راضی نگهداشتن مردم به اجرای برنامه‌های بلند مدت بپردازد و از نظر سیاسی و اقتصادی رژیم نوبنیاد سوسیالیستی که اینک سه‌ساله شده بود، اعتباری کسب کند.

لنین برای کسب چنین اعتباری پس از تجربه‌ی کمونیسم جنگی به این نتایج رسیده بود که:

1. برای نجات اقتصاد کشور باید به کشاورز و کارگر انگیزه برای تولید داد.

2. برای ثبات سیا سی کشور حرب کمونیست را باید تقویت کرد.

لنین برای انگیزه دادن به تولید بیشتر، آزادی «محدود و مشروط» اقتصادی را در قالب طرح برنامه‌ی هفت‌ساله سیاست اقتصادی نوین (نپ) ارائه داد و برای تقویت حزب کمونیست وحدت حزبی و تصفیه حزب از عناصر ناباب و برقراری دیسیپلین شدید برای اجرای برنامه‌های دولت را توصیه نمود. این دو موضوع مهم‌ترین موارد در دستورجلسه کنگره‌ی دهم حزب کمونیست بود که در 8 مارس 1921 در مسکو تشکیل شد.

در کنگره دهم حزب کمونیست که 694 نماینده از طرف بیش از هفتصد هزار نفر عضو حزب شرکت کرده بودند، لنین پیرامون قطعنامه‌ای که «درباره‌ی یگانگی حزب[1]» تهیه کرده بود، توضیح داد که دشمنان انقلاب به صورت فراکسیون‌های مختلف در داخل و خارج حزب مانع وحدت حزب شده و عملاً به دشمنان طبقاتی پرولتاریا کمک می‌کنند. برای ایجاد وحدت در حزب باید به فراکسیون بازی خاتمه داده شود. بر اساس دلایل قانع کننده‌ی لنین «کنگره مقرر داشت که همه‌ی دسته‌های

---

[1] On Party Unity

فراکسیونی بی‌درنگ منحل شود و به همه سازمان‌ها سفارش نمود که سخت مواظبت داشته باشند تا آن که هیچ عمل فراکسیونی از کسی سر نزند و در صورت عدم اجرای تصمیم کنگره، متخلفین بی چون‌وچرا و فوری از حزب اخراج گردند. کنگره به کمیته‌ی مرکزی اختیاراتی داد که در صورت نقض انضباط از طرف اعضای کمیته‌ی مرکزی و در صورت تجدید یا روا داشتن فعالیت فراکسیونی، درباره‌ی آنها هرگونه اقدامات کیفری حزبی را تا بیرون کردن از کمیته‌ی مرکزی اتخاد نماید.[1]»

قطعنامه دیگری نیز تحت عنوان «درباره‌ی انحراف سندیکالیستی و آنارشیستی در حزب ما[2]» که به وسیله لنین پیشنهاد شد، به تصویب کنگره رسید. در این قطعنامه از پیشنهاد «اپوزیسیون کارگری» که خواستار کنترل اتحادیه‌ی کارگری و اداره‌ی امور صنایع بودند، به شدت انتقاد شد و کنگره با اکثریت آرا تصویب نمود که جناح «اپوزیسیون کارگری» و جناح «سانترالیسم دموکراتیک» مانند کلیه‌ی فراکسیون‌های حزبی به کلی منحل و به فعالیت آنها خاتمه داده شود.

اما مهم‌ترین سندی که در کنگره‌ی دهم به تصویب رسید، برنامه‌ی سیاست اقتصادی نوین بود که اساس فلسفه‌ی اقتصاد سوسیالیستی را مورد سوال قرار می‌داد زیرا تا حدودی باعث رونق اقتصاد سرمایه‌داری و تقویت بخش خصوصی می‌شد.

---

[1] تاریخ حزب کمونیست (بلشویک) اتحاد شوروی، همان، ص 412-13.
[2] On the Syndicalist and Anarchist Deviation in our Party

شدیدترین حمله‌ی مخالفین به لنین بیشتر روی همین برنامه‌ی اقتصادی بود که به

عقیده‌ی آنان کشور را به طرف سرمایه‌داری سوق می‌داد.

لازم به تذکر است که گرایش به سمت نوعی آزادی اقتصادی قبلاً به صورت‌های

مختلف توسط برخی از افراد سرشناس پیشنهاد شده بود. مثلاً در پایان سال 1918

منشویک سرشناس لارین[1] از نوعی تجارت آزاد در روستاها دفاع کرد ولی از

حمایت کسی برخوردار نشد.

جالب توجه است که در این زمان لنین در رابطه با پیشنهاد لارین عقیده داشت

که هر نوع اقدامی غیر از اعمال زور بر علیه دهقانان سبب خواهد شد که روزی

رژیم را از طریق قحطی به زانو در آورند[2]. در آغاز سال 1920 نیز پیشنهاد

تروتسکی برای تجارت آزاد محدود که بسیار به طرح «نپ» نزدیک بود، در

کمیته‌ی مرکزی حزب در مقابل یازده رأی مخالف و چهار رأی موافق مورد

اعتراض قرار گرفت[3].

---

[1] Iurii Aleksandrovich Larin

[2] چنین نتیجه‌ای دقیقاً از شکست سیاست کمونیسم جنگی یعنی همان برنامه‌ای که مورد نظر لنین بود، حاصل گردید. شاید عقیده لارین از این جهت مورد استقبال لنین قرار نگرفت که در آن زمان موجودیت رژیم مطرح بود و اعطای هر نوع آزادی ممکن بود به هرج‌ومرج انجامد. به علاوه رژیم در آغاز کار صلاح دید که قدرت خود را برای چشم‌ترس مخالفین به نمایش گذارد.

[3] Schapiro, Ibid, P.192.

با توجه به این زمینه‌ی قبلی، در مارس 1921 لنین زمان را برای اجرای سیاست اقتصادی نوین مناسب دید. طرح سیاست اقتصادی نوین که در دهمین کنگره‌ی حزب کمونیست به تصویب رسید، ضمن این که به دولت اجازه می‌داد مانند گذشته مالکیت صنایع سنگین و بزرگ را مثل کارخانه‌های صنعتی بزرگ حمل‌ونقل، ارتباطات، منابع طبیعی و غیره را حفظ کند، به صاحبان صنایع خصوصی نیز اجازه می‌داد که شرکت‌ها و بنگاه‌های خصوصی با سرمایه‌ی کم ایجاد کنند تا رونقی در تولیدات صنعتی به وجود آید. به عبارت دیگر طرح «نپ» بازرگانی خصوصی را در صنایع به رسمیت شناخت. یکی دیگر از نکات مهم این طرح و یا شاید مهم‌ترین قسمت آن کاهش کنترل دولت روی تولیدات کشاورزی بود. به این معنی که این طرح به کشاورزان اجازه می‌داد که ضمن پرداخت مالیات کمتر حق فروش آزادانه‌ی مازاد تولیدات کشاورزی خود را داشته باشند. در حقیقت طرح «نپ» که به منزله‌ی دوره‌ی تنفس برای بازسازی اقتصاد شوروی محسوب می‌شود به کشاورزان و قشر خرده بورژوازی تا حدود معینی برای تولید بیشتر و سودجویی اجازه‌ی فعالیت می‌داد.

امتیازاتی که در طرح «نپ» برای تولیدکنندگان در نظر گرفته شده بود به طور خلاصه عبارت بودند از:

الف. «نظام مصادره‌ی مازاد تولید در کشاورزی جای خود را به مالیات دولتی داد که می‌بایست به صورت مواد غذایی پرداخت شود. اگر کشاورزان از

این مقدار هم بیشتر تولید می‌کردند، می‌توانستند مازاد محصولات (یعنی مازاد بر مازاد) خود را بفروشند و نفع شخصی داشته باشند. به دهقانان همچنین اجازه داده شد که برای خود کارگر روزمزد بگیرند.

ب.  در صنعت کارخانه‌هایی که کمتر از بیست نفر کارگر در استخدام خود داشتند، به کارخانه خصوصی تبدیل شدند و یا اداره‌ی آنها به تعاونی‌های محلی واگذار شد.

پ.  به شرکت‌های خصوصی خرده فروشی امکان فعالیت داده شد. هر کسی برای کسب منافع شخصی می‌توانست مغازه باز کند، تجارت کند، یا اسب و گا ری کرایه بدهد.[1]»

طرح سیاست اقتصادی نوین به شدت مورد انتقاد مخالفین لنین در داخل و خارج از کشور قرار گرفت. تروتسکی که خود زمانی موافق با تجارت آزاد محدود بود، اینک با طرفداران خود از طرح «نپ» انتقاد می‌کرد. تروتسکی و زینوویوف معتقد بودند که طرح «نپ» مغایر با اصول مارکسیسم بوده و شوروی را به طرف سرمایه‌داری سوق خواهد داد. در عوض بوخارین که خود زمانی از تئوریسین‌های طرح کمونیسم جنگی بود اینک از طرح «نپ» حمایت می‌کرد.

---

[1] هاریت وارد، همان، ص 139.

از طرف دیگر رهبران کمونیست که به طرح «نپ» ایراد گرفتند و تئوریسین سرشناس اقتصادی پیاتاکوف[1] و پریوبراژینسکی[2] بودند که به عقیده آنان و مارکسیست‌های متعصب دو ایراد اساسی از نظر تئوری به طرح «نپ» وارد بود؛ یکی قربانی کردن آشکار اقتصاد سوسیالیستی حساب شده بر پایه صنایع سنگین در مقابل تلاش افراد  و کشاورزان صاحب سهم بود که دشمنان طبیعی سوسیالیسم به شمار می‌آمدند و دیگری که مهمتر به نظر می‌رسید این که از دیدگاه تئوری مارکس، ساختار اساسی سیاسی یک جامعه بر اساس پایه‌های اقتصادی آن بنا می‌شود. اگر با توجه به طرح «نپ» پایه و اساس اقتصاد بر مبنای بازار آزاد قرار گیرد، معلوم نیست در آینده ساخت سیاسی نیز به نفع بورژوازی تغییر نکند و آنها طرفداران انقلاب سوسیالیستی را کنار نگذارند[3].

لنین خود متوجه این خطر بود که طرح اقتصادی وی اجازه خواهد داد که قسمتی از سرمایه داری مجدداً در شوروی احیا شود ولی این توانایی را در خود سراغ داشت که به موقع آن را مهار نماید[4]. لنین در دفاع از طرح «نپ» متذکر شد که آزادی بازرگانی در نخستین وهله تا اندازه‌ای منجر به رونق سرمایه‌داری در کشور می‌گردد. تشویق بازرگانی خصوصی تا حد فعالیت در بنگاه‌های کوچک و حمایت

---

[1] Georgy (Yury) Leonidovich Pyatakov
[2] Yevgeni Alekseyevich Preobrazhensky
[3] Schapiro, Ibid, PP. 208-209
[4] Wren, Ibid, P. 599.

کشاورزان برای تولید بیشتر نباید موجب نگرانی شود. لنین توجیه می‌کرد که تا اندازه‌ای آزادی دادوستد موجب علاقمندی اقتصادی دهقانان می‌گردد و قوه تولید آنان را بالا برده و موجب ترقی سریع کشاورزی می‌شود و بر این اساس صنایع دولتی مستقر و سرمایه‌ی خصوصی از دوران بازار کنار زده خواهد شد و نیز با گرد آوردن نیرو و وسایل می‌توان صنایع نیرومندی را — که پایه‌ی اقتصادی سوسیالیسم است — به وجود آورد و سپس تعرض قطعی را برای از بین بردن بازمانده‌های سرمایه‌داری در کشور آغاز کرد[1].

با ارائه‌ی طرح «نپ»، لنین دیگر تلاش عجولانه‌ای برای رسیدن به سوسیالیسم نداشت. وی متقاعد شده بود که با اکثریت عظیم جمعیت کشور که کشاورز بودند، زمان طولانی برای گذر به سوسیالیسم لازم است. لنین برای جلب توجه کشاورزان مانعی نمی‌دید که در طرح «نپ» با دادن امتیازاتی به آنها، هم کشور را از قحطی نجات دهد و هم زمینه‌ی مساعدی را برای ایجاد پایه‌های اقتصاد سوسیالیستی فراهم آورد. لذا در توجیه این طرح در رابطه با کمک به کشاورزان متذکر شد: «هدف ما ... این است که با اعمالمان به دهقانان ثابت کنیم که ما با آنچه که برای او علی‌رغم فقرش قابل فهم و آشنا ولی دراصل قابل حصول است، آغاز می‌کنیم. نه با چیزی که از نظر دهقانان مهجور و خیالی است. ما باید به او ثابت کنیم که قادریم اورا یاری کنیم ... یا ما این را به او ثابت می‌کنیم یا او ما را به تباهی خواهد کشاند.

---

[1] تاریخ حزب کمونیست (بلشویک) اتحاد شوروی، همان، ص 416.

این کاملاً اجتناب ناپذیر است. اتحاد با انبوه دهقانان زحمتکش و حرکت به پیش بی‌اندازه کندتر از آن است که ما انتظار داشتیم اما در چنین راهی از پشتیبانی توده‌ی عظیم مردم برخوردار خواهیم شد. اگر ما چنین کنیم به موقع سرعت لازم را برای حرکت خواهیم داشت؛ به نحوی که اکنون خواب آن را هم نمی‌توانیم ببینیم[1].»

علی‌رغم مخالفت‌های شدید داخلی، طرح اقتصادی «نپ» به مرحله‌ی اجرا درآمد و کارگران و کشاورزان روسیه به خوبی از آن استقبال کردند و با تلاش فراوان به بازسازی اقتصاد ملی پرداختند. طرح «نپ» در همان سال اول نتایج چشمگیری عاید اقتصاد کشور کرد. اقتصاد کشاورزی به سرعت رو به توسعه نهاد و کمبود محصولات کشاورزی تا حدود زیادی مرتفع شد. اگرچه در اولین سال اجرای طرح قسمتی از کشور یعنی مناطق اوکراین، قفقاز و نواحی ولگا دچار خشکسالی عظیمی شدند و قحطی بر آنها چیره شد ولی رونق اقتصادی در سایر نقاط از یک طرف و کمک‌های به موقع اشخاص و سازمان‌های بین‌المللی از طرف دیگر سبب شد که جان میلیون‌ها روس نجات پیدا کند.

کارخانه‌های کوچک  که اغلب به اشخاص اجاره داده شده بود مجدداً به کار افتادند. و همراه با افزایش تولید صنایع بزرگ که در دست دولت بود، به طور آرام اما اطمینان بخش به تولیدات صنایع افزایش یافت و به نظر می‌رسید که پیوند

---

[1] Von Laue, Ibid, PP. 160-161

کارگران و دهقانان که مورد نظر لنین بود از طریق طرح «نپ» رو به استحکام و دوام می‌رفت.

اجرای طرح «نپ» همچنین باعث آرامش در سایر امور گردید. از نظر سیاست داخلی ترورهای پراکنده تقریباً خاتمه یافت. آزادی بیان تا حدودی تأمین شد. زندگی حالت عادی به خود گرفت و تب شعارهای انقلابی و جنگ داخلی فروکش کرد. از نظر سیاست خارجی، طرح «نپ» این امکان را به وجود آورد که شوروی با واقع‌بینی بیشتر به طرف سیاست مسالمت‌آمیز و ایجاد روابط حسنه با کشورهای سرمایه‌داری کشانده شود. «بنابراین در سال 1921 نوع جدیدی از مأموران شوروی که هیچ شباهتی به بلشویک‌های ریش‌دار و کمربند بسته‌ی کذایی نداشتند به اروپا اعزام شدند. این روس‌ها با لباس‌های راه راه و کیف به دست و خلاصه با ظاهری آراسته وارد شدند تا وظیفه‌ی جدیدی را که به عهد ه شان گذاشته شده بود به خوبی انجام دهند. آنها آماده بودند قراردادهای بازرگانی با کشورهای دیگر ببندند و شناسایی سیاسی برای دولت خود به دست آورند و در کار خود نیز موفق شدند.[1]»

با اجرای طرح «نپ» محاصره‌ی اقتصادی شوروی از طرف کشورهای سرمایه‌داری خاتمه یافت و امکان ورود خارجیان به شوروی فراهم شد. شوروی بیش از هر زمان دیگر به برقراری روابط تجاری با کشورهای خارجی نیاز داشت

---

[1] هاریت وارد، همان، ص 141.

و طرح اقتصادی «نپ» زمینه‌ی مناسبی را برای عادی شدن روابط به وجود آورد.

در سال 1921 شش قرارداد تجاری با کشورهای مختلف از جمله بریتانیا بسته شد.

در سال 1922 پیمان راپالو[1] بین آلمان و شوروی برای همکاری‌های نظامی و اقتصادی به امضا رسید. اینها همگی از محسنات طرح «نپ» بود که عملاً موفقیت‌آمیز بود. «با این همه سیاست اقتصادی جدید از دیدگاه کمونیستی برخی آثار نامطلوب داشت. این سیاست درست همان چیزی را مجاز می‌کرد که کمونیسم امیدوار بود آن را از جامعه محو کند و آن میل خودخواهانه افراد برای ثروتمند شدن بود. در اثر اجرای این سیاست هزاران خرده تاجر در جامعه پیدا شدند در حالی که چنین چیزی هیچگاه سابقه نداشت.[2]» کولاک‌ها در پناه طرح «نپ» خود را آزاد یافتند تا مجدداً روستاییان و کارگران فقیر را اجیر کنند و با تولید بیشتر

---



[1] پیمان راپالو «Rapallo» روز 16 آوریل 1922 در محلی به همین نام واقع در چند کیلومتری شهر جنووای ایتالیا بین شوروی و آلمان منعقد گردید. این پیمان ابتدا جنبه‌ی بازرگانی و سپس اهمیت نظامی پیدا کرد و پای کارشناسان آلمانی را به شوروی باز کرد. پیمان راپالو که از نتایج «کنفرانس جنووا»بود به شوروی امکان داد که از اعتبارات دولت آلمان استفاده نموده و موقعیت سیاسی خود را از نظر بین‌المللی تثبیت نماید. لازم به تذکر است که کنفرانس جنووا از این نظر حائز اهمیت است که نقطه‌ی عطفی در سیاست خارجی شوروی محسوب می‌شود. در کنفرانس جنووا که در آوریل 1922 تشکیل شد، نمایندگان شوروی شرکت فعالانه داشتند تا شناسایی سیاسی برای کشور سوسیالیستی خود کسب کنند. در این کنفرانس آلمان دولت جدید شوروی را به رسمیت شناخت و به دنبال آن بریتانیا در سال 1924 فرانسه و برخی کشورها در سال 1925 دولت سوسیالیستی شوروی را به رسمیت شناختند. ایالات متحده‌ی آمریکا پس از چند بار تعویق به رسمیت شناختن دولت شوروی ، سرانجام در سال 1933 این کشور را به رسمیت شناخت.
[2] هاریت هاوارد، همان، ص 142.

ضمن این که خود را ثروتمندتر می‌کردند به رفع کمبود مواد غذایی و کالا که شدیداً مورد نیاز کشور بود نیز کمک می‌نمودند.

گرچه نکات مثبت و منفی طرح «نپ» شیرین‌ترین بحث دست راستی‌ها و چپی‌ها در حزب بود، کسی که واقعا در صحنه‌ی عمل مسئول همه‌ی این تحولات خوب و بد بود، خود لنین بود که با ارزیابی دقیق مسائل، هر لحظه به دنبال راه حل مناسب می‌گشت. لنین یک سال پس از اجرای طرح اقتصادی «نپ» از مسئولیت خطیر خود که هدایت شوروی به طرف اقتصاد سوسیالیستی بود، غافل نماند و در کنگره‌ی یازدهم حزب کمونیست ترازنامه‌ی اولین سال سیاست اقتصادی نوین را به بحث گذاشت.

در کنگره‌ی یازدهم حزب کمونیست که در ماه مارس 1922 گشایش یافت، 522 نماینده از طرف حدود پانصد هزار نفر عضو حزب شرکت کردند. تقلیل در تعداد نمایندگان نتیجه‌ی تصفیه‌های حزبی بود که به دستور لنین برای ایجاد انضباط در حزب و طرد افراد ناباب و مشکوک به منظور داشتن یک حزب مقتدر که بتواند اعتبار سیاسی حکومت را حفظ کند، به عمل آمده بود. تا سال 1921 نزدیک به دویست هزار نفر اعضای حزب اخراج گردیدند.

در این کنگره لنین برای جلوگیری از هر نوع انحراف به طرف سرمایه‌داری که احتمال می‌رفت در اثر ادامه‌ی طرح «نپ» ایجاد شود، اعلام کرد: «ما یک سال

عقب‌نشینی کردیم. ما باید اکنون به نام حزب بگوییم دیگر بس است. هدفی که ما در این عقب‌نشینی داشتیم، به دست آمد. این دوره به پایان می‌رسد یا رسیده است. اکنون هدف دیگر یعنی تجدید آرایش قوا، در پیش قرار می‌گیرد.[1]»

به این ترتیب لنین یک سال پس از اجرای طرح «نپ» عملاً همان طور که پیش‌بینی می‌کرد، توانست به موقع آن را مهار کند و اعلام نماید که با رونق اقتصادی که در نتیجه‌ی اولین سال اجرای طرح «نپ» حاصل شده بود، راه برای ساختمان اقتصاد سوسیالیستی در شوروی فراهم گردید.

پس از این مرحله، لنین بقیه‌ی برنامه‌ی هفت‌ساله‌ی «نپ» را برای جلب دهقانان به کار ساختمان سوسیالیسم از طریق تقویت شرکت‌های تعاونی کوچک و شرکت‌های تولیدی بزرگ یعنی کالخوز[2]ها و سووخوزها تخصیص داد که این امر مهم همراه با صنعتی کردن کشور با تلاش بسیار سنگین و سهمگین استالین به ثمر رسید. کنگره‌ی یازدهم آخرین کنگره‌ی حزبی بود که لنین توانست شخصاً در آن شرکت کند. در ماه نوامبر 1922 لنین در آخرین سخنرانی[3] خود در جلسه‌ی عمومی

---

[1] لنین – مجموعه آثار، ج 27، ص 238، چاپ روسی به نقل از تاریخ حزب کمونیست (بلشویک) اتحاد شوروی، همان، ص 422-421.

[2] کالخوز «Kolkhoz» نوعی اتحادیه تعاونی است که کشاورزان از روی میل و اراده‌ی خود در آن شرکت می‌کنند. وسایل تولید تماماً وجود دارند و کشاورز هم مزد و هم جنس دریافت می‌کند. کالخوزها از خط مشی کلی اقتصادی دولت تبعیت می‌کنند ولی در مقایسه با سووخوزها از آزادی عمل بیشتری برخوردارند.

[3] متن کامل آخرین سخنرانی لنین تحت عنوان «پنج سال از انقلاب روسیه و چشم‌انداز انقلاب جهانی» که در حقیقت وصیت‌نامه‌ی سیاسی وی محسوب می‌شود در مجموعه‌ی آثار لنین جلد 33 صفحات 418-32 (چاپ انگلیسی) آمده است. برای ترجمه‌ی فارسی این

شورای مسکو، ضمن ارزیابی حاکمیت پنج‌ساله‌ی اولین کشور سوسیالیستی جهان یکی دیگر از مهم‌ترین مشکلات حکومت را که مسئله‌ی ملیت‌ها بود، مطرح و ارائه‌ی طریق نمود و با اطمینان فراوان برای تبدیل «روسیه‌ی نپ» به «روسیه‌ی سوسیالیستی» نوید موفقیت داد. از آن پس لنین در اثر زخم‌هایی که قبلاً از اصابت گلوله‌های سمی برداشته بود به خون‌ریزی مغزی دچار شد که منجر به فلج شدن سمت راست بدن و لکنت زبان وی گردید و به ناچار در بستر بیماری افتاد و تحت معالجه و مراقبت شدید قرار گرفت.

متن رجوع کنید به مجموعه‌ی سخنرانی‌های لنین در کنگره‌های انترناسیونال کمونیستی، ترجمه‌ی محمدتقی فرامرزی، همان ص ۱۷۱-۱۸۹.

# 8. قانون اساسی و حقوق ملیت‌ها

بحران مجلس مؤسسان شوروی در ژانویه 1918 به بلشویک‌ها آموخت نباید زیاد خود را پابند موازین قانونی نمایند. در سال‌های اول پس از انقلاب یعنی در طول دوره‌ی کمونیسم جنگی اوضاع داخلی روسیه به اندازه‌ای پرآشوب بود که بلشویک‌ها به اتکای شوراهای کارگری و نظامی عملاً «شورای کمیسرهای مردم» و به تدریج «حزب کمونیست بلشویک» را حاکم بر سرنوشت مردم روسیه نمودند.

بلشویک‌ها ظاهراً برای قانونی جلوه دادن اقدامات خود در ژوئیه‌ی 1918 در پنجمین کنگره‌ی سراسری شوراهای کارگران، دهقانان، سربازان و نمایندگان قزاق که در تئاتر بلشوی مسکو گشایش یافت، سندی را به عنوان اولین قانون اساسی شوروی به تصویب رساندند که در آن بیشتر به کلیات توجه شده بود.

به موجب این سند «شورای کمیسرهای مردم» هم مرجع قانون‌گذاری و هم مرجع اجرا شناخته شد. در این کنگره برخی از اقدامات گذشته‌ی رژیم نیز به صورت قانون درآمد و از آن جمله «اعلامیه حقوق کارگران و زحمتکشان» به رسمیت شناخته شد و مقرر گردید که قانون اساسی باید سازمان و ساختار ارگان‌های شورایی و حدود و ثغور آنها، سیستم انتخاباتی و حقوق و وظایف مردم را تعیین نماید. لذا در آوریل 1918 شورای اجرایی کمیسرهای مردم کمسیونی را به ریاست یاکوف سوردلف مأمور تنظیم مواد قانون اساسی نمود که این کمیسیون با همکاری نزدیک

کمیته‌ی مرکزی حزب و هدایت مستقیم لنین موفق به تهیه اصولی شد که در اولین قانون اسا سی شوروی گنجانده شد.

به موجب قانون اساسی فوق که برای هیجده سال آینده‌ی کشور پیش‌بینی شده بود، روسیه به عنوان جمهوری شوراهای کارگران، سربازان و دهقانان به نام «جمهوری متحده‌ی سوسیالیستی شوروی روسیه[1]» نامیده شد و حکومت شورایی و دیکتاتوری پرولتاریا قانونی شناخته شد. در قانون اساسی تاکید شد که هدف حکومت شوراها نه تنها باید در جهت بنای ساختمان سوسیالیسم در روسیه بلکه در سراسر جهان باشد. از بین بردن طبقه‌ی بورژوازی و نابودی استثمار انسان بر انسان مورد نظر قانون اساسی بود. اولین قانون اسا سی شوروی حتی تا بدانجا جلو رفت که آزادی مطبوعات را برای کارگران و کشاورزان و نه برای بورژوازی مجاز شناخت و حق انجمن‌ها و سازمان‌ها، حق آزادی مذهب و تبلیغات ضدمذهبی[2] و حق تحصیلات مجانی برای عموم در قانون اساسی گنجانده شد. فرمان تقسیم اراضی، ملی کردن صنایع و لغو بدهی‌ها و تعهدات دولت تزاری که قبلاً به وسیله‌ی حکومت شوروی اعلام شده بود، با تصویب قانون اساسی جنبه‌ی قانونی به خود گرفت.

---

[1] Russian Socialist Federation Soviet Republic (RSFSR)

[2] در بیستم ژانویه 1918 حکومت شوروی رسماً اعلام کرد کلیساها حق دخالت در امور دولت و تبلیغات در مدارس را ندارند. لازم به تذکر است که آتئیسم «Atheism» یا عدم اعتقاد به خدا از ارزش‌های اساسی ایدئولوژی کمونیسم است که در قانون اساسی شوروی آمده است و تبلیغ برای آن حتی در مدارس مجاز شناخته شده بود.

در قانون اساسی خلاصه‌ای از چارچوب سازمان سیاسی حکومت مشخص شده بود. واحدهای اصلی سیاسی کشور شهرها و روستاهای شوروی بودند که نمایندگان آنها به وسیله‌ی مردان و زنانی که بیش از هیجده سال داشتند انتخاب می‌شدند. خانواده و فامیل رومانوف‌ها، سرمایه‌داران، افسران سابق، روحانیان، دیوانه گان و کسانی که سوابق جنایی داشتند از حق رأی دادن و انتخاب شدن محروم بودند. هر شورای محلی نمایندگان شورای بخش، نمایندگان شورای ناحیه و شورای ناحیه نمایندگان شورای ایالتی را انتخاب می‌کرد. اعضای کنگره‌ی سراسری شوراها از بین نمایندگان بالاترین رده یعنی شوراهای ایالتی انتخاب می‌شدند. در کنگره‌ی سراسری شوراها برای ساکنین شهرها هر بیست و پنج هزار نفر و برای ساکنین روستاها هر صد و بیست و پنج هزار نفر حق انتخاب یک نماینده داشتند. دلیل تفاوت بین شهرها و روستاها در انتخاب نماینده به این علت بود که اولاً بلشویک‌ها می‌خواستند به مناطق صنعتی و کارگری امتیاز بیشتری بدهند و ثانیاً در ابتدای کار اطمینان چندانی به کشاورزان نداشتند. کنگره‌ی سراسری مسئول انتخاب اعضای دو ارگان مهم یکی «کمیته‌ی اجرایی مرکزی» و دیگری «شورای کمیسرهای مردم» بود که اولی به عنوان کمیته‌ی قانون‌گذاری و د ومی به عنوان کابینه‌ی اجرایی اداره‌ی امور کشور را به عهده داشتند.

یکی از مهم‌ترین مسائلی که قانون اساسی 1918 تکلیف آن را روشن نمود، مسئله‌ی ملیت‌ها بود. از زمانی که بلشویک‌ها به قدرت رسیدند و حتی قبل از آن

متوجه اهمیت مسئله‌ی ملیت‌ها به صورت عینی و عملی شدند. حکومت شوروی با تشکیل «کمیسرهای مردم برای ملیت‌ها[1]» که زیر نظر استالین اداره می‌شد، قصد حل مشکلات ملیت‌های مختلف را نمود. شوروی از ملیت‌های متفاوتی که هر یک فرهنگ، زبان و خصوصیات قومی خود را داشتند، تشکیل شده بود. لنین که سال‌ها قبل از انقلاب مسئله‌ی ملیت‌ها را مورد بررسی قرار داده بود، به این نتیجه رسید که باید به نحوی حقوق و استقلال ملیت‌ها به رسمیت شناخته شود و این هدف در همان اوایل پیروزی انقلاب تحت عنوان «اعلامیه حقوق مردم روسیه[2]» موارد زیر را اعلام نمود:

1. احترام به تساوی و حاکمیت مردم روسیه.

2. احترام به حقوق مردم روسیه برای خودمختاری آزاد حتی در مورد جدایی یا تشکیل کشورهای مستقل.

3. گسترش آزادانه‌ی اقلیت‌های ملی و قومی ساکن خاک روسیه.

4. از بین بردن هر گونه امتیازات ملی و عدم صلاحیت‌ها[3].

امتیازات فوق سبب بروز ناآرامی‌هایی در مناطق مختلف روسیه شد و ملیت‌های غیرروس تقاضای خودمختاری مستقل را داشتند و این جسارت در بعضی از نقاط

---

[1] People`s Commissariat for Nationalities
[2] The Declaration of the Rights of the people of Russia
[3] Dmytryshyn, Ibid, P. 78.

مثل اوکراین و قفقاز به جایی رسید که نه تنها تقاضای استقلال و خودمختاری آزاد را داشتند بلکه خواهان جدایی از حکومت شوراها بودند.

در اوکراین ناسیونالیست‌های متعصب با کمک آلمانی‌ها در نوامبر 1917 موفق شدند که با اعلام «جمهوری مردم اوکراین» در «کیف» پارلمانی به نام «رادا[1]» به وجود آورند و ضمن اعلام استقلال، در مقابل شوروی قرار گیرند. پارلمان «رادا» ضمن تشکیل کابینه برای اداره‌ی کشور و ارتش مستقل تا آنجا جلو رفت که اعلام انتخابات برای مجلس مؤسسان نمود تا حاکمیت خود را در سراسر اوکراین تثبیت نماید. «رادا» همچنین نه تنها اقدام به امضای قرارداد صلح جداگانه با آلمان نمود بلکه به نیروهای آلمانی که بر علیه روسیه می جنگید ند نیز کمک‌های تدارکاتی از قبیل رساندن غذا و آذوقه می‌نمود[2].

عکس‌العمل حکومت شوروی در مقابل «رادا» جالب توجه است. از آنجا که احترام به حقوق ملیت‌ها و استقلال آنان به وسیله‌ی حکومت شوروی اعلام شده بود، ابتدا «شورای کمیسرهای مردم» شوروی در اواخر دسامبر 1917 حکومت خودمختار «رادا» را به رسمیت شناخت و حق جداطلبی اوکراین از روسیه را بدون هیچ قید و شرطی پذیرفت و خواهان برقراری روابط حسنه با جمهوری

---

[1] Rada
[2] Wren, Ibid, P. 557.

اوکراین شد[1]. ولی از آنجا که حکومت جدید اوکراین در کمک به ضدانقلاب بر علیه بلشویک‌ها شروع به فعالیت کرد، بلشویک‌ها با کمک ارتش سرخ در فوریه 1918 به حکومت جدایی‌طلبان اوکراین در «کیف» خاتمه دادند. در حقیقت این برخورد نقطه‌ی آغاز جنگ «سرخ‌ها» و «سفیدها» بود که در تمام طول دوران جنگ‌های داخلی روسیه ادامه یافت.

تجربه‌ی اوکراین تأثیری بر اعلام استقلال مناطق دیگر روسیه نکرد. فنلاند به استقلال کامل نائل آمد و جمهوری‌های دیگر شوروی مثل استونی، لیتوانی، لتونی، آذربایجان، ارمنستان و گرجستان به محض اعلام استقلال از طرف شوروی به رسمیت شناخته شدند.

اگرچه بلشویک‌ها به وعده‌ی خود در اعطای استقلال به ملیت‌های مختلف عمل کردند، این عمل در تضعیف حکومت مرکزی بی‌تأثیر نبود به خصوص این که در برخی از جمهوری‌های استقلال‌یافته اصولاً با حکومت شورایی مخالفت می‌شد و زمینه را برای فعالیت ضدانقلاب و نفوذ کشورهای بیگانه و به راه انداختن جنگ‌های داخلی فراهم می‌کرد.

قانون اساسی 1918 با مسئله‌ی ملیت‌ها به نحو واقع‌بینانه‌تری برخورد نمود. حقوق کلیه‌ی افراد بدون توجه به نژاد و ملیت مساوی شناخته شد. مخالفت با حقوق

---

[1] Dymytryshyn, Ibid, P. 303.

اساسی جمهوری به منظور تحت فشار گذاردن اقلیت‌ها یا محدود کردن حقوق آنها به هر شکل ممنوع اعلام شده بود. همچنین در قانون اساسی پیش‌بینی شده بود که ناحیه‌ها با داشتن فرهنگ و ویژگی‌های ملی و سنن مشترک می‌توانند ضمن اتحاد با یکدیگر تشکیل یک «منطقه متحده‌ی خودمختار» را بدهند و بر اساس اصل فدرالیسم به «جمهوری متحده‌ی سوسیالیستی شوروی روسیه» بپیوندند[1].

منظور از اصل فدرالیسم که در قانون اساسی 1918 به آن اشاره شده بود، این بود که ملیت‌های مختلف بتوانند خودمختاری فرهنگی داشته و با توجه فرهنگ و سنن خود در روابط اجتماعی از زبان محلی استفاده کنند. به موجب طرح فدرالیسم این ملیت‌ها می‌توانستند ارتباط خود را با سرزمین اصلی در قالب جمهوری‌ها یا مناطق خودمختار سوسیالیستی حفظ کرده و در عین حال اجازه‌ی اداره‌ی امور داخلی خود را با نظارت حداقل از طرف دولت مرکزی داشته باشند. ددر این رابطه کنترل نیروهای مسلح، تنظیم سیاست خارجی، ارتباطات و برنامه‌ریزی اقتصادی در اختیار دولت مرکزی بود.

اتخاذ چنین سیاستی در مورد ملیت‌ها به جمهوری‌های جوان شوروی در تابستان 1919 این امکان را داد که برای مقابله با ضدانقلاب داخلی و تهاجم قدرت‌های خارجی از نیروی مشترک نظامی استفاده کنند و به این ترتیب جمهوری شوروی

---

[1] Fainsod, Ibid, P. 303.

روسیه که بزرگترین و پیشرفته‌ترین جمهوری‌های کشور بود، بارها به کمک جمهوری‌های دیگر شتافت[1].

خطوط اصلی سیاست برخورد با مسئله‌ی ملیت‌ها پس از قانون اساسی 1918 در سند معتبر دیگری که قطعنامه کنگره دهم حزب کمونیست در مارس 1921 است، به شرح زیر آمده است:

«وظیفه‌ی حزب کمک به توده‌های عظیم زحمتکش غیرروسی است تا خود را به سطح روسیه مرکزی برسانند ... و به آنها باید در تحقق موارد زیر کمک شود:

الف. توسعه و تقویت سیستم شورایی مربوط به خود در شکلی متناسب با نحوه‌ی زندگی ملی آنها.

ب. توسعه و تقویت دادگاه‌ها، سازمان‌های اداری، واحدهای اقتصادی و نهادهای حکومتی مربوط به خود و استفاده از زبان محلی و استخدام کارکنانی که با سنن و خصوصیات روانی مردم آشنایی کامل داشته باشند.

پ. داشتن مطبوعات، مدارس، تئاتر، مراکز اجتماعی و سازمان‌های فرهنگی و آموزشی به زبان محلی.

ت. سازمان‌دهی و توسعه‌ی یک سیستم جامع تبلیغاتی و مدارس (با اولویت دادن به مردم، قرقیزها، باشقیرها، ترکمن‌ها، ازبک‌ها، تاجیک‌ها،

---

آذربایجانی‌ها، تاتارها و داغستانی‌ها) هم به منظور تعلیمات عمومی و آموزش فنی‌وحرفه‌ای و هم به منظور هدایت کردن زبان محلی در جهتی که با سرعت بیشتر کارکنان بومی تعلیم داده شوند تا به صورت کارگران ماهر و اعضای حزب کمونیست بتوانند در تمام سطوح اداری به ویژه در امور آموزشی به خدمت اشتغال ورزند.[1]»

قطعنامه فوق که به منزله‌ی دستورالعمل اجرایی حزب کمونیست محسوب می‌شد، در حقیقت سیاست کاملاً مشخصی برای ملیت‌های مختلف غیرروس داشت و آن استفاده از زبان و فرهنگ و سنن آنها در جهت حل مساله روسی کردن (روسیفیکاسیون[2]) آنها بود. چنین طرز فکری که به نظر می‌رسید منطقی‌ترین راه برای حل مسئله‌ی ملیت‌هاست، به شدت مورد استقبال بلشویک‌ها قرار گرفت و اساس کار حزب کمونیست واقع شد و به دو انحراف اصلی یعنی «شوونیسم بزرگ روسی[3]» و «ناسیونالیسم محلی[4]» که در رابطه با ملیت‌ها و در تضاد با «سوسیالیسم انترناسیونال[5]» بودند، خاتمه داد و راه را برای وحدت ملیت‌ها باز نمود.

---

[1] Fainsod, Ibid, PP. 304-5.
[2] Russification
[3] Great Russian Chauvinism
[4] Native Nationalism
[5] International Socialism

سرانجام پنج سال پس از انقلاب که ملیت‌های مختلف در قالب جمهوری‌های خودمختار به صورت مستقل به موجودیت خود ادامه می‌دادند و هر لحظه در معرض تهدید و نابودی قرارداشتند، بنا به ضرورت ،اتحادی بین جمهوری‌ها به وجود آمد. به این ترتیب که در 30 دسامبر 1922 با تشکیل کنگره شوراها مرکب از نمایندگان جمهوری‌های مختلف، قطعنامه‌ای به تصویب رسید که به موجب آن نام جدید کشور به «اتحاد جماهیر شوروی سوسیالیستی[1]» تغییر یافت که چهار جمهوری متحده به شرح زیر را در بر می‌گرفت:

1. جمهوری متحده سوسیالیستی شوروی روسیه (سرزمین اصلی یا حکومت مرکزی)

2. جمهوری متحده اوکراین

3. جمهوری متحده بلاروس (یا روسیه سفید)

4. جمهوری متحده ماورای قفقاز مرکب از آذربایجان، ارمنستان و گرجستان)

همزمان با این تغییرات اساسی که تشکیلات جدید سیاسی و تقسیمات کشوری را مشخص می کرد، تغییراتی در اسامی و وظایف نهادهای قبلی حکومت داده شد. مثلاً کنگره سراسری شوراها به «کنگره‌ی اتحادیه‌های شوراها[2]» و کمیته‌ی مرکزی

---

[1] Union of the Soviet Socialist Republic (USSR)
[2] Congress of Soviets Unions

اجرایی به دو شورا به اسامی «شورای اتحادیه‌ها[1]» و «شورای ملیت‌ها[2]» که در حقیقت پارلمان قانون‌گذاری محسوب می‌شد، تغییر نام یافت. شاخه‌ی اجرایی حکومت مرکزی بر اساس وظایف مختلف و مسئولیت‌ها تشکیلات خود را به این شرح طبقه‌بندی کرد:

1. سازمان‌ها و تشکیلاتی که منحصراً متعلق به حکومت مرکزی بود مثل سازمان‌های جنگ، سیاست خارجی، ارتباطات جمعی و ...

2. سازمان‌ها و تشکیلاتی که مشترکاً متعلق به حکومت مرکزی و جمهوری‌ها بود که اغلب مربوط به توسعه اقتصاد محلی می‌شد.

3. سازمان‌ها و تشکیلاتی که منحصراً مربوط به جمهوری‌ها می‌شد مثل دادگاه‌های محلی، تعلیم وتربیت و امور داخلی

که احتیاج به دخالت حکومت مرکزی نداشت.

طبقه‌بندی فوق مسئولیت های حکومت و سازمان‌های مختلف را در رابطه با یکدیگر در سطوح محلی و ملی مشخص می‌کرد و در مجموع طرح فدرالیسم و اتحاد جمهوری‌ها به حزب کمونیست امکان می‌داد تا کنترل خود را در سراسر کشور حفظ کند. تغییرات اساسی فوق در پایان سال 1922 بعد از خاتمه‌ی جنگ‌های داخلی، تهاجم خارجی، کمونیسم جنگی و اولین سال طرح نپ صورت گرفت یعنی

---


[1] Soviet od Unions
[2] Soviet of Nationalities

زمانی که کشور بحران‌های مختلف داخلی و خارجی را پشت سر گذاشته بود و دیگر رژیم برای ادامه موجودیت خود خطری حس نمی‌کرد. در حقیقت باید گفت که در ۳۰ دسامبر ۱۹۲۲ دولت شوروی با اطمینان بیشتر موفقیت کامل انقلاب را اعلام و حاکمیت سیاسی خود را تثبیت کرد. قطعنامه تاریخی کنگره‌ی شوراها در ۱۹۲۲ که حاوی تشکیلات جدید دولت بود، در کنگره دوازدهم حزب کمونیست که در ۱۷ آوریل ۱۹۲۳ تشکیل شد و ۴۰۸ نماینده از طرف ۳۸۰ هزار نفر عضو حزب در آن شرکت داشتند، به تصویب رسید. کنگره دوازدهم اولین کنگره‌ای بود که لنین نتوانست به علت بیماری شدیدی که او را رنج می‌داد، در آن حضور یابد.

قطعنامه فوق همچنین به عنوان یک سند معتبر که مکمل قانون اساسی ۱۹۱۸ بود به عنوان پیش‌نویس قانون اساسی جدید تحت نظر کمیسیون خاصی تکمیل شد و در ژانویه ۱۹۲۴ به عنوان قانون اساسی جدید شوروی به تصویب کنگره شوراهای اتحاد جماهیر شوروی سوسیالیستی رسید.

طرح فدرالیزه کردن شوروی همراه با قانون اساسی جدید به مرحله‌ی اجرا درآمد ولی هرگز خودمختاری ملیت‌ها به معنای واقعی کلمه تحقق نیافت. شاید بتوان گفت که طرح جدید حکومت شوراها تا حدودی توانست جلوی احساسات شدید ملی‌گرایی

را بگیرد ولی نتوانست مانع گسترش نظام توتالیترنیزم[1] شود که سبب تمرکز سیاسی و اقتصادی شدید و بوروکراسی عظیم در حکومت شوروی شد.

با اجرای طرح فدرالیسم ، شوروی توانست حاکمیت خود را در سراسر کشور مستقر کند و به تدریج که حکومت مرکزی تثبیت می‌شد، تعداد جمهوری‌هایی که به حکومت فدرال پیوستند، افزایش یافت. در قانون اساسی شوروی تصریح شده است که همه‌ی جمهوری‌های شوروی بر اساس داوطلب بودن می‌توانند به دولت شوروی پیوسته و همه‌ی آنها دارای حق مساوی و همچنین حق خروج آزاد از اتحاد شوروی را دارند. به این ترتیب استنباط می‌شد که جمهوری‌های شوروی کاملاً مستقل و در تعیین سرنوشت خود آزاد بودند. اما عملاً چنین نبود و به نظر می‌رسد مسئله‌ی ملیت‌ها هنوز هم مسئله‌ای است که همواره قابل طرح است.

نکته‌ی قابل ذکر اینکه شوروی در رابطه با مسئله‌ی ملیت‌ها شدیداً با ایده‌ی ملی‌گرایی محلی مبارزه نمود تا به یکی از بالاترین هدف‌های کمونیسم یعنی «انترناسیونال کمونیسم[2]» یا کمونیسم بین‌الملل جامه‌ی عمل بپوشاندو این جهان‌بینی نیز در عمل با مشکلات فراوانی روبرو شد.

---

[1] Totalitarianism
[2] Internationa Communism

# 9. کمونیسم بین‌الملل و انقلاب جهانی

یکی از مهم‌ترین تعهدات رژیم نوخاسته‌ی شوروی، اشاعه‌ی کمونیسم بین‌الملل و مسئله‌ی انقلاب جهانی بود که دولت جدید باید در مورد آن تصمیم‌گیری می‌کرد. فکر توسعه کمونیسم از همان ابتدا مورد توجه مارکس و انگلس بود و هدف اصلی همان‌طور که در پایان مانیفست کمونیست آمده است، اتحاد پرولتاریای سراسر جهان برای واژگون ساختن نظام سرمایه‌داری و توسعه انقلاب کمونیستی در همه‌ی کشورهای دنیاست. زمانی که مارکس زنده بود، خود شخصاً در توسعه‌ی نهضت‌های کارگری اقداماتی به عمل آورد که منجر به تشکیل بین‌الملل اول گردید.

بین‌الملل اول که در 18 سپتامبر 1864 در لندن تشکیل شد، ترکیب ناهمگونی از کارگران بریتانیا، فرانسه، آلمان، ایتالیا و سایر کشورهای اروپایی بود. اساسنامه‌ی بین‌الملل اول در 1866 در کنگره‌ی ژنو به تصویب رسید. بین‌الملل اول مرکب از پیروان پرودون[1]، اعضای اتحادیه‌ی کارگری انگلستان، میهن‌پرستان مهاجر ایتالیایی، لهستانی و مجارستانی، هواداران باکونین[2] و همچنین مارکسیست‌ها بود.

---

[1] Pierre J. Proudhon
[2] Mikhail Alexandrovich Bakunin

کارل مارکس که خود از مؤسسین بین‌الملل اول بود، در «خطابه‌ی افتتاحیه» بین‌الملل اول اظهار داشت که نجات کارگر باید از طریق خود او صورت گیرد و بین‌الملل اول را نشانه‌ی تشکل جهانی کارگران می‌دانست. مارکس سه سال بعد یعنی در 1867 قدرت خلاقه‌ی کارگر و ضرورت مبارزه‌ی طبقاتی را به صورت تئوریک در کتابی به نام «سرمایه» که بیش از بیست سال روی آن کار کرده بود، انتشار داد. مارکس که از سرشناس‌ترین و بانفوذترین افراد بین‌الملل اول محسوب می‌شد، یک تنه با پرودون و مازینی[1] به منازعه پرداخت و با اینکه برای جلوگیری از نفوذ باکونین مرکز بین‌الملل را از لندن به نیویورک انتقال داد، معهذا در اثر اختلاف نظرهای موجود، بین‌الملل اول نتوانست دوام بیاورد و در 1874 متلاشی گردید. دلیل شکست بین‌الملل اول را علاوه بر نزاع بین پیروان مارکس و آنارشیست‌های طرفدار باکونین باید در عدم سازماندهی و عدم تجانس شرکت‌کنندگان دانست. اغلب شرکت‌کنندگان از مبلغین انقلابی بودند که می‌خواستند حرف خود را به کرسی بنشانند و با پیش‌کشیدن مباحث پراکنده، موضوع اصلی را که دفاع از منافع کارگر بود، منحرف نمودند.

بین‌الملل دوم که تلاش دیگری برای جهانی نمودن کمونیسم بود، در 14 ژوییه 1889 هم‌زمان با صدمین سالگرد انقلاب فرانسه به وسیله‌ی انگلس افتتاح شد و تا

---

[1] Giuseppe Mazzini

1914 ادامه یافت و جمعاً هشت کنگره در اروپا تشکیل داد که نمایندگان احزاب سوسیالیست اروپای غربی در آن شرکت نمودند و به نام بین‌الملل کارگری سوسیالیست معروف شد. یکی از اقدامات بین‌الملل دوم انتخاب روز اول مه 1890 به عنوان روز کارگر و هشت ساعت حداکثر کار روزانه برای کارگران بود. بین‌الملل دوم تحت نفوذ سوسیال دموکرات‌های آلمان در اواخر به انحراف کشیده شد و با اعلام جنگ جهانی اول و مواضع شوونیستی آن و انتقادات لنین از بین‌الملل دوم ــ به خاطر انحراف از اصول مارکسیسم ــ به شکست نهایی منتهی گردید.

پس از انحلال بین‌الملل دوم، لنین که قدرت را در شوروی در دست گرفته بود، با توجه به این که خود را در مقابل توسعه‌ی کمونیسم بین‌الملل متعهد می‌دید، کوشش کرد تا خلاءای را که در اثر شکست بین‌الملل دوم به وجود آمده بود، پر کند. برای لنین اشاعه‌ی کمونیسم بین‌الملل نه تنها به عنوان تعهد ایدئولوژیک مطرح بود بلکه مسئله در قالب تئوری صدور انقلاب برای تقویت قطب کمونیسم بسیار حیاتی بود که با مشکلات عظیم کشور نوبنیاد سوسیالیستی شوروی، انجام چنین تعهدی آسان به نظر نمی‌رسید.

تلاش لنین برای صدور انقلاب و توسعه‌ی کمونیسم جهانی سرانجام منجر به تأسیس بین‌الملل سوم یا کمینترن[1] گردید و اولین کنگره‌ی آن در هفته‌ی اول مارس

---

[1] Commintern (Communist International)

1919 در کاخ کرملین در مسکو تشکیل شد. نمایندگان احزاب کمونیست کشورهای آلمان، اتریش، مجارستان، سوئد و نروژ، فنلاند، فرانسه، آمریکا و بریتانیا در این کنگره حضور یافتند.

هدف لنین از تشکیل کمینترن در حقیقت دنباله‌ی فعالیت بین‌الملل اول و دوم برای صدور انقلاب کمونیستی به منظور انهدام نظام سرمایه‌داری و بهره‌گیری احزاب کمونیستی جهان از تجربیات انقلاب شوروی بود. در اولین کنگره‌ی بین‌الملل سوم هم چنین احزاب افراطی چپ سوسیالیست و کمونیست از کشورهای اروپایی شرکت کردند ولی تعداد آنها قابل توجه نبود. در واقع، هنگام تشکیل بین‌الملل سوم فقط معدودی احزاب کمونیست درخارج از شوروی وجود داشت و بیشتر نمایندگان شرکت کننده در کنگره تبعیدی‌ها یا اسیران جنگی خارجی بودند که در شوروی باقی مانده بودند. ضمناً مخالفت‌هایی که از طرف نمایندگان آلمن در مورد تشکیل بین‌الملل سوم در کنگره ابراز گردید، باعث عدم شرکت آنها در رأی‌گیری شد و هم چنین مباحث نمایندگان ایتالیا در مورد فاشیسم، لنین را متوجه مشکلات متعدد در تشکیل کمونیسم بین‌الملل کرد. به هر حال در کنگره‌ی اول کمینترن ابتکار عمل در دست نمایندگان روس بود و نمایندگان احزاب خارجی نقش مهمی نداشتند. به عبارت دیگر کنگره‌ی اول بیشتر یک برنامه‌ی تبلیغاتی برای شوروی بود تا یک حرکت تشکیلاتی. البته تبلیغاتی موفق‌آمیز که برای زنده نگهداشتن انقلاب امیدوارکننده بود. در کنگره‌ی دوم کمینترن که در اواسط 1920 تشکیل گردید، تقاضاهای زیادی از

طرف احزاب سوسیالیست برای شرکت در کنگره رسید که لنین ناچار شد در همین کنگره بیست و یک شرط را برای عضویت احزاب در کمینترن به تصویب برساند. تعهد احزاب نسبت به دیکتاتوری پرولتاریا، مبارزه با اصلاح‌طلبان و فرصت طلبان، تأسیس تشکیلات مخفی کمونیستی برای مبارزه با رژیم حتی در آن دسته از کشورهای بورژوازی که احزاب کمونیست می توانستند برای فعالیت اجازه قانونی داشته باشند، از جمله‌ی شرایطی برای احزابی بود که درخواست شرکت در کنگره‌ی بین‌الملل کمونیست را داشتند. احزاب کمونیست خارج از شوروی هم چنین موظف بودند که تبلیغات منظم بین ارتش، کارگران روستایی و دهقانان فقیر، اتحادیه‌های تجارتی و سایر تشکیلات کارگری در کشورهای امپریالیستی داشته باشند. احزاب عضو هم چنین متعهد بودند حمایت بی قیدوشرط خود را از مبارزه‌ی هر یک از جمهوری‌های شوروی با ضدانقلاب اعلام داشته و کلیه تصمیمات کمینترن را بپذ یرند.

در حقیقت د لیل این که مرکز کمینترن در مسکو انتخاب شد، این بود که سران رهبری و کمیته‌های اجرایی از بین روس‌ها انتخاب شوند و از نظر سازمانی همواره حزب کمونیست شوروی بتواند نفوذ خود را بر احزاب دیگر حفظ نماید و با این که لنین در تئوری اعلام کرده بود که احزاب کمونیست از حق رأی مساوی برخوردارند ولی در عمل حزب کمونیست شوروی به عنوان حزب مادر، امتیازات بسیاری داشت.

به هر حال نتیجه‌ی کنگره‌ی دوم کمینترن علاوه بر تعیین شرایط عضویت احزاب، تصویب قطعنامه‌ای در حمایت از کشورهای مستعمره و نیمه‌مستعمره بود که لنین آنها را ضعیف ترین حلقه در مدار کشورهای امپریالیستی می‌دانست که هر لحظه آماده‌ی انقلاب و جدا شدن از این مدار بودند. البته این عقیده‌ی لنین برای برخی از نمایندگان کمینترن قابل قبول نبود.

در فاصله‌ی کنگره‌ی دوم تا سوم، کمینترن دو موفقیت قابل ذکر به دست آورد:

اول آنکه در سپتامبر 1920 کنگره‌ی خلق‌های شرق در باکو تشکیل شد و شخصیت‌های سرشناسی چون زینوویوف، کارل رادک از صاحب نظران کمونیسم بین‌الملل در کمینترن و بلاکان از مجارستان اداره‌ی آن را برعهده داشتند. کنگره از این نظر قابل اهمیت بود که تعداد نمایندگان شرکت‌کننده از طرف مسلمانان که از سی و هفت ملیت گرد هم آمده بودند به 1891 نفر رسید که در بین آنها 235 نماینده‌ی ترک، 192 نماینده «ایرانی و پارسی[1]»، 8 چینی، 3 کرد، 8 عرب، 157 ارمنی و 100 گرجی وجود داشت و بقیه‌ی نمایندگان اغلب از نواحی آسیای مرکزی و قفقاز بودند. اغلب مسائل مطروحه در کنگره پیرامون مشکلات مسلمانان شوروی بود که کمتر مورد توجه مسیحیان بود. قبل از پیروزی انقلاب، لنین روزی با خود محاسبه کرد که کشورهای امپریالیستی در جهان آن روز با جمعیتی حدود 250

---

<sup>1</sup> Persians and Parsees

میلیون نفر بر کشورهای مستعمره‌ای که حدود دو و نیم بیلیون نفر جمعیت داشت، حکومت می‌کردند و با توجه به این امر بود که اعلام کرد: «نیروی پیاده نظام شرق باعث تقویت شدید نیروهای سواره نظام غرب خواهد شد.» بر این اساس بود که وقتی زینوویوف در کنگره‌ی شرق با صدای بلند اعلام کرد که «کمونیسم بین‌الملل» باید توجه خود را به طرف ملل شرق معطوف داردو به آنها بگوید «برادران، ما شما را دعوت به یک جنگ مقد س می‌کنیم. جنگی علیه امپریالیسم که در رأس آنها بریتانیا قراردارد.» شرکت‌کنندگان در کنگره از جای خود پرید ند و با فریادهای ممتد سخنان زینوویوف را تأیید کردند. شمشیرهای فولادی از نیامها کشیده شدند، تپانچه‌ها به هوا پرتاب شدند و همگی فریاد کشیدند:«قسم برای جهاد!» و به این ترتیب قبل از شروع کنگره‌ی سوم کمونیسم بین‌الملل، کنگره‌ی شرق موفق شد زمینه را برای ایجاد یک سازمان دائمی به منظور اتحاد ملل شرق و مبارزه با امپریالیسم فراهم کنند که البته این فکر هرگز به مرحله‌ی عمل در نیامد و کنگره‌ی شرق اولین و آخرین این اقدام بود[1]. به عبارت دیگر شوروی هرگز در صدد اجرای سیاست فوق برای ملل شرق برنیامد.

---

[1] E. H. Carr. Ibid. Vol. 3. Pp. 262-265

موفقیت دوم کمینترن در اجتماع حزب مستقل سوسیالیست آلمان بود که زینوویوف به مدت چهار ساعت سخنرانی پیروزمندانه‌ای در آن داشت و موفق شد از شکاف عظیمی که حزب کمونیست آلمان را تهدید می‌کرد، جلوگیری کند.

با تمام تلا شی که در فاصله‌ی کنگره‌ی دوم و سوم کمینترن برای تشکیل کمونیسم جهانی از طرف رهبران شوروی صورت گرفت، معهذا به مجرد تشکیل کنگره‌ی سوم کمینترن در ژوئن 1921، اختلاف‌نظرها شروع شد و اولین اعتراض به وسیله‌ی نمایندگان حزب کمونیست آلمان عنوان شد که درباره‌ی انتقاد از سیاست شوروی در به تأخیر انداختن گسترش انقلاب جهانی کمونیست بود. آنها هشدار دادند که ممکن است تضاد بین منافع پرولتاریای انقلابی جهان و منافع شوروی تشدید شود. پس از آلمان، اعتراضات دیگری در انتقاد از سیاست جهانی کمونیسم شوروی به وسیله‌ی نمایندگان ایتالیا ابراز شد که همگی تعلل و تأخیر سیاست شوروی را در مورد گسترش کمونیسم و صدور انقلاب محکوم می‌کردند و رهبری مرکزی کمینترن یا نفوذ حزب کمونیست شوروی را روی احزاب دیگر مورد سوال قرار می‌دادند.

لنین در جواب انتقادات نمایندگان حاضر در کنگره‌ی سوم کمینترن سیاست آنارشیستی حزب سوسیالیست ایتالیا را بباد انتقاد گرفت و به آنها خاطرنشان ساخت که باید از تجربه‌ی شوروی در تدارک انقلاب کمونیستی و دیکتاتوری پرولتاریا استفاده کنند و اعلام کرد که کمینترن می‌تواند قدرت رهبری احزاب کمونیست غرب

را در دست گیرد. وی هم چنین از نظام‌های حاکم بر ایتالیا و آلمان شدیداً انتقاد کرد و به مسئولیت سنگین احزاب کمونیست و سوسیالیست این کشورها در واژگونی رژیم‌های موجود اشاره کرد. لنین تاکید نمود که ایتالیا و آلمان در مراحل مقدماتی انقلاب هستند و به آنها توصیه کرد مانند تجربه‌ی حزب بلشویک شوروی که از منشویک‌ها و دیگر گروه‌ها جدا شد، احزاب چپ این کشورها نیز هرچه زودتر وجود خود را از لوث جناح‌های فرصت‌طلب، انحصارطلب، آنارشیست و ... پاک نمایند تا راه برای پیشرفت انقلاب هموار شود. لنین که متوجه شده بود برقراری تجارت خارجی با کشورهای سرمایه‌داری برای اقتصاد شوروی منافع حیاتی دارد، دخالت شدید شوروی را در انقلاب جهانی کمونیست جایز نمی‌دانست و آن را وظیفه‌ی احزاب کمونیست کشورها دانسته، انجام آن را مستلزم فرا رسیدن زمان مناسب ارزیابی می‌کرد. لنین نتیجه‌گیری نمود که در هر حال احزاب کمونیست خارجی باید تحت نفوذ کمینترن بوده و از تجربه‌ی حزب کمونیست شوروی استفاده کنند.

در چهارمین کنگره‌ی کمینترن که در نوامبر 1922 تشکیل گردید، تمام تلاش‌ها بر محور تقویت کشور مادر یعنی شوروی دور می‌زد. لنین با وجود مریضی سختی که داشت در کنگره حضور یافت و این آخرین حضور وی در مجامع عمومی بود. اکثر سخنان لنین در کنگره مربوط به توجیه سیاست داخلی شوروی بود و انتقاداتی

را نیز در انتها به قطعنامه قبلی کنگره در رابطه با حزب کمونیست شوروی عنوان کرد.

لنین اظهار داشت: قطعنامه بیش از حد «روسی» است و رفقای ما بدون فهمیدن یا حتی خواندن آن را امضا کرده‌اند. به عبارت لنین: «احساس من این است که ما با این قطعنامه مرتکب اشتباه بزرگی شده‌ایم یعنی راه موفقیت آتی را بسته‌ایم. هم چنان که گفتم، پیش‌نویس این قطعنامه بسیار عالی است ... ولی ما یاد نگرفته‌ایم که تجربه‌ی روسی خودمان را چگونه به خارجی‌ها ارائه کنیم. هر آن چه در این قطعنامه گفته شده بود، به صورت یک حرف بی‌جان بر جا مانده است. اگر این را نفهمیم، قادر به پیشرفت نخواهیم بود.[1]»

همکاران روسی لنین یعنی زینوویوف، تروتسکی و بوخارین به دقت به سخنان لنین توجه داشتند ولی هرگز آن را به مرحله‌ی اجرا در نیاوردند. گویا سخنان لنین در عملکرد کنگره تأثیر نکرد و در قطعنامه‌ی دیگری که در کنگره‌ی چهارم به تصویب رسید، نه تنها اشتباه قبلی تکرار شد بلکه در اساسنامه‌ی کمینترن نیز گنجانده شد که تبعیت از تشکیلات مرکزی مسکو برای اعضای حزب الزام‌آور است. اعضای کنگره برای عدم توجه به عقاید تکمیلی لنین خود را سرزنش نمی‌کردند و

---

[1] لنین: مجموعه‌ی سخنرانی‌ها در کنگره‌های انترناسیونال کمونیستی (کمینترن)، ترجمه محمدتقی فرامرزی، همان، ص 187.

گرچه لنین با سخنان خود به طور قابل توجهی در آنان شک ایجاد کرده بود، کمینترن به دنبال سیاست نفوذ پذیری خود بود.

اگرچه کمینترن موفق شد کنگره‌های پنجم تا هفتم را پس از مرگ لنین تشکیل دهد ولی با مخالفت‌های شدیدی روبرو شد و هرگز در تعقیب هدف اصلی خود که اتحاد و گسترش جنبش‌های کمونیستی در جهان بود، موفق نشد. کمینترن از ابتدای تشکیل از هدف اصلی خود منحرف شد و وسیله‌ای برای اعمال نفوذ سیاست خارجی شوروی و تحت نفوذ درآوردن احزاب کمونیست کشورهای خارجی شد. در زمان استالین، کمینترن وسیله‌ای برای سرکوبی مخالفان، تحکیم قدرت و به انقیاد درآوردن احزاب کمونیست ملل مختلف شد تا اینکه در مه 1943 منحل شد.

عدم موفقیت انقلاب جهانی کمونیستی را تنها نباید به حساب شکست کمینترن گذاشت. توجه به این مسئله نیز بسیار مهم است که لنین نیز شخصاً در عمل متوجه مشکلات صدور انقلاب گردید و در عقاید خود در این زمینه تجدید نظر نمود زیرا با توجه به واقعیت‌های عینی لنین دریافت شوروی بعد از انقلاب از نظر داخلی آن قدر در تلاطم است و آن چنان از هم گسیختگی در کشور وجود دارد که مسئله‌ی ثبات و امنیت داخلی بیش از هر چیز برای مردم روس مهم است. به علاوه ضعف اقتصادی داخلی و در هم شکسته شدن منا سبات اجتماعی، بی‌سوادی، فقر عمومی و شورش‌های پیاپی بعد از انقلاب در داخل کشور از یک طرف و فشار حملات خارجی کشورهای سرمایه‌داری برای سرکوبی و نابودی رژیم نو بنیاد سوسیالیستی

از طرف دیگر سبب شد که لنین توجه خود را نسبت به تقویت کشور معطوف دارد و برای حفظ شوروی نه تنها موقتاً از صدور انقلاب چشم بپوشد بلکه به نوعی سازش کوتاه‌مدت نیز با کشورهای سرمایه‌داری تن دهد تا زمانی برسد که شوروی کشوری نیرومند برای مقابله با قدرت‌های سرمایه‌داری گردد و زمینه را برای جهانی شدن انقلاب سوسیالیستی فراهم کند.

اتخاذ سیاست تاکتیکی لنین در ارتباط با کشورهای سرمایه‌داری و انقلاب جهانی نه تنها در عمل حاصل شده بود بلکه از نظر تئوری نیز برای لنین قابل توجیه بود. لنین مفهوم «اجتناب ناپذیری جنگ» بین کشورهای سرمایه‌داری و کمونیستی را در سال‌های 1916-1915 قبل از انقلاب اکتبر بیان کرده بود. بعد از پیروزی انقلاب بلشویکی عملاً با توجه به مفهوم فوق مسئله‌ی روابط خارجی شوروی با کشورهای سرمایه‌داری برای لنین مطرح شد. لنین ضمن قبول این موضوع که انقلاب شوروی قسمتی از انقلاب جهانی کمونیستی است، انتظار داشت که انقلاب جهانی به کمک انقلاب شوروی بیاید و عکس این موضوع که انقلاب شوروی به کمک انقلاب جهانی برود را عملی نمی‌دانست. وی به هر حال به این نتیجه رسیده بود که بدون حمایت از انقلاب جهانی پیروزی طبقه‌ی کارگر در شوروی بسیار مشکل خواهد بود. اما چگونه این حمایت امکان پذیر بود؟ آن چه مسلم است، تبلیغات از طریق کمینترن نتوانست این هدف را برآورده کند. از طرفی لنین متوجه شده بود که در سال‌های اول بعد از انقلاب نه تنها شوروی توانایی کافی برای مقابله با غرب

را به برای گسترش انقلاب جهانی کمونیست ندارد بلکه برقراری روابط خارجی با کشورهای غرب نیز برای شوروی امری حیاتی به نظر می‌رسید. لنین برای رهایی از این بن‌بست به راه حل مورد علاقه خود یعنی استفاده از تاکتیک برای حفظ استراتژی که در بسیاری موارد نتایج ثمربخش داشت، متوسل شد. وی «سیاست همزیستی مسالمت‌آمیز» با کشورهای سرمایه‌داری را در کوتاه مدت توصیه نمود تا شوروی بتواند با به دست آوردن فرصت مناسب به تقویت اقتصادی و نظامی خود بپردازد تا زمان مبارزه‌ی نهایی فرارسد. به اعتقاد لنین در دراز مدت شوروی زندگی در کنار کشورهای سرمایه‌داری را تحمل نخواهد کرد زیرا جنگ بین دو نظام سرمایه‌داری و کمونیسم اجتناب‌ناپذیر است و سرانجام باید یکی بر دیگری پیروز شود. البته پیروزی نهایی را لنین از آن جهان کمونیسم می‌دانست.

لنین سرانجام در آخرین روزهای حیات خود در حالی که در قلب خود امیدهای فراوان برای پیروزی انقلاب جهانی کمونیسم داشت، بدون اینکه شاهد شکست «کمونیسم بین‌الملل» و ادامه‌ی طولانی تاکتیکی باشد که وی به عنوان «همزیستی مسالمت‌آمیز» ارائه داده بود، در 21 ژانویه 1924 در سن 53 سالگی در گذشت. لنین به هر حال موفق شد کشوری را به نام «اتحاد جماهیر شوروی سوسیالیستی» که می‌باید پرچمدار انقلاب سوسیالیستی در جهان باشد، تحویل رهبران کمونیست شوروی بدهد. کشوری که در آن حکومت جا افتاده بود، ارتش سرخ پا گرفته بود، حزب کمونیست تصفیه شده بود، فعالیت‌های اقتصادی رونق گرفته بود، شورش‌های

داخلی سرکوب شده بود، نیروهای مهاجم خارجی از کشور رانده شده بودند، آزادی مطبوعات و احزاب ممنوع شده بود و بالاخره قانون اساسی کشور برای ایجاد یک جامعه‌ی سوسیالیستی تهیه و تصویب شده بود. با این همه آن چه که برای لنین مبهم بود این بود که چه کسی بعد از وی قدرت را در دست خواهد گرفت و به چه قیمتی جامعه سوسیالیستی که وی با تلاش خسته گی نا پذیری پایه‌های آن را ریخته بود، می‌بایست بنا شود؟

او کسی را برای جانشینی خود معرفی نکرد ولی با این که استالین را شایسته رهبری نمی‌دانست، حوادث تاریخ علیرغم میل او قدرت را به دست استالین داد. دیکتاتوری‌ای که بیش از سی سال مسئولیتی سنگین و سهمگین برای بنای ساختمان سوسیالیسم در شوروی را بر عهده داشت.

داوری در مورد خوب و بد بودن تصمیمات استالین در دوره زمامداریش نیازبه کتاب جداگانه ای است.

پایان

ضمايم

ضمیمه شماره 1:

## تاریخ و محل برگزاری کنفرانس‌ها و کنگره‌های حزبی[1]

| اولین کنگره | RSDLP<br>مینسک | 3-1 (15-13) مارس 1898 |
|---|---|---|
| دومین کنگره 1903 | RSDLP<br>بروکسل – لندن | 17 (30) جولای تا 10 (23) اوت |
| سومین کنگره | RSDLP<br>لندن | 12 (27) آوریل تا 25 (10) می 1905 |
| اولین کنفرانس | RSDLP<br>تامرزفورس | 17-12 (30-25) دسامبر 1905 |

---

[1] قبل از مراجعه به جدول ذکر چند نکته ضروری است:

1. تاریخ‌ها تا سال 1918 که تقویم روسیه تغییر یافت هم بر اساس تقویم قدیم و هم تقویم جدید (داخل پرانتز) روسیه ذکر گردیده است. از سال 1918 به بعد تقویم فعلی اتحاد جماهیر شوروی مأخذ تاریخ‌هاست.
2. از مارس 1919 به بعد محل برگزاری کنفرانس‌ها و کنگره‌های حزبی در مسکو بوده است که برای جلوگیری از تکرار از ذکر محل خودداری گردیده است.
3. علائم اختصاری که در جدول فوق به علت تغییر نام حزب در سنوات مختلف آمده است، عبارتند از:

a. RSDLP(B) = all-Russian Social Democratic Labour Party (Bolsheviks) حزب سوسیال دموکرات کارگری روسیه (بلشویک)

b. RCP(B) = all-Russian Communist Party (Bolsheviks) 1918 حزب کمونیست روسیه (بلشویک)

c. AUCP(B) = All Union Communist Party (Bolsheviks) 1925 حزب متحده‌ی کمونیست (بلشویک)

d. CPSU = Communist Party of the Soviet Union 1952 حزب کمونیست اتحاد جماهیر شوروی

| | | |
|---|---|---|
| چهارمین کنگره 1906 | RSDLP استکهلم | 10-25 آوریل (23 آوریل-8 می) |
| دومین کنفرانس | RSDLP تامرزفورس | 3-7 (16-20) نوامبر 1906 |
| پنجمین کنگره 1907 | RSDLP لندن | 30 آوریل تا 19 می (13 می تا 1 ژوئن) |
| سومین کنفرانس | RSDLP فنلاند | 21-23 جولای (5-3 اوت) 1907 |
| چهارمین کنفرانس | RSDLP هلسینگ‌فورس | 5-12 (18-25) نوامبر 1907 |
| پنجمین کنفرانس (1909) | RSDLP پاریس | 21-23 دسامبر 1908 (9-3 ژانویه) |
| ششمین کنفرانس | RSDLP پراگ | 5-17 (18-30) ژانویه 1912 |
| هفتمین کنفرانس | RSDLP(B) پتروگراد | 24-29 آوریل (12-7 می) 1917 |
| ششمین کنگره | RSDLP(B) پتروگراد | 26 جولای تا 3 اوت 1917 |
| هفتمین کنگره | RCP(B) پتروگراد | 6-8 مارس 1918 |

| | | | |
|---|---|---|---|
| هشتمین کنگره | RCP(B) | 23-18 | مارس 1919 |
| مسکو | | | |
| هشتمین کنفرانس | RCP(B) | 4-2 دسامبر 1919 |
| نهمین کنگره | RCP(B) | 29 مارس تا 5 آوریل 1920 |
| نهمین کنفرانس | RCP(B) | 25-22 سپتامبر 1920 |
| دهمین کنگره | RCP(B) | 16-8 مارس 1921 |
| دهمین کنفرانس | RCP(B) | 28-26 می 1921 |
| یازدهمین کنفرانس | RCP(B) | 22-19 دسامبر 1921 |
| یازدهمین کنگره | RCP(B) | 27 مارس تا 2 آوریل 1922 |
| دوازدهمین کنفرانس | RCP(B) | 7-4 اوت 1922 |
| دوازدهمین کنگره | RCP(B) | 25-17 آوریل 1923 |
| سیزدهمین کنفرانس | RCP(B) | 18-16 ژانویه 1924 |
| سیزدهمین کنگره | RCP(B) | 31-23 می 1924 |
| چهاردهمین کنفرانس | RCP(B) | 29-27 آوریل 1925 |
| چهاردهمین کنگره | AUCP(B) | 31-18 دسامبر 1925 |
| پانزدهمین کنفرانس | AUCP(B) | 26 اکتبر تا 3 نوامبر 1926 |

| | | |
|---|---|---|
| پانزدهمین کنگره | AUCP(B) | 2-19 دسامبر 1927 |
| شانزدهمین کنفرانس | AUCP(B) | 23-29 آوریل 1929 |
| شانزدهمین کنگره | AUCP(B) | 26 ژوئن تا 13 جولای 1930 |
| هفدهمین کنفرانس | AUCP(B) | 3 ژانویه تا 4 فوریه 1932 |
| هفدهمین کنگره | AUCP(B) | 26 ژانویه تا 10 فوریه 1934 |
| هیجدهمین کنگره | AUCP(B) | 10-21 مارس 1939 |
| هیجدهمین کنفرانس | AUCP(B) | 15-20 فوریه 1941 |
| نوزدهمین کنگره | CPSU | 5-14 اکتبر 1952 |
| بیستمین کنگره | CPSU | 14-25 فوریه 1956 |
| نوزدهمین کنگره | CPSU | 5-14 اکتبر 1952 |
| بیست و یکمین کنگره | CPSU | 27 ژانویه تا 5 فوریه 1959 |
| بیست و دومین کنگره | CPSU | 17-31 اکتبر 1961 |
| بیست و سومین کنگره | CPSU | 29 مارس تا 8 آوریل 1966 |
| بیست و چهارمین کنگره | CPSU | 30 مارس تا 9 آوریل 1971 |
| بیست و پنجمین کنگره | CPSU | 24 فوریه تا 5 مارس 1976 |
| بیست و ششمین کنگره | CPSU | 27 فوریه تا 3 مارس 1981 |

ضمیمه شماره 2:

## سال شمار وقایع مهم روسیه[1]

| | |
|---|---|
| خروج روسیه از تسلط مغول‌ها | 1480 |
| شورش مسکو | 1547 |
| تصرف سیبری جنوبی به دست ایرماک | 1582 |
| جنگ‌های دهقانی، دخالت سوئد-لهستان | 18-1604 |
| جنگ‌های دهقانی به رهبری ایوان بولوتینکوف | 7-1606 |
| شورش‌های مسکو | 62-1648 |
| اتحاد اوکراین و روسیه | 1654 |
| جنگ‌های دهقانی به رهبری استپان رازین | 71-1667 |
| اصلاحات پطر اول | 25-1700 |
| جنگ‌های شمال | 21-1700 |
| تأسیس سن‌پترزبورگ | 1703 |

---

[1]توجه به این نکته ضروری است که تاریخ‌های فوق بر اساس تقویم قدیم روس (ژولین) داده شده است. برای تبدیل آن به تقویم جدید روسیه (گریگوری) کافی است دوازده روز یا سیزده روز که اختلاف این دو تقویم است با تاریخ‌های فوق افزوده شود.

| شورش به رهبری کندراتی بولاوین | 8-1707 |
| تأسیس آکادمی علوم | 1724 |
| تأسیس دانشگاه مسکو | 1755 |
| جنگ‌های هفت‌ساله | 62-1756 |
| شورش‌های دهقانی به رهبری پوگاچوف | 75-1773 |
| شرکت روسیه در جنگ علیه فرانسه | 1807-1798 |
| جنگ‌های میهنی | 14-1812 |
| قیام دسامبریست‌ها | 14 دسامبر 1825 |
| شورش در لهستان | 31-1830 |
| جنگ کریمه | 56-1853 |
| الغای برده‌داری | 1861 |
| اصلاحات بورژوازی (زمستو، ارتش و غیره) | 1875-1861 |
| شورش در لهستان، لیتوانی و روسیه سفید | 64-1863 |
| جنگ روسیه – ترکیه. | 78-1877 |
| ترور الکساندر دوم به وسیله‌ی حزب نارادنابلولیا | 1 مارس 1881 |

| | |
|---|---|
| 1883 | آغاز فعالیت اولین گروه مارکسیستی روسیه برای آزادی کارگران |
| 1885 | اعتصاب موروزوف |
| 1893 | اتحاد روسیه – فرانسه |
| 1895 | تأسیس جامعه‌ی سن‌پترزبورگ برای آزادی زحمتکشان به وسیله‌ی لنین |
| 1998 | اولین کنگره‌ی حزب سوسیال دموکرات کارگری روسیه |
| 5-1904 | جنگ روسیه – ژاپن |
| 9 ژانویه 1905 | یکشنبه خونین در سن‌پترزبورگ (اولین انقلاب بورژوا - دموکراتیک) |
| 1905 | سومین کنگره‌ی حزب سوسیال دموکرات کارگری روسیه |
| اکتبر و نوامبر 1905 | اعتصاب‌های سیاسی عمومی، تشکیل شوراهای نمایندگی کارگری |
| دسامبر 1905 | شورش مسلحانه در مسکو و شهرهای دیگر |
| 1906 | چهارمین کنگره حزب سوسیال دموکرات کارگری روسیه |

| | |
|---|---|
| 7-1906 | اولین و دومین دومای سلطنتی |
| 10-1906 | اصلاحات کشاورزی استولپین |
| 1907 | پنجمین کنگره حزب سوسیال دموکرات کارگری روسیه |
| 1907 | کودتای سوم ژوئن |
| 12-1907 | دومای سوم |
| 1907 | قرارداد — روسیه انگلیس |
| 14-1910 | سال‌های ناآرامی‌های انقلابی در روسیه |
| 1912 | کنفرانس پراگ |
| 4 آوریل 1912 | حادثه‌ی معادن طلای لنا |
| 22 آوریل 1912 | انتشار اولین شماره‌ی پراودا به وسیله‌ی لنین |
| 17-1912 | چهارمین دوما |
| اوت 1914 | آغاز جنگ جهانی اول |
| فوریه 1917 | دومین انقلاب بورژوا — دموکراتیک و سقوط تزاریسم و تشکیل حکومت موقت |
| 3 آوریل 1917 | بازگشت لنین به روسیه |

| | |
|---|---|
| 10 اکتبر 1917 | جلسه‌ی کمیته‌ی مرکزی حزب بلشویک برای تأیید پیشنهاد لنین در مورد مبارزه‌ی مسلحانه |
| 12 اکتبر 1917 | تشکیل کمیته‌ی نظامی انقلابی در پتروگراد |
| 24 اکتبر 1917 | آغاز مبارزه‌ی مسلحانه در پتروگراد |
| 25 اکتبر 1917 | پیروزی انقلاب کبیر سوسیالیستی (انقلاب اکتبر) |
| 25-27 اکتبر 1917 | دومین کنگره‌ی سراسری نمایندگان شوراهای کارگران، سربازان و دهقانان |
| 25 اکتبر تا 2 نوامبر 1917 | تأسیس حاکمیت شورایی در مسکو |
| 26 اکتبر 1917 | تصویب لایحه‌صلح و لایحه‌ی اراضی و تأسیس شورای کمیته‌های خلق (حکومت شوراها) به رهبری لنین توسط دومین کنگره‌ی سراسری شوراها |
| 1 نوامبر 1917 | شکست شورش ضدانقلابی در پتروگراد به رهبری کرنسکی و کراسنوف |
| 2 نوامبر 1917 | اعلامیه‌ی شورای کمیته‌های مردم در مورد حقوق مردم روسیه |
| 7 نوامبر 1917 | فرماندهی کل قوا دوخونین از طرف لنین و شورای کمیته‌ها مأمور قرارداد متارکه جنگ با کشورهای متخاصم می‌شود |

| | |
|---|---|
| 8 نوامبر 1917 | ابلاغ یادداشت وزارت خارجه کمیسرهای خلق به سفیران کشورهای متفق مبنی بر ترک جنگ و آغاز مذاکرات صلح |
| 11-25 نوامبر 1917 | جلسه‌ی فوق‌العاده‌ی کنگره‌ی سراسری نمایندگان دهقانان در پتروگراد |
| 20 نوامبر 1917 | بیانیه‌ی حکومت شوراها به « تمام زحمتکشان مسلمان روسیه و شرق» |
| 2 دسامبر 1917 | تصویب فرمان تشکیل شورای عالی اقتصاد به وسیله‌ی شورای کمیسرها |
| 18 دسامبر 1917 | تصویب فرمان شناسایی استقلال فنلاند به وسیله‌ی شورای کمیسرها |
| 5 ژانویه 1918 | افتتاح مجلس قانون‌گذاری |
| 18-10 ژانویه 1918 | سومین کنگره‌ی سراسری نمایندگان کارگران، سربازان و دهقانان و تصویب فرمان حقوق کارگران و معدنچیان |
| 15 ژانویه 1918 | تصویب فرمان تشکیل «ارتش سرخ» مرکب از کارگران و دهقانان به وسیله شورای کمیسرها |
| 20 ژانویه 1918 | تصویب فرمان جدایی کلیسا از دولت و جدایی مدارس از کلیساها به وسیله‌ی شورای کمیسرها |

| | |
|---|---|
| 3 مارس 1918 | امضای قرارداد صلح برست‌لیتوفسک بین شوروی و آلمان و متفقین آنها |
| 6-8 مارس 1918 | هفتمین کنگره‌ی حزب بلشویک‌ها |
| 11 مارس 1918 | انتقال حکومت شوراها به مسکو |
| 14-16 مارس 1918 | چهارمین کنگره‌ی فوق‌العاده سراسری شوراها برای تصویب قرارداد صلح برست‌لیتوفسک، مداخله‌ی نظامی آمریکا-انگلستان و فرانسه در قسمت‌های شمالی روسیه |
| 29 آوریل 1918 | گزارش‌های لنین درباره‌ی «وظایف فوری حکومت شوراها» |
| 28 ژوئن 1918 | فرمان ملی کردن صنایع سنگین و راه‌آهن به وسیله‌ی شورای کمیسرها |
| 4-10 جولای 1918 | پنجمین کنگره‌ی سراسری شوراها |
| 6-7 جولای 1918 | شورش اس‌آرهای چپ در مسکو |
| 30 اوت 1918 | سوءقصد نافرجام به جان لنین |
| 2 سپتامبر 1918 | «ترور سرخ» بر علیه ضدانقلاب |
| 20 سپتامبر 1918 | اعدام 26 تن از کمیته‌ها باکو به دست مداخله‌گران انگلیسی |

| 29 اکتبر 1918 | تأسیس جامعه جوانان کمونیست |
| 6-9 نوامبر 1918 | ششمین کنگره‌ی فوق‌العاده سراسری شوراها |
| 31 نوامبر 1918 | تأسیس حکومت موقت کارگران و دهقانان در اوکراین |
| 1 ژانویه 1919 | اعلام روسیه‌ی سفید به عنوان یکی از جمهوری‌های سوسیالیستی شوراها |
| 2-6 مارس 1919 | اولین کنگره‌ی کمونیست بین‌الملل (کمینترن) |
| 18-23 مارس 1919 | هشتمین کنگره‌ی حزب بلشویک |
| 28 آوریل 1919 | ضدحمله‌ی ارتش سرخ بر علیه کلچاک |
| ژوئن 1919 | شکست اودنیچ نزدیک پتروگراد |
| 9 جولای 1919 | تقاضای کمیته‌ی مرکزی حزب بلشویک مبنی بر تلاش و وحدت ملی بر علیه دنیکین |
| 24 اوت 1919 | نامه‌ی لنین به کارگران و کشاورزان در رابطه با پیروزی بر کلچاک |
| 1 اکتبر 1919 | حمله‌ی تهاجمی ارتش سرخ در جبهه‌ی جنوبی |
| 5-9 دسامبر 1919 | هفتمین کنگره‌ی سراسری شوراها |
| 12 دسامبر 1919 | آزاد نموده «خارکوف» به وسیله‌ی ارتش سرخ |

| | |
|---|---|
| 16 دسامبر 1919 | آزاد نمودن «کیف» از چنگ دنیکین |
| 26 دسامبر 1919 | فرمان ریشه‌کن کردن بی‌سوادی |
| ژانویه 1920 | تشکیل اولین ارتش کارگری برای کمک به کارگران اوکراین |
| 21 ژانویه 1920 | تأسیس کمیته‌ی دولتی برای برنامه‌ی الکتریفیکاسیون |
| 29 مارس تا 5 آوریل 1920 | نهمین کنگره‌ی حزب بلشویک |
| 25 آوریل 1920 | حمله‌ی لهستان به شوروی |
| 28 آوریل 1920 | اعلام حاکمیت شوراها در آذربایجان |
| 19 جولای تا 7 اوت 1920 | دومین کنگره‌ی کمونیست بین‌الملل (کمینترن) |
| 2-10 اکتبر 1920 | سومین کنگره‌ی جامعه‌ی جوانان کمونیست |
| 14 اکتبر 1920 | امضای قرارداد صلح بین شوروی و فنلاند |
| 29 نوامبر 1920 | اعلام حاکمیت شوراها در ارمنستان |
| 22-29 دسامبر 1920 | هشتمین کنگره‌ی سراسری شوراها |
| 25 فوریه 1921 | اعلام حاکمیت شوراها در گرجستان |
| 26 فوریه 1921 | امضای قرارداد برقراری روابط با ایران |

| | |
|---|---|
| 28 فوریه 1921 | امضای قرارداد برقراری روابط با افغانستان |
| 16-8 مارس 1921 | دهمین کنگره‌ی حزب بلشویک |
| 19 مارس 1921 | امضای قرارداد برقراری روابط با ترکیه |
| مارس 1921 | امضای قرارداد تجاری با بریتانیا |
| 6 می 1921 | امضای قرارداد تجاری با آلمان |
| 22 ژوئن تا 12 جولای 1921 | سومین کنگره‌ی کمونیست بین‌الملل (کمینترن) |
| 5 نوامبر 1921 | امضای قرارداد برقراری روابط با مغولستان |
| 28-23 دسامبر 1921 | نهمین کنگره‌ی سراسری شوراها |
| 27 مارس تا 2 آوریل 1922 | یازدهمین کنگره‌ی حزب بلشویک |
| 16 آوریل 1922 | امضای قرارداد راپالو با آلمان |
| 25 اکتبر 1922 | خروج قوای مهاجم ژاپنی از ولادی‌وستوک |
| 5 نوامبر تا 5 دسامبر 1922 | چهارمین کنگره‌ی کمونیست بین‌الملل (کمینترن) |
| 13 دسامبر 1922 | تشکیل جمهوری سوسیالیستی ماورای قفقاز |
| 30 دسامبر 1922 | اولین کنگره‌ی شوراهای اتحاد جماهیر شوروی سوسیالیستی |
| 25-17 آوریل 1923 | دوازدهمین کنگره‌ی حزب بلشویک |

| | |
|---|---|
| 6 جولای 1923 | تصویب قانون اساسی اتحاد جماهیر شوروی سوسیالیستی |
| 21 ژانویه 1924 | فوت لنین |
| 26 ژانویه تا 2 فوریه 1924 | دومین کنگره‌ی شوراهای اتحاد جماهیر شوروی سوسیالیستی |
| 2 فوریه 1924 | برقراری روابط دیپلوماتیک با بریتانیا |
| 23-31 می 1924 | سیزدهمین کنگره‌ی حزب بلشویک |
| 31 می 1924 | برقراری روابط دیپلوماتیک با چین |
| 17 ژوئن تا 8 جولای 1924 | پنجمین کنگره‌ی کمونیست بین‌الملل (کمینترن) |
| 12 اکتبر 1924 | تأسیس جمهوری سوسیالیستی خودمختار مولداویان |
| 27 اکتبر 1924 | تأسیس جمهوری سوسیالیستی خودمختار ترکمنستان و ازبکستان |
| 28 اکتبر 1924 | برقراری روابط دیپلماتیک با فرانسه |

ضمیمه شماره 3:

**منابع فارسی:**

ولادیمیر ایلیچ لنین، مجموعه‌ی آثار و مقالات، ترجمه‌ی محمد پورهرمزان، ناشر و محل ناشر نامعلوم.

ولادیمیر ایلیچ لنین، مجموعه سخنرانی‌ها در کنگره‌های انترناسیونال کمونیستی (کمینترن)، ترجمه محمد تقی فرامرزی، تهران، نشر بین‌الملل، 1358، چاپ اول.

ن بریان شانی‌نوف، تاریخ روسیه (از آغاز تا انقلاب اکتبر)، ترجمه و اقتباس خان‌بابا بیانی، تهران، انتشارات دانشگاه تهران، شماره 1393، 1357، چاپ دوم.

لئون تروتسکی، تاریخ انقلاب روسیه، ترجمه‌ی سعید باستانی، تهران، شرکت نشر فانوسا، 1360،سه جلد، چاپ اول.

شارل بتلهایم، مبارزه طبقاتی در اتحاد شوروی: دوره‌ی اول 1923-1917، ترجمه‌ی خسرو مردم‌دوست، تهران، انتشارات پژواک، 1358.

میشل دوسن‌پیر، سرگذشت خاندان رومانوف: تاریخ روسیه از سال 1547 میلادی تا انقلاب و سقوط تزارها، ترجمه‌ی عیسی بهنام و محمدعلی معیری،

تهران، انتشارات دانشگاه تهران، شماره 1612،
1356، سه جلد.

جان رید، ده روزی که دنیا را لرزاند، ترجمه‌ی رحیم
نامور و بهنام دانش، تهران، انتشارات حزب توده
ایران، 1359، چاپ اول.

روی مدودف، در دادگاه تاریخ، ترجمه‌ی منوچهر هزارخانی،
تهزان، شرکت سهامی انتشارات خوارزمی،
1360، چاپ اول.

گئورگی و پلخانوف، تکامل نظریه مونیستی تاریخ، ترجمه جلال
علوی‌نیا و سعداله علیزاده، تهران، نشر
بین‌الملل، 1358، چاپ دوم.

ایساک رائیولیچ مینتس، انقلاب چگونه پیروز شد، ترجمه‌ی رضا
زضایی‌ساروی، تهران، نشر آذرنوش.

امیر نیک‌آیین، ماتریالیسم دیالکتیک و ماتریالیسم تاریخی،
تهران، انتشارات حزب توده ایران، 1358، دو
جلد، چاپ اول.

کارل مارکس و فردریش انگلس، مانیفیست، مترجم نامعلوم، تهران، انتشارات
همراد، 1357.

ن پارسی، مسایل انقلاب دموکراتیک، بر اساس نوشته‌های مارکس، انگلس و لنین، تهران، انتشارات شباهنگ، 1358، چاپ دوم.

د س میرسکی، تاریخ ادبیات روسیه از آغاز تا تولستوی، ترجمه ابراهیم یونسی، تهران، انتشارات امیرکبیر، 1354، چاپ اول.

م سجودی و ع امینی از پوشکین تا شولوخف، ترجمه از کتب مختلف، تهران انتشارات ستاره، 1356، چاپ اول.

م حامی، انقلاب 1905، ترجمه‌ی کتب مختلف، تهران انتشارات سامان، 1357.

مارک فرو، انقلاب روسیه، ترجمه جمشید نبوی، تهران، انتشارات دانشگاه تهران، شماره‌ی 1446، سال 1357، چاپ سوم.

م و نچکینا، س د اسکازکین، ا ا گوبر، م ا الپروویچ، ل ن کوتاکوف، آ ر مالفرد و د و دئوپیک،

تاریخ مختصر جهان، ترجمه‌ی محمدتقی فرامرزی، تهران، انتشارات دنیا، 1360، پنج جلد.

تاریخ حزب کمونیست (بلشویک) اتحاد شوروی، تحت نظر هیئت تحریریه کمیسیون کمیته‌ی

مرکزی حزب کمونیست اتحاد شوروی، 1938،
تهران، انتشارات جنگل، 1357

تاریخ حزب کمونیست اتحاد شوروی (از آغاز تا
سال 1977)، ترجمه‌ی شمس‌الدین بدیع‌تبریزی،
هدایت حاتمی و علی گلاویژ، تهران، شرکت
سهامی خاص انتشارات توده، دو جلد.

آ گ برن و نیمکف،‏ زمینه جامعه‌شناسی، اقتباس و ترجمه ا ج
آریان‌پور، تهران، انتشارات فرانکلین — دهخدا،
1347.

هنری ایکن،‏ عصر ایدئولوژی: فلاسفه قرن نوزدهم، ترجمه
ابوطالب صارمی، تهران، انتشارات امیرکبیر،
1354.

توماس سووه،‏ فرهنگ اصطلاحات اجتماعی و اقتصادی،
ترجمه‌ی خلیل ملکی، تهران، انتشارات مازیار،
1354، چاپ اول.

د ا بایفسکی، ج ن گولیکوف، ی ف پتروف، پ ن سولوف، و دیگران — ویراستاران:
پ ن سوبولف، ی ج گیپلسون، ج ا متروکان

تاریخ انقلاب اکتب، ترجمه‌ی سعید روحانی،
تهران، انتشارات شباهنگ، انتشارات شباهنگ،
1360، چاپ اول.

ضمیمه شماره 4:

**منابع خارجی:**

1. A. Allen, H. Bartlett, K. Colegrove, Democracy and Communist: Theory and Action, Canada, Van Nostrad Co. 1967.

2. John Barron, KGB: The Sectret Work of Soviet Secret Agents, New Yorkm Reader's Digest Press, 1974.

3. B. Brlains, War and Populatopn, Moscow, Progress publishers, 1971.

4. Edward Hallet Carr, The Bolshevik Revolution: 1917-1923, England, Penguin Books.1971.

5. Basil Dymytryshyn, A Concise History of USSR, New York, Charles Scribners Sons, 1965.

6. Merle Fainsod, How Russia is Ruled, Cambridge, Harvard University Press, 1953.

7. Luis Fischer, The Life of Lenin, New York, Harper Books, 1964

8. Luis Fischer, The Soviets in World Affairs, New York, Vintage Books, 1960.

9. Michael T Florinsky, The End of the Russian Empire, New York, McMillan Publishing, 1974.

10. Samuel Handel, The Soviet Crucible: Soviet Government in Theory and Practice, Prineston, Van Nostard, 1959.

11. Wolfgang Leonhard, Three Faces of Marxism, New York, Holt Rione Hart and Winston Inc, 1974.

12. V. I. Lenin, Collected Works, Moscow, Progress Publishers, 1977.

13. V. I. Lenin, On the Soviet State Apparatus, Moscow, Progress Publishers, 1977.

14. V. I. Lenin, Experience of the CPSU: It's World Significance, Moscow, Progress Publishers, 1977.

15. John Reed, Ten Days that Shook the World, England, Penguin Books, 1977.

16. John S. Reshetar, The Soviet Polity, New York, Dodd Mead and Co. 1964.

17. Leonard Schapiro, The Communist Party of the Soviet Union, New York, Random House, 1960.

18, I. Smirnov, M. Vyatkin, S. Levin, N. Nosev, A. Sanisonov, A. Karasyov, D. Kovalenko, I. Krevler, A Short History of USSR, Moscow, Progress Publishers, 2 Vols, 1965.

19. Leon Trotsky, My Life, New York, Charles Scribners, Sonns, 1930.

20. Adam B. Ulam, Expansion and Coexistence: Soviet Foreign Policy 1917-73, New York, Prager, 2nd Ed., 1974.

21. Theodor H. von Laue, Why Lenin? Why Stalin? New York, J. B. Lippincott Co. 1971.

22. Melvin C. Wern, The Course of Russian History, New York, McMillen, 1959.

23. Bestram D. Wolf, Three Who made a Revolution, New York, Delta Book, 1964.